아이의 마음을 움직이는
한마디

《孩子最愛聽的100句話》
作者: 錢詩金, 錢麗
text copyright ©2008 by China Children's Press & Publication Group
All rights reserved.
Korean Translation Copyright© 2017 by JPLUS
Korean edition is published by arrangement with China Children's Press
through EntersKorea Co.,Ltd. Seoul.

이 책의 한국어판 저작권은 ㈜엔터스코리아를 통한
중국의 China Children's Press & Publication Group과의 계약으로
도서출판 제이플러스가 소유합니다.
신저작권법에 의하여 한국 내에서 보호를 받는 저작물이므로
무단전재와 무단복제를 금합니다.

소중한 우리 아이 화내지 않고 키우는 언어양육법

아이의 마음을 움직이는 한마디

첸스진(錢詩金)·첸리(錢麗) 공저
김진아 옮김

제이플러스

차례

머리말 눈을 맞추는 순간 내 아이가 특별해진다 ··· 8

1부 부모가 먼저 바꾸어야 할 생각과 행동

아이 스스로 계단을 오르게 하라	··· 12
사회의 어두운 면을 감추지 마라	··· 16
사랑과 칭찬은 강력한 사회적 동기를 유발한다	··· 20
선택권을 박탈당한 캥거루 세대	··· 26
갈등을 해결하려면 유머를 던져라	··· 30
이성적으로 아이와 교감하라	··· 34
아이의 의욕을 떨어뜨리는 부모의 요구	··· 38
성적보다 성장이 중요하다	··· 43
기꺼이 아이의 손을 놓아라	··· 48
아이에게도 나이에 맞는 역할을 주자	··· 55
자녀의 행동에 맞는 적절한 대우를 하라	··· 60
출발을 결과처럼 여기지 마라	··· 64
겉치레가 아닌 진정성을 보여라	··· 69
부족함을 솔직하게 고백하자	··· 74
아이의 생각을 존중해주자	··· 78
부모도 자녀에게서 독립하라	··· 84
나쁜 교과서가 되는 부모의 행동	··· 89
현명한 소비개념이 미래를 준비한다	··· 94
아이를 '화풀이 대상'으로 삼지 마라	··· 97

아이에게 회복할 시간적 여유를 줘라 ⋯ 101
아이의 스트레스에 관심을 가져라 ⋯ 105
조금씩 천천히 만족시켜줘야 한다 ⋯ 109
논쟁하는 가운데 성장한다 ⋯ 114
외모를 가꾸는 것도 타고난 재능이다 ⋯ 119
아빠도 육아에 적극 참여하라 ⋯ 123
아이 스스로 해결할 수 있게 하자 ⋯ 127
자유롭게 상상하도록 질문하라 ⋯ 133

2부 이럴 때 어떻게 할까요? 올바른 지도방법

좋은 습관은 어릴 때부터 길러준다 ⋯ 140
혼을 내더라도 원칙이 있다 ⋯ 144
아이의 눈높이에 맞게 설명한다 ⋯ 149
도리를 가르치면 인지력이 향상된다 ⋯ 154
의기소침한 아이에게는 가능성을 심어줘라 ⋯ 158
성에 관한 올바른 지식을 갖도록 교육한다 ⋯ 164
자신이 받은 사랑에 대해 보답하도록 한다 ⋯ 169
혼자 있는 아이에게 친구를 만들어줘라 ⋯ 173
아이도 거짓말로 사회생활을 한다 ⋯ 178
이유 없이 학교와 공부를 거부하지 않는다 ⋯ 184
아이의 비교습관을 달리 지적하라 ⋯ 189
규칙을 무시하는 아이에게는 스토리텔링으로 전달한다 ⋯ 194
아이의 자아가치를 함부로 깎지 마라 ⋯ 198
우기는 아이의 감정을 먼저 읽어라 ⋯ 202
아이에게 책임감을 심어준다 ⋯ 206

아이의 삶의 질에 대해 점검한다	… 210
사춘기 아이의 영역을 인정한다	… 215
아이의 사소한 고민도 진지하게 들어준다	… 219
아이의 속상한 감정에 동화되지 마라	… 223
소심한 아이를 두려움과 맞서게 하는 방법	… 226
용서가 힘든 아이에게 타인의 마음을 더 알게 한다	… 230
함께 나누는 습관을 길러 소유욕을 줄인다	… 234
안 되는 이유를 논리적으로 설명한다	… 238
공부 습관은 작은 것부터 요구한다	… 241
멈춰야 할 때를 일러줘라	… 245
아이가 반성할 수 있는 기회를 준다	… 248
아이의 꿈에 관심을 갖고 지켜준다	… 251
많은 시간을 함께 지내라	… 256
아이의 양육에 부모가 함께 참여하라	… 260
인내심을 가지고 귀를 기울여라	… 264
권위있는 요구가 아이의 반항을 잠재운다	… 268

3부 부모와 아이가 행복해지는 작은 실천

아이의 시간에 맞춰라	… 274
다양한 체험을 하게 하라	… 278
지금도 충분하다	… 282
아이의 불안정한 감정도 따뜻하게 안아라	… 285
새로운 사람과 어울리도록 한다	… 289
소박한 땀을 흘려 일하게 하라	… 293
아이와의 약속을 어기지 마라	… 297

아이와 놀 땐 친구처럼	··· 301
물음표를 던져라	··· 305
아이의 실패에 유연하게 대처하라	··· 310
어떤 상황 속에서도 희망을 놓지 않게 한다	··· 313
일의 우선순위를 알게 한다	··· 316
생각과 감정을 정리할 시간을 준다	··· 320
소선택권과 결정권을 넘긴다	··· 323
가정형편에 따른 차별을 만들지 않는다	··· 326
어른의 역할을 맡게 한다	··· 330
아이가 좋아하는 책을 고른다	··· 333
아이에게도 혼자만의 장소가 필요하다	··· 336
더 많은 도전의 기회를 준다	··· 339
야단보다 잘못된 이유를 설명하라	··· 342
실수와 잘못을 인정하는 용기를 심어준다	··· 345
최고의 지도는 부모의 모범이다	··· 349

| 머리말 |

눈을 맞추는 순간
내 아이가 특별해진다

아무리 평범하고 사소한 일이라고 해도 아이에게는 부모의 올바른 지도가 필요하다. 생활 속 섬세한 부분에서부터 부모의 지도는 시작되어야 한다. 한번은 재미난 이야기를 듣고 그 부모의 지혜에 감탄한 적이 있었다.

어느 날 아이가 발로 문을 세게 걷어차며 집으로 들어왔다고 한다. 마침 청소를 하던 엄마는 그 소리에 놀라 잡고 있던 물건을 놓치고 말았다. 하지만 엄마는 아이를 혼내는 대신 가볍게 한마디를 던졌다.

"네가 집에 들어와서 처음으로 할 일은 문에게 사과하는 일이겠구나."

아이는 엄마의 엉뚱한 말에 웃으며 대답했다.

눈을 맞추는 순간
내 아이가 특별해진다

"제가 왜 문에게 사과해야 되나요?"
"왜냐하면 네가 문을 아프게 했으니까."
어리둥절해 하는 아이를 보며 엄마는 말을 이었다.
"물론 문은 감각이 없어. 그렇다고 함부로 해서는 안 돼! 만약에 네가 걷어찬 문이 벽에 튕겨 너와 부딪치기라도 하면 어떨까? 그러면 너만 아프겠지."
그러자 아이가 대답했다.
"엄마, 얼른 문에 사과할게요. 다시는 문을 걷어차지 않겠어요."
이후 아이는 문을 걷어차는 버릇을 고쳤다고 한다. 이는 올바른 훈육의 좋은 예이다. 혼내지 않고 아이 스스로 깨닫게 하는 것이 참다운 지도이다.
성공철학의 거장 '나폴레온 힐(Napoleon Hill(1883-1970))'도 예외는 아니다. 그는 어렸을 때 엄마를 여의고 아버지 밑에서 자랐다. 어느 날 아버지를 따라 한 부인이 집으로 들어왔다. 새엄마가 될 부인은 집안 곳곳을 돌아다니며 식구들과 반갑게 인사를 나누었다. 하지만 나폴레온 힐만큼은 그 부인이 전혀 반갑지가 않았다. 그는 고개를 꼿꼿이 들고 팔짱을 낀 채 부인을 매섭게 노려보았다. 그러자 아버지가 부인에게 말했다.
"요 녀석이 바로 나폴레온 힐이야. 형제 중에서 제일 말썽꾸러기지."
아버지의 말에 나폴레온 힐은 더욱 뿔이 났다. 하지만 부인의 한마디에 그의 화는 눈 녹듯 사라져버렸다.
"제일 말썽꾸러기라고요? 전혀 아닌데요. 아마도 이 아이는 형제 중에서 가장 영리한 아이일 거예요. 우리가 할 일은 이 아이가 자신의 지혜를 마음껏 발휘할 수 있도록 도와주는 것밖에 없을 걸요."
그녀는 두 손을 아이의 어깨 위에 올리고 다정한 눈으로 쳐다보며 말했다. 순간 나폴레온 힐은 평생 자신을 사랑해줄 사람이 생겼다는 것을 강하게 느꼈다. 이후 그는 새엄마의 가르침과 사랑을 받으며 나쁜 습관을 고쳐나갔고, 훗날 세계적인 성공학의 대가로 거듭날 수 있었다.
이처럼 부모는 '아이 일생의 위대한 지도자'이자 '아이를 인생의 중요한 길로 이끌어줄 권리'가 있다. 부모가 아이의 성장에 기여하는 깊이와 넓이보다 더 주도면밀한 철학서적은 이 세상에 없다.
아이를 진정으로 이해하는 사람은 부모이며, 삶의 모습을 행동으로 보여주는 사람도 부모이다. 따라서 부모의 지도하에 아이의 인생이 펼쳐진다고 해도 과언이 아니다. 그러므로 지혜로운 가르침을 통해 아이가 올바로 성장하고 행복한 인생을 찾길 바라는 부모에게 이 책이 큰 도움이 되기를 바란다.

작가

1부

부모가 먼저 바꾸어야 할 생각과 행동

아이 스스로
계단을 오르게 하라

**"응, 계단을 스스로 올라가고 싶었구나.
넘어지지 않도록 천천히 조심조심 올라가자."**

한 젊은 아빠가 아기를 계단에 내려놓았다. 한 살 남짓 보이는 아기는 계단을 기어오르기 시작했다. 아빠는 처음에 그 모습을 가만히 지켜보다가 아기가 두 번째 계단을 오르며 힘들어하자 번쩍 안아 들고 올라가 버렸다.

잠시 뒤, 아기는 바락바락 울어 재꼈다. 아빠는 영문을 몰라 순간 아기에게 짜증을 냈다.

"요놈 봐라! 너 자꾸 울래? 계단 올라가고 싶은 거 기껏 안아서 올라왔더니 왜 울고 그래?"

그때 이 모습을 지켜보던 한 부인이 다가와 아빠에게 말을 건넸다.

"아기를 안고 내려가서 다시 계단을 기어오르게 해보세요. 그럼 울지 않을 거예요."

젊은 아빠는 못 미더운 표정을 지었지만 아기가 계속 울자 하는 수 없이 그녀의 말에 따랐다. 아빠가 아기를 안아 계단 아래쪽에 내려놓자 신기하게도 아기는 울음을 뚝 그치고 다시 계단을 기어오르기 시작했다. 아빠는 부인에게 물었다.
"정말 신기하네요. 그걸 어떻게 아셨어요?"

울퉁불퉁한 길에서 자존감을 느끼는 아이의 성장법칙
:

'어떻게 아셨어요?' 이는 요즘 부모들의 육아 현실을 그대로 보여주는 말인 것 같다. 대부분 어른들은 아이의 신체적 성장법칙만 알지 심리적 성장법칙은 모르는 경우가 많다.

이 무렵의 아기들은 두 다리의 사용법을 깨닫고 끊임없이 활용하여 자극을 느끼고 싶어 한다. 계단을 오르듯 하나하나 자신의 힘으로 세상과 만나는 즐거움을 알아가는 시기이다. 아이가 평평하고 편한 길을 마다하고 일부러 힘든 길을 택하는 이유는 그런 곳일수록 자기 다리의 존재를 더욱 확실히 느끼기 때문이다. 이러한 성장법칙을 모르고 계속해서 못하게 한다면 신체적인 발달은 물론 아이의 잠재력과 심리적 발달에도 문제가 발생할 수 있다.

간혹 어떤 부모는 자신의 생각과 방식, 경험을 아이에게 그대로 가르치려고 한다. 그저 말 잘 듣고 열심히 공부하기만을 바라며 학업 스트레스 속에 아이를 가둔다. 물론 모두 '자식이 잘되길 바라는' 마음에서라지만 사실 결과는 그렇지 못하다. 대다수의 아이들은 부모의 지나친 기대를 만족시키지 못하고 오히려 깊은 실망감을 안겨준다. 과연 부모가 쏟는 정성과 달리 기대 이하의 결과가 나오는 원인은 무엇 때문일까? 다음 이야기를 통해 우리는 깊이 고민해볼 필요가 있다.

부모의 강압적인 태도가 아이를 아프게 한다
:

 여기 딸을 둔 한 어머니가 있다. 그녀는 교사로 재직 중이며 평소 수업을 잘 하기로 소문나 있었다. 능력 있는 그녀에게 육아 문제만큼은 무엇보다 가장 큰 골칫거리였다. 왜냐하면 그녀의 딸은 자폐증을 앓고 있었기 때문이다. 딸은 좀처럼 부모와 대화도 하지 않고 늘 자기 방에 틀어박혀 있기를 좋아했다. 공부 이야기만 나오면 부모와 싸우기 일쑤였고, 급기야 학교를 그만두고 매일 집에서 인터넷 채팅과 게임만을 즐겼다.

 물론 딸이 처음부터 그랬던 것은 아니다. 아이 엄마의 말에 따르면 그녀는 예전에 꽤나 공부를 잘했다고 한다. 당연히 엄마의 기대도 커서 딸이 중국의 명문대학교에 진학하길 원했다. 그러나 그것이 문제의 화근이었다. 부모의 높은 목표 탓에 딸은 정신적으로 많은 스트레스를 받았고, 어느 순간부터 학교 성적도 떨어지기 시작했다. 그러다가 아예 등교도 거부하고 이윽고 학교를 그만두기에 이른 것이다. 결국 엄마의 강압적인 태도가 아이를 병들게 한 원인인 셈이다.

엄마의 지나친 요구를 견디기 어려운 딸은 오랫동안 성적 스트레스에 시달려야 했고, 자신의 생각과 감정을 이해받지 못해 외로움이 커졌다. 엄마는 딸과 대화를 할 때마다 항상 지시적인 어조로 말했으며, 늘 지켜야 할 규칙만 강조했다. 그리하여 딸은 점점 더 부모를 멀리하고 인터넷이라는 가상세계에서 위로를 받으려 했던 것이다. 이는 부모 생각대로 아이를 키우려는 방식의 결과이자 실패의 사례이다.

물론 아이가 어릴 때는 스스로 판단하는 능력이 부족하기 때문에 부모가 어느 정도 결정권을 갖고 이끌어줄 필요가 있다. 그러나 그것이 부모 뜻대로 아이를 키우라는 말은 절대 아니다. **부모가 해야 할 가장 중요한 역할은 아이가 자기 길을 가도록 지지하고 격려하는 것이다.** 아이가 부모의 뜻을 받아들일 만한 감정적 교감이 없다면 부모의 바람은 그저 강요일 뿐이다.

자녀는 하나의 독립된 개체이지 부모의 부속품이 아니다. 그들은 마땅히 자신의 의지와 생각을 가져야 한다. 그리고 부모라면 아이의 선택을 존중하고 인정해야만 한다. 자신의 꿈을 아이를 통해 대리만족하려는 것은 아닌지 부모는 늘 반성하고 경계할 필요가 있다.

사회의 어두운 면을
감추지 마라

"사람들 중에는 훌륭한 사람도 있지만 그렇지 못한 사람도 있단다."

일곱 살 아이가 길거리 광고를 보고 엄마에게 물었다.
"엄마, 발기부전이 뭐예요?"
한번은 텔레비전에서 어느 부시장이 뇌물수수와 횡령 혐의로 조사를 받는다는 것을 보고 "부시장은 나랏일을 하는 사람 아니에요? 그런데 왜 나라의 돈을 훔쳐요?"라고 말하기도 했다. 부모는 아이가 매번 이런 질문을 할 때마다 뭐라고 답해야 좋을지 모르겠다고 한다.

그도 그럴 것이 부모라면 내 아이만큼은 사회의 어두운 면을 보지 않고 맑게 자라길 원하기 때문이다. 알게 되더라도 좀 더 천천히, 모른 채 지났으면 하는 것이 부모의 심정이다. 하지만 생활환경이 아이를 그리 두지는 못한다. 주변의 미디어 매체를 통해 아이들은 이런 문제를 쉽게 접하고 있고 아이의 머릿속에 강한 인상과 의문을 남긴다.

비단 미디어가 아니더라도 아이는 또래 아이들을 통해 그런 정보를 듣게 된다. 그럴 때 아이의 혼란은 더욱 커진다. 부모가 쉬쉬하는 사이 친구들끼리 부정확한 정보를 주고받으며 상황을 왜곡하게 되고, 엉뚱한 사고관을 갖게 될 수도 있다. 그러므로 우리 사회의 어두운 면을 아이에게 무조건 감추는 것은 바람직하지 않다. 아무리 심각한 사회문제라도 아이가 관심을 보이면 부모는 주도적으로 진실을 말해주는 것이 좋다. 이때 아이의 나이와 성숙도를 고려하여 차근차근 쉽게 설명해줘야 한다.

부모가 먼저 사회의 일원으로서 모범 보이기

누구나 성인이 되면 인지능력과 판단력이 생겨 사회의 어두운 면을 정확하게 바라볼 수 있다. 그러나 아이들에게는 앞서 말한 문제들을 올바르게 볼 수 있는 세심한 지도가 필요하다. 그렇다면 아이에게 어떻게 설명해주고 지도해주는 것이 옳을까?

첫째, **현실을 회피하지 않고 정확하고 간단하게 설명해야 한다.** 우선 아이가 그런 질문을 하면 무시하고 피해서는 안 된다. 또한 왜 이런 질문을 하냐며 아이를 야단쳐서도 안 된다. 사회문제에 관심을 보이는 아이의 시각을 높이 평가하고 눈높이에 맞게 설명해주면 된다.

예를 들어 '성병'과 관련된 광고를 보고 그것에 대해 아이가 묻는다면, "사람의 생식기관에 생기는 병이야. 불건전한 생활 때문에 걸리는 경우가 대부분이지. 간혹 대중목욕탕이나 공중화장실에서 감염되는 사람도 있어."라고 말하면 된다. 그리고 길거리에서 보는 광고를 그대로 믿어서는 안 되며, 광고들 중에는 사람들을 속여 돈을 벌려는 목적이 있다고 아이에게 말해준다. 그와 동시에 벽이나 전봇대에 광고를 아무렇게나 붙이는 것은 잘못된 행동이라는 점도 알려준다.

둘째, 상황에 따라서는 우회적인 설명도 필요하다. 어떤 사회 문제들은 아직 어린아이에게 정확하게 말하는 것이 오히려 해가 될 수도 있다. 예컨대 아이가 "나라를 위해 일하는 사람이 어떻게 나쁜 짓을 하나요? 왜 나라에서 준 힘으로 자기 욕심만 채우나요?"라고 물으면 부모는 이처럼 대답한다. "사람들 중에는 훌륭한 사람도 있지만 그렇지 못한 사람도 있단다." 그러면서 대다수의 공무원들은 국민을 위해서 최선을 다해 봉사하고 있음을 강조한다. 이때 훌륭한 공무원들의 사례를 들어 국가를 위해 일하는 즐거움과 공무원에 대한 올바른 시선을 갖도록 함께 가르친다. 만약 아이가 공무원의 꿈을 갖는다면 "학교에서 친구들을 잘 도와주고 학급 일도 잘 해내야 한단다. 그렇게 훌륭한 인품과 재능을 겸비한 사람이 되도록 노력하면 꿈을 이룰 수 있어!"라고 격려해주는 것도 좋다.

셋째, **어른이 먼저 사회적 모범을 보여야 한다.** 아이들은 시시비비를 판단하는 능력에 한계가 있기 때문에 일단 어른들의 행동을 흉내 낸다. 따라서 어른이 먼저 아이 앞에서 '바른 말을 쓰고 올바르게 행동하며' 아이에게 좋은 영향을 끼칠 수 있어야 한다.

특히 부모는 누구보다도 솔선수범해야 한다. 말로 가르치는 것보다 몸으로 보여주는 것이 훨씬 더 효과적이다. 이때 중요한 것은 부모의 언행일치이다. 아이에게는 그러지 말라 하며 부모가 그런 행동을 한다면 아이는 부모를 신뢰할 수 없다.

사랑과 칭찬은
강력한 사회적 동기를 유발한다

"고마워, 우리 아들!
아빠가 되는 기쁨을 알게 해줘서."

 문제 청소년들의 사례를 보면 한 가지 공통점이 있다. 그들의 부모 대부분이 사랑을 표현하는 데에 무척 서툴다는 점이다. 더욱 흥미로운 사실은 부모들 역시 어렸을 적 칭찬과 격려를 많이 받아보지 못하고 성장했으며, 자신의 아이에게도 칭찬보다는 꾸중을 많이 한다는 것이다. 그렇기 때문에 아이는 부모의 사랑을 느끼지 못하고 오히려 원망과 분노만 가득 차게 된다. 이 사실을 부모가 안다면 그들은 은혜를 원수로 갚는 아이라며 실망스러운 반응을 보인다. 자녀를 사랑하는 마음은 그들도 매한가지일 것이다. 다만 그것을 표현할 줄 모르거나 충분히 표현되지 않았다는 점에서 다를 뿐이다.

 어떤 부모들은 아이를 자꾸 칭찬해주면 버릇이 나빠질 거라 생각하고 애정표현에 인색하다. 하지만 이러한 잘못된 관념이 오히려 아이의 정서적 성장에 독이 되고 있다. 누구나 알다시피 사랑받고 칭찬받는 일은 그 무엇보다도 강력한 사회적 동기를 유발한다. 그 부분에서 만족을 얻지 못하면 아이는 큰 좌절에 빠지고 만다. 부모가 자녀에게 애정표현을 하지 않는다면 아이는 '자신을 사랑하지 않는다'고 쉽게 결론짓기 때문이다.

사랑은 표현한 만큼 느낀다
:

한 아이의 엄마가 된 한인화(韓銀花) 씨도 부모가 자신을 사랑하지 않는다고 생각한 사람 중 한 명이었다. 열세 살 무렵 그녀의 반항기는 최고조에 이르렀다. 세상 어디에도 마음을 터놓고 이야기할 사람이 없어 마음을 꽁꽁 닫아버렸다. 그러다 마음속의 말들이 쌓여 털어버리고 싶은 날에는 혼자 실컷 울었고 때로는 일기장에 속마음을 털어놓기도 했다. 하지만 그녀의 공허함과 허탈감은 좀처럼 달래지지 않았다.

한인화 씨가 조금씩 철들기 시작할 무렵 그녀의 아버지는 심각한 위장병에 시달렸다. 어머니는 아픈 남편을 대신해 다섯 식구의 생계를 떠맡았다. 그녀는 재봉 일을 하느라 가족과 함께할 여유가 없었기 때문에 한인화 씨를 돌볼 사람은 아무도 없었다.

하루는 한인화 씨가 친구들과 놀다 진흙투성이로 집에 들어

온 적이 있었다. 어머니는 그런 그녀의 모습을 보고 속상해하며 몽둥이로 때리기까지 했다. 그 순간 그녀는 엄마가 자신보다 더러워진 옷을 더 소중하게 여긴다고 생각했다. 그녀가 자기 생각에 더욱 확신이 든 것은 아버지와 어머니의 대화를 몰래 엿들었을 때였다.

그날은 부모님이 집을 짓는 일로 의논을 하던 중이었다. 어머니는 모처럼 상기된 목소리로 이렇게 말했다.

"돈도 부족하니 인화가 자꾸 말을 안 들으면 내다 팔아버립시다."

그러자 아버지가 "당신은 어째서 아이를 두고 그런 농담을 하는 거요?"라며 핀잔을 주었다. 하지만 그때 이미 인화 씨의 마음에는 커다란 구멍이 생기고 말았다. 그녀는 어머니가 자신을 사랑하지 않는다고 굳게 믿었던 것이다.

사실 그녀에게 가장 큰 상처는 어머니로부터 한 번도 "사랑해"라는 말을 듣지 못한 데 있었다. 그녀의 어머니가 보여준 말과 행동은 '사랑'과는 거리가 멀었다. 그러나 어머니가 정말 가족에 대한 사랑이 없었다면 그토록 열심히 살아갈 이유가 있었을까? 어쩌면 어머니가 힘든 시간을 버틸 수 있었던 것은 딸에 대한 사랑이 컸기 때문일지도 모른다. 하지만 제대로 사랑을 표현하지 않은 탓에 깊은 오해를 남겼고, 또 다시 대물림되는 아픔을 겪게 되었다. 실제로 한인화 씨도 자신의 어머니를 닮아 있었다. '그저 말뿐인 사랑보다 뭐든 실질적인 걸 해주는 게 낫지.' 그녀가 딸을 훈육하는 방식 역시 그녀의 어머니와 마찬가지였다. 딸이 잘못하면 처음에는 가볍게 지적을 하다 이내 야단을 쳤고, 자신의 화를 이기지 못해 매를 들었다. 그러면 아이는 눈물만 뚝뚝 흘릴 뿐 소리 내 울지도 않고 엄마의 매를 순순히 받아내었다.

그러던 어느 날이었다. 하루는 딸이 울면서 고모와 이야기하는 소리를 우연히 듣게 되었다. 그때 그녀는 커다란 충격에 휩싸였다.

"엄마가 절 때렸어요. 엄마는 저를 사랑하지 않는 게 확실해요!"

문득 그녀는 오래 전 자신의 어린 시절이 떠올랐다. 엄마가 자신을 사랑하지 않는다고 느꼈을 때 찾아온 공허함과 무기력함이 딸아이의 얼굴에 짙게 드리워져 있었다. 그날 밤 그녀는 오랜만에 딸아이를 위해 잠자기 전 동화책을 읽어주었다. 딸은 안정을 되찾은 얼굴로 잠이 들었다. 하지만 곧이어 이런 잠꼬대를 했다.

"엄마는 날 좋아하지 않아."

낯설지 않은 딸아이의 모습에 그녀는 깊은 절망감을 느꼈다고 한다. 내 아이의 작은 가슴에 행복 대신 아픔이 쌓여간다는 걸 알았다면 부모 또한 몹시 고통스러울 것이다. 결국 아이들의 정서적 안정감은 부모가 실질적인 보살핌만을 해주는 것이 전부가 아니라는 것이다.

| 아이의 마음을 움직이는 한마디 |

자녀는 부모의 사랑을 기다리는 해바라기
:

평소 아이에 대한 애정표현을 스스럼없이 하는 엄마 덕에 샤오밍이라는 아이는 자신을 가장 행복한 사람이라고 여겼다. 이는 엄마 역시 마찬가지였다. "우리 아들, 엄마는 널 정말 사랑해!"라고 그녀가 말하면 샤오밍도 엄마의 허리를 꼭 껴안고 "저도 엄마를 무지무지 사랑해요!"라고 말해주었다. 그 순간 샤오밍의 엄마는 자신이 세상을 다 가진 엄마라고 느낀다고 한다. 어쩌면 부모나 주위 어른들이 주는 물질적인 사랑보다 아이에게 더 필요한 것은 정신적인 관심과 이해일 것이다.

아직 아무것도 모르는 어린아이는 키 작은 해바라기와 같다. **부모가 햇살처럼 밝고 다정한 목소리로 아이에게 사랑을 말해주고 자신이 사랑을 듬뿍 받고 있다는 사실을 알게 해주어야 한다.** 물론 자식에 대한 부모의 사랑은 굳이 말하지 않아도 드러날 때도 많다. 하지만 적절한 때에 '사랑해!'라고 말하는 것만큼 더 좋은 표현 방법은 없다. 따라서 평소 애정표현이 서툰 부모라면 아이에게 좀 더 적극적인 표현을 하도록 노력해야 한다. 용기를 내어 "엄마 아빠는 너를 사랑해!"라고 말해주자.

그 외에도 다양한 방법으로 부모의 사랑을 아이에게 전할 수 있다. 가령 잠들기 전에 아이에게 다정한 뽀뽀를 해준다거나 부드러운 목소리로 "고마워, 우리 아들! (혹은 우리 딸!) 아빠(혹은 엄마)가 되는 기쁨을 알게 해줘서."라고 말해주면 좋다.

이 같은 말 한마디가 아이에게는 부모의 사랑을 의심하지 않는 해결책이 된다.

선택권을 박탈당한
캥거루 세대

"너는 뭘 먹고 싶니?
네가 먹고 싶은 걸 말씀드려."

한 여성이 아이와 함께 프랑스 친구의 집을 방문했다. 친절한 친구는 중국에서 온 손님에게 무엇을 마시겠냐고 물었다. 중국 여성은 습관적으로 "아무거나 괜찮습니다."라고 대답했다. 프랑스 여성은 고개를 돌려 아이에게도 무엇을 마시겠냐고 물었다. 그때 아이가 대답을 못 하고 우물쭈물하자 아이의 엄마는 재빨리 대신 대답했다.

"아이는 신경 쓰지 마세요. 그냥 저랑 같은 거로 주시면 돼요."

프랑스 여성은 이해할 수 없다는 표정으로 한마디 했다.

"아이가 다른 걸 먹고 싶을 수도 있잖아요. 그냥 아이 스스로 고르게 놔두세요."

하지만 중국 여성은 아이에게 물어볼 필요가 없다며 끝까지 사양했고, 아이는 결국 엄마로부터 선택할 권리를 빼앗기고 말았다.

이처럼 요즘 선택의 권리를 빼앗기는 아이들이 늘어나는 추세다. 무엇이든 대신 부모가 결정해주는 경우가 많아지면서 도리어 아이들은 자신의 선택권을 포기하는 경향이 높아졌다. 실제로 한 가지 흥미로운 조사 결과가 있는데, 150명의 학생들을 대상으로 '공부나 학교생활에서 해결하기 어려운 문제를 만나면 어떻게 하느냐?'는 물음에 대다수 학생들은 이렇게 답했다고 한다.

"당연히 부모님께 해결해 달라고 부탁해야죠."

더욱 충격적인 건, 자신이 먼저 해결 방법을 찾고 그래도 해결되지 않으면 부모를 찾아 도움을 청하겠다는 학생이 단 한 명도 없다는 사실이었다. 또한, 앞으로 어떤 직업을 가질 생각이냐고 묻는 말에 80%의 학생이 "집에 가서 부모님과 상의한 후에 대답하겠다."라고 말했다는 것이다. 이번 설문 결과를 바탕으로 연구원은 '자주성의 결여와 선택의 중요성에 대한 자아의식의 마비는 오늘날 청소년들의 소양 중에서 절대 소홀히 여겨서는 안 되는 취약점 중 하나다.'라며 건강한 자의식에 대한 각성을 호소하기도 했다.

선택의 기회는 아이의 자존감을 키워준다
:

지금의 아이들은 조부모와 부모가 마련해놓은 '온실'에서 비바람을 모르고 자란 이른바 '캥거루 세대'이다. 아이는 온실에서 어떠한 의무도 부담할 필요가 없다. 심지어 언제 무엇을 먹고, 무엇을 입을지 결정할 필요도 없다. 이미 부모가 정해놓은 것에 따라 그저 수동적으로 움직이기만 하면 되는 것이다.

어떤 부모는 자신의 목표나 가치관, 행동방식에 따라 아이의 인생을 끼워 맞추기도 한다. 아이가 가진 소질이나 흥미는 전혀 고려하지 않고 마치 인형처럼 아이를 자기 뜻대로 억지스럽게 만드는 것이다. 또 어떤 부모는 아이의 심리적 특징을 모르거나 혹은 무시하면서 일방적으로 아이의 사고까지 대신한다. 이에 대해 아이가 불만을 토로하면 부모는 대체로 이런 핑계를 대곤 한다.

"우리가 너 잘못되라고 이러겠니? 다 너 잘되라고 그러는 거지. 어른 말대로 하면 손해 보는 일은 없어!"

결국 자식 사랑이라는 미명 아래 아이의 자아를 죽이고 마는 것이다. 아이는 자신의 선택의지를 무참히 짓밟힌 채 부모의 꼭두각시가 되어 독립적인 사고나 책임감을 키울 기회도 잃어버리게 된다. 그런 환경에서 오래 생활한 아이들이 위의 설문 결과처럼 자신보단 부모의 의사를 먼저 따르고, 곤란한 일은 부모가 해결해주길 바라는 의존형 인간이 되는 것이다.

물론 아이는 사회적 지식과 경험이 부족하기 때문에 잘못된 선택을 할 수도 있다. 하지만 그렇다고 그들이 선택조차 못 하게 해서는 안 된다. 선택과 책임은 상호적인 관계라서 스스로 선택하는 가운데 책임감이 형성된다. 따라서 아이에게 선택의 권리를 가능한 한 많이 주고 자기 일의 주인이 되도록 하는 것이 아이의 책임감을 기르는 데 매우 중요하다.

또한 선택의 기회는 아이의 자존감을 키우는 데도 효과적이다. 선택할 수 있는 권리를 통해 아이는 자신의 의견이 존중받는다고 느끼며, 합리적으로 사고하려고 노력한다. 자신의 선택으로 생긴 문제가 있다면 극복하고 해결하려는 강한 의지를 보여주고, 갑작스러운 일에도 침착하게 대처하는 대응력도 커간다. 그러므로 부모는 아이에 대한 불안을 줄이고 아이의 선택을 지지하고 응원할 수 있는 여유를 갖도록 해야 한다.

갈등을 해결하려면 유머를 던져라

유머는 부모와 자녀 사이의 긴장감을 없애주고, 아이의 몸과 마음도 건강하게 만들어준다.

유머는 가족 모두를 화목하고 행복하게 만드는 즐거움의 근원이다. 훈육할 때 적당한 유머를 가미하면 교육 효과를 높일 수 있다.

아이를 가르칠 때 부모는 종종 근엄한 표정을 지으며 설교를 늘어놓는다. 그러면 아이는 경직되어 제대로 사고할 수 없을 때가 많다. 그래서 한 귀로 듣고 한 귀로 흘려버리는 격이 된다. 이럴 때 유머를 적절히 활용하면 어른들 앞에서 어렵고 불편해하는 아이도 얼마든지 웃으면서 가르침을 받고 올바른 행동을 선택할 수 있다.

화내지 않고 혼내는 법

:

구소련의 유명한 시인인 미하일 스베틀로프(Mikhail Aleksandrovich Svetlov)는 재치 있는 자녀 교육의 달인이었다. 한번은 그가 외출했다가 집에 돌아왔는데 온 가족이 몹시 허둥대고 있었다. 그의 어머니는 병원에 전화를 걸어 구급차를 부르느라 정신이 하나도 없었다. 알고 보니 그의 어린 아들인 슈라가 조금 전 엉뚱하게도 잉크를 반병이나 마셨다는 것이었다. 하지만 그는 전혀 당황하지 않았다. 잉크가 사람에게 그다지 해롭지 않다는 사실을 알고 있었기 때문이다. 오히려 그는 이번 일이 장난꾸러기 아들을 가르칠 좋은 기회라고 생각했다. 그래서 아들에게 넌지시 물었다.

"너 정말 여기 있는 잉크를 마셨니?"

슈라는 자리에 앉아서 잉크로 물든 혓바닥을 뽐내듯 내밀며 우스꽝스러운 표정을 지었다. 그러자 스베틀로프는 조용히 방에서 흡묵지(잉크나 먹물 따위로 쓴 것이 번지거나 묻어나지 않도록 눌러 빨아들이는 종이-역주)를 가지고 나와 아이에게 말했다.

"아무래도 이 방법밖에는 별 뾰족한 수가 없구나. 너 이 흡묵지를 최대한 많이 삼키는 게 좋겠어."

스베틀로프의 재치 있는 말에 심각해하던 가족들이 일순간 웃음을 터트렸다. 한바탕 떠들썩했던 소동은 유쾌하게 마무리되었다. 결국, 가족들의 사랑과 관심을 한 몸에 받고 싶었던 슈라의 계획은 뜻을 이루지 못했다. 그리고 다시는 남의 시선을 끌기 위해 일부러 저지르는 못된 장난을 하지 않았다.

웃음이 아이를 열정적으로 바꾼다
:

부모의 유머 감각은 아이에게도 전염이 된다. 유머와 웃음이 가득한 가정에서 자란 아이는 활발하고 열정적이며 긍정적인 성향을 보인다. 그래서 오늘날 선진국의 교육기관에서는 아이의 유머 감각을 기르는 일도 중요하게 여긴다. 아동 심리학자들도 그것이 절대로 쓸데없는 우스갯짓이 아니며, 더 건강하고 행복한 아이로 키우는 방법이라고 전하고 있다. 따라서 아이를 올바르게 키우고 싶은 부모라면 자녀와 좋은 의미의 농담을 주고받고, 건전한 유머로 아이를 격려하며 재치 있게 교육하는 것이 좋다.

때로는 엄하고 진지하게 꾸짖는 것도 필요하지만 항상 그러한 방법을 고수해서는 안 된다. 벌에 대한 두려움 때문에 부모의 말에 따라 행동하는 건 진정한 의미의 교육이 아니다. 내 아이가 주눅 들고 눈치 보며 수동적으로 생활하게 하는 것보다 울음 대신 웃음으로, 자신의 잘못을 확실히 깨닫게 해주는 것이 훨씬 효과적이다.

즉, 부모가 유머를 알면 자녀도 웃을 일이 많고 삶의 즐거움을 느끼며 의욕도 생기게 된다. 유머는 부모와 자녀 사이의 긴장감을 없애주고, 아이의 몸과 마음도 건강하게 만들어준다.

이성적으로
아이와 교감하라

"이제야 네 기분을 알겠구나. 하지만 네가 막무가내로 수업을 빼먹는 것은 네 감정에 지는 거고 자신을 해치는 일이야!"

극도로 화가 난 상태에서는 이성적으로 문제를 처리할 수 없다. 그럴 때는 그 상황에서 잠시나마 벗어나는 것이 좋다. 차라리 다른 일에 정신을 쏟거나 친구에게 전화를 걸어 화를 풀어보고, 음악을 들으며 감정을 다스리자. 이렇게 한차례 화를 가라앉힌 후 다시 아이와 이야기하면 문제해결에 훨씬 더 효과적이다.

아이의 문제에서 한걸음 물러나기

장(張) 부인은 아들 원룽(文龍)을 학교 교문 앞까지 바래다주며 다음과 같이 신신당부했다.

"약속해! 리 선생님 수업 시간에는 선생님이 묻는 말에만 대답하고 아무것도 묻지 않으면 그냥 조용히 듣고 있겠다고 말이야."

아들은 말없이 고개를 끄덕였다.

수업이 시작되자 선생님은 기념일을 주제로 설명을 시작했다.

"너희는 어떤 기념일을 알고 있니?"

얼마 후 리 선생님이 아이들을 향해 물었다. 이때 한 아이가 손을 번쩍 들고 일어났다. 장 부인의 아들 원룽이었다.

"'5·4 청년절(중국의 국경일)'이 있습니다. 또 열여섯 살이 지나면 '6·1 아동의 날'을 보내지 않고 청년절을 보낸다는 것도 알고 있어요."

아는 것이 많은 원룽을 보며 선생님은 몹시 흐뭇해했다. 원룽은 수업 시간 내내 뛰어난 집중력을 보였다. 선생님이 가족 기념일에 대해 설명할 때는 손을 들고 이렇게 말했다.

"저희 아빠가 돌아가신 날은 2월 14일이에요."

그날 정오, 장 부인은 선생님의 갑작스러운 전화를 받았다. 수업에 누구보다 열정적이던 원룽이 3교시 수업을 빼먹고 도망을 갔다는 것이다. 그 말을 듣자 화가 나 얼른 전화를 끊고 학교로 달려가고 싶은 심정이었다. 그러나 곧 생각을 바꿔 일단은 화를 가라앉히기로 마음먹었다.

그녀는 잠시 길거리를 돌아다니며 마음을 추스른 후에 학교로 찾아갔다. 장 부인이 막 교실에 들어서는 순간, 뒤에서 어떤 그림자가 불쑥 튀어나왔다. 깜짝 놀란 장 부인이 뒤를 돌아보니 다름 아닌 아들 원룽이었다. 원룽도 엄마를 보고는 놀라 멍하니 멈춰 서 있었다.

"너 3교시 수업을 빼먹었니?"

"네."

"어디 갔었어?"

"학교 앞에서 놀았어요."

"왜?"

"전 절대로 영어 수업은 듣지 않을 거예요!"

"선생님이랑 무슨 안 좋은 일이라도 있었니?"

원룽은 마치 혼신의 힘을 다해 엄마의 질문에 대답하는 것 같았다.

"무슨 일이 있었는데?"

장 부인은 여전히 아들을 이해할 수 없었다.

"영어 선생님이 자꾸 제 얼굴을 때린단 말이에요."

장 부인은 깜짝 놀랐다. 가끔 자신도 아들에게 벌을 주지만 아이의 얼굴을 때린 적은 없었다. 그런 행동은 아이의 인격을 다치게 하는 일이라고 생각하기 때문이다. 아마 아이도 엄마와 똑같이 생각하고 느꼈던 모양이었다.

"그랬구나. 얼굴을 때리는 건 그 사람을 존중하지 않는 것과 같아. 이제야 네 기분을 알겠구나. 하지만 막무가내로 수업을 빼먹는 것은 네 감정에 지는 거고 자신을 해치는 일이야!"

원룽은 아무런 대꾸도 하지 않았다.

"아무리 엄마가 네 심정을 이해한다 해도 나쁜 행동인 줄 알면서도 잘못을 저지르는 건 용납할 수 없어."

"다른 수업은 빼먹지 않을게요."

원룽은 자신 있게 대답했다.

"힘들고 피곤해도 도망가지 않을 거야? 엄마에게 대답해 줘. 영어 수업을 듣고 싶지 않더라도 교실을 뛰쳐나오지 않도록 노력하겠다고 말이야. 그럴 수 있겠니?"

"그건 잘 모르겠지만 노력할게요."

"엄마에게 솔직하게 이야기해줘서 고맙구나. 엄마 마음이 훨씬 홀가분해졌어. 그리고 참! 오늘 엄마와 리 선생님은 너에게 무척 감동하였단다. 기특하게도 네가 아빠 돌아가신 날짜를 기억하고 있더구나. 넌 정말 좋은 아이야."

엄마에게 솔직한 마음을 이야기한 원룽은 그 후 이어진 수업에 모두 참여했다. 그리고 엄마의 격려를 받으며 차츰 영어 수업을 빼먹는 횟수도 줄어들었다.

이는 장 부인이 순간의 감정에 따라 아이를 대하지 않고 이성적으로 아이와 교감하며 이야기했기 때문에 가능한 일이었다. 이처럼 아이가 잘못을 저질러도 성급하게 야단부터 치지 말고 한 걸음 물러나 차분한 마음과 온화한 태도로 아이의 문제를 바라본다면 훨씬 더 나은 결과를 얻을 수 있을 것이다.

아이의 의욕을 떨어뜨리는 부모의 요구

"우리는 아이에게 엄청난 양의 책을 사주었습니다. 하지만 아이는 그 책들을 거들떠보지 않더라고요. 우리가 기대를 버리고 다시는 간섭하지 않자, 아이는 오히려 책에 흥미를 느끼기 시작했습니다."

 부모라면 누구나 자녀에게 거는 기대가 있다. 그것은 부모로서 지극히 당연한 욕구이다. 실제로 아이에게 무언가를 요구하는 것은 어떤 면에서 반드시 필요하다. 왜냐하면 아이는 자신을 제어하는 통제력이 부족하기 때문에 그들이 목표를 세우고 앞으로 나갈 수 있게 도와줄 사람이 필요해서이다. 이때 부모의 요구와 기대는 어느 정도 실현가능해야 한다.

 하지만 어떤 부모는 아이에게 지나치게 힘든 요구를 할 때도 있다. 이렇게 부모의 지나치게 높은 기대는 심리적으로 아이를 긴장하게 만들고 크나큰 스트레스를 준다. 일단 부모가 원하는 기대를 만족시키기 위해 자신을 가혹하게 몰아붙여 신체적·정신적 에너지를 모두 소진해버린다. 그러다 원하는 결과를 얻지 못하면 한순간에 모든 것을 자포자기하려는 성향이 높다.

또 부모와의 갈등을 피하고 싶어서 부모의 요구를 순순히 받아들인 아이는 진취적이거나 의욕적이지도 않다. 부모의 높은 요구를 만족시켜 성공을 거뒀다 하더라도 여전히 정신적 압박감에서 벗어나지 못하고 성공의 기쁨을 제대로 느끼지 못한다. 아이의 입장에서 그것은 성공이 아니라 족쇄가 되는 셈이다.

물론 부모의 입장에서는 아이에 대한 기대치를 높게 잡는 것이 사랑에서 비롯되었음은 의심할 여지가 없다. 하지만 그것이 아이에게 버거운 목표라면 아이는 매우 고통스러운 처지에 놓이게 된다.

부모의 지나친 기대는 부담으로 느껴진다

남들이 보기에 리차오는 그저 어른 말 잘 듣고 철든 아이였다. 그러나 실상은 조금 달랐다. 수시로 가출을 반복하여 부모의 속을 여간 썩인 것이 아니었다. 집에 와서도 말이 없고 혼자서만 지냈다. 리차오의 어머니는 결국 청소년 상담 센터에 도움을 요청했다.

리차오와 상담을 진행하며 알게 된 사정은 이랬다. 사실 고등학교 입학시험에서 리차오는 일반 고등학교에 들어갈 정도의 성적을 받았다. 그런데도 그의 부모는 집을 팔면서까지 무리하게 리차오를 명문 고등학교에 입학시켰다. 원래 승부욕이 강한 분들이라 자신의 아이도 장차 크게 출세하길 바랐고, 일단 명문 고등학교에 진학시키고 나서 부족한 부분은 채워가면 될 것이라 생각했다.

하지만 기초가 부족했던 리차오는 고등학교 공부를 제대로 따라가지 못했다. 아이들 사이에서 무척 힘들어했고 날이 갈수록 열등감만 커져갔다. 더욱이 그의 어머니가 학부모 모임에 참석하고 온 날에는 어김없이 실망스러운 마음을 토로하며 아들을 붙잡고 울었다. 그럴 때마다 리차오는 심한 자책감과 압박감에 시달려야 했다.

결국 리차오는 1학년 첫 번째 시험을 치른 뒤 아무 말도 없이 하루 동안 가출을 했다. 그 후로도 매번 시험이 끝나면 어김없이 집을 나갔고, 2~3일이 지나야 집으로 돌아오곤 했다. 부모의 기대는 리차오에게 감당할 수 없는 부담으로 다가왔고 그 중압감을 견디다 못해 도피를 선택하고 만 것이다.

이는 리차오의 부모가 예상한 것과 크게 어긋난 결과였다. 인생의 고달픔을 직접 경험했던 리차오의 부모는 자신의 아이만큼은 그리 살지 않길 바랐다. 그래서 집까지 팔아가며 아이를 명문 고등학교에 입학시켰고 성적이 좋지 않으면 눈물까지 흘리며 아이의 공부 의욕을 자극했다. 그런데 이것이 지나쳐 그만 정반대의 결과를 낳게 된 것이다.

사실 리차오의 꿈은 다른 데 있었다. 중등 전문학교에 다니거나 기술을 배워서 남들보다 빨리 취업하여 부모의 부담을 덜어드리고 싶었다고 한다. 이러한 아이의 착한 마음을 부모가 들어주고 기대감을 조금 낮췄더라면 어땠을까?

아이는 부모의 간섭이 사라질 때 발전한다
:

부모가 되기도 쉽지 않은데 좋은 부모가 되는 것은 그보다도 훨씬 더 어렵다. 대부분의 부모는 아이의 재능을 발굴하기 위해 애쓰지만 때로는 그러한 과도한 열정이 오히려 아이의 자신감을 억누를 수 있다. 따라서 아이의 성장에 맞춰 유리한 방향으로 이끌어주고 순리를 따르는 것이 무엇보다 중요하다.

부모가 아이의 흥미를 길러주고 아이의 발전 방향을 지도할 때에는 내 아이의 심리를 잘 관찰해야 한다. 지나치게 간섭해도 안 되고 부모의 간절함이나 고집을 드러내서도 안 된다. 또한 아이가 부모의 강압을 느끼고 있다면 더더욱 안 된다. 그로 인해 자칫 대립이 나타날 수 있기 때문이다. 다음 한 어머니의 고백을 통해 우리는 아이를 위한 참된 답을 얻어야만 한다.

"예전에 우리는 아이에게 엄청난 양의 책을 사주었습니다. 하지만 실망스럽게도 아이는 우리가 아무리 등을 떠밀어도 그 책들을 거들떠보지 않더라고요. 하지만 우리가 기대를 버리고 다시는 아이를 간섭하지 않자, 아이는 오히려 책에 흥미를 느끼기 시작했습니다. 지금 우리 아이 방에 가장 많이 있는 물건은 바로 책이에요."

성적보다
성장이 중요하다

"아이의 성장에 있어 부모가 가장 경계해야 할 것은 '보상심리'와 '조바심'이다."

 아이의 '성장'은 성적처럼 점수가 주어지는 것이 아니다. 건강하게 성장한다는 것은 학습으로 채울 수 없는 꿈, 우정, 흥미, 즐거움, 자신감, 의지, 용기, 결심 등의 내적 자양분들이 응축되어 주체적인 아이로 자라는 것이다. 그러기 위해 아이의 성장 과정에서는 반드시 아이가 느끼는 '행복'이 선행되어야 한다. 아이가 행복한 가운데에 지도해야 기분 좋게 받아들이고 긍정적인 변화를 이끌어낼 수 있기 때문이다.

 일찍이 미국의 유명한 교육철학자인 존 듀이(John Dewey)도 '흥미 위주'의 교육철학을 강조해왔다. 그에 말에 따르면 교육은 경험의 산실이며, 미숙한 경험들이 점점 지적인 기술과 경험으로 발전시킨다는 것이다. 즉, '아이가 활동하고 스스로 학습하는 과정에서 천천히 자신의 능력과 개성을 키워나간다'는 사실이다. 단지 학문은 지적성장을 도와주는 도구에 불과할 뿐이며 진정한 교육은, 아이가 갖는 새로운 관심과 관점을 발전시켜 스스로 경험을 계속해갈 수 있도록 돕는 데 있다.

공부보다 중요한 것은 정서 지능

유카이핑(俞凱平)은 친구들 사이에서 '곤충전문가'로 통했다. 그는 어른들보다 희귀곤충의 이름을 더 많이 알았고, 상당히 전문적이고 뛰어난 곤충 표본을 만들 수도 있었다. 사람들은 모두 유카이핑의 곤충 사랑과 지식에 감탄하며 늘 칭찬을 아끼지 않았다. 더욱이 유카이핑은 곤충에 관한 것만이 아니라 학업에서 두루 뛰어난 성적을 거두었다. 그가 이처럼 다방면에서 두드러진 성장을 보인 것은 그의 취미를 존중해준 부모님이 있었기 때문이다.

어릴 적부터 유카이핑은 작은 동물을 무척 좋아했다. 그의 가장 큰 즐거움은 곤충을 기르거나 관찰하는 것이었다. 그런 아이의 성향을 잘 파악한 부모는 휴일이면 언제나 그를 교외로 데리고 나가 마음껏 곤충들을 만나게 해주었다. 그리고 곤충들을 어떻게 수집하고 보관하는지, 관찰의 형식은 어떻게 할 것인지 토론하고 자료를 수집해 가르쳐주기도 했다. 이러한 부모의 적극적인 도움 덕분에 유카이핑의 흥미는 더욱 커져갔고, 일찍이 곤충학자가 되리라는 목표를 세워두었다. '반드시 훌륭한 곤충학자가 되겠어!'라고 결심한 그는 매사 적극적으로 공부해 학업 분야에서도 두각을 보이게 된 것이다.

여기서 우리가 유카이펑의 학업성적에 관심을 두는 것은 그가 다른 아이들과는 달리 스트레스받지 않고 편하고 즐거운 마음으로 공부했다는 점이다. 아이들의 학습 잠재력은 무한하고 학습 방법도 다양하다. 부모와 선생님이 융통성을 발휘하여 새로운 방식으로 학습지도를 시도한다면 아이는 얼마든지 즐겁게 공부할 수 있다. 아이의 장점과 흥미가 무엇인지 발견하고 그것을 발휘할 수 있는 좋은 조건을 만들어 적극적으로 지도하는 것이다. 여기에 아이가 원하는 방향으로 나아가도록 격려를 더 한다면, 강요하지 않아도 아이는 즐겁게 공부하며 행복한 유년 시절을 보내게 된다.

부모와 선생님은 아이가 미래에나 할 수 있는 수준의 능력을 미리 요구해서는 안 된다. 아이는 성장하는 데 시간이 필요하며 여러 재능들도 시간을 두고 서서히 키워나간다. 이탈리아의 교육가인 로리스 말라구찌(Loris Malaguzzi)도 '아이의 시간에 관심을 가지고 이를 존중해야 하며, 그들이 성장할 시간을 주기 위해서 교육은 반드시 한 걸음 템포를 늦춰야 한다'고 강조했다.

아이의 재능을 꽃피우는 거름은 부모의 '기다림'
:

아이의 성장에 있어 우리가 가장 경계해야 할 것이 두 가지가 있다. 하나는 부모의 '보상심리'이다. 지금의 수많은 부모는 대부분의 열정과 재력을 아이에게 몽땅 쏟아붓는다. 그리고 부모가 기대하는 결과에 아이가 부응하길 원한다. 하지만 기대했던 보답을 얻지 못하면 부모는 오히려 아이를 골칫거리로 여기며 깊은 고민에 빠지기도 한다. 그러면 부모는 아이를 대할 때에도 평정심과 인내심이 줄어들고 엄격함과 꾸짖음만 많아진다. 이런 압박감과 맹목적인 기대감 속에서 아이의 자신감은 갈수록 떨어질 수밖에 없다. 당연히 부모의 뜻과는 점점 더 멀어지게 되는 것이다. 따라서 아이에게 지나친 압박감을 주어서는 안 되고, 무턱대고 높은 요구를 하며 부담을 가중시켜서도 안 된다.

또 하나 우리가 경계할 대상은 '조바심'이다. 요즘 부모는 자신들이 유용하다고 생각하는 지식들을 아이가 서둘러 익히길 바라고 있다. 그들은 아이다운 사고를 전혀 이해하지 못하며, 기존에 정해진 문제의 답과 방향을 그대로 습득하길 원한다. 아이가 자신만의 길을 가려는 시도조차 곱지 않은 시선으로 바라보고 그것을 '탈선'이라 규정지으며 아이를 억압한다. 이러한 부모의 성급한 결정이 과연 아이의 올바른 성장에 도움이 될까?

아이의 잠재력을 지나치게 서둘러 개발하는 것은 오늘날 우리 사회에 만연한 교육 풍조이다. 하지만 이러한 방법은 부정적인 영향을 초래할 때가 많다. 예를 들어 아이에게 그림을 가르친다고 하면, 부모는 일찍부터 아이를 전문 강사에게 보내어 회화 기초와 테크닉을 배우게 한다. 그 결과 아이는 무엇이든 뚝딱 그릴 수 있지만 아이만의 상상력과 창의력을 잃어버리게 되는 것이다. 왜 우리는 아이들이 자유롭게 낙서하도록 내버려 두지를 않는 것일까? 아이들이 자유롭게 상상하고 즐거움을 누리면 안 되는지 절실히 묻고 싶어지는 때이다.

아이들의 하루는 놀이로 시작해서 놀이로 끝나야 한다. 놀이는 아이들의 창의력 향상에 도움을 주는 즐거운 교육이다. 아이가 부모의 사랑과 보호 아래 마음껏 상상하며 건강하고 즐겁게 성장하도록 가만히 지켜보자. '성장'이 성적보다 더 중요하다는 것을 매 순간 상기하여 아이의 성장을 기다릴 줄 아는 부모가 되어야 한다.

기꺼이 아이의 손을 놓아라

"학생이 차를 타고 등교하는 것은 별로 바람직하지 않아. 대신 아빠와 종종 이렇게 함께 걸으며 학교에 가자."

아이에게는 스스로 일어나는 과정도 학습이다. 넘어지면 스스로 일어나는 것과 같은 아이의 단순한 행동 이면에는 다음과 같은 인성교육이 담겨있다.

첫째는, 능력의 배양이다. 아이가 걸을 수 있다면 넘어질 수도 있다. 넘어지면 분명히 다시 일어날 수도 있는 법이다. 아이 스스로 일어나도록 내버려 둠으로써 '자기 일은 반드시 자신이 해야 한다'는 관념을 명확하게 심어주게 된다.

둘째는, 의지력의 배양이다. 넘어지면 당연히 아프고 살갗이 찢어질 수도 있다. 이때 부모의 반응이 매우 중요하다. 아이의 상처를 마치 큰일이 난 것처럼 여기고 부모가 도우려 한다면 아이는 참고 견디는 법을 익히지 못한다. 따라서 '넘어지면 다칠 수도 있다는 사실'을 통해 고통을 받아들이고 끈기와 인내는 물론 극복하는 지혜도 배우게 된다.

셋째는, 책임감의 배양이다. 총명한 아이라면 자신의 행동과 상황에 스스로 책임져야 한다는 것을 깨닫는다. 자기가 넘어지면 대신 일어날 사람은 없고, 아파도 대신 아파할 사람은 없다. 그것은 온전히 자신의 몫이다. 이러한 경험이 쌓여 아이는 되도록 넘어지지 않으려고 노력하고 아픔을 이기려 애쓴다.

이처럼 아이의 정상적인 발육성장 과정에는 수많은 의미가 내포되어 있다. 그러므로 아이의 작은 동작 하나도 쉬이 보아 넘길 것이 없다. 아이의 움직임은 오롯이 그 아이가 자신의 삶을 준비하는 태동이기 때문이다.

우리는 종종 젊은 부모들에게서 아이의 걸음마를 가르치는 일이 무척 힘들다는 불평을 듣곤 한다. 걸음마를 시킬 때마다 계속 허리를 굽혀 아이를 부축해야 하기 때문일 것이다. 그러나 다음 이야기를 들으면서 그것을 어떻게 받아들여야 할지 곰곰이 생각해봤으면 좋겠다.

소중히 여기는 것과 속박하는 것은 다르다
:

처음 할 이야기는 태어난 지 1년 2개월 된 아기의 사연이다. 부모는 언제나 아이의 안전을 우선시하여 항상 손에서 아이를 떨어뜨린 적이 없었다. 아이가 걷거나 계단을 오를 때에도 안아서 옮겼고, 다른 아이들처럼 혼자 미끄럼틀에 올라가려고 시도하면 부모가 옆에서 말했다.

"다른 애면 몰라도 넌 아직 안 돼!"

부모는 아이가 아직 평형감각이 없어서 넘어지기 쉽다고 말했다. 그래서인지 아이의 걸음걸이는 어딘가 불안정하고 움직임도 별로 활동적이지 않았다. 그것이 과연 아이의 성장이 더딘 탓이었을까?

전혀 그렇지 않다. 부모는 아이에 대한 사랑이 지나쳐 자신도 모르는 사이에 아이의 성장을 막고 있었다. 마치 아이를 보호해주는 것처럼 보이지만, 실상은 아이 스스로 평행연습을 할 수 있는 기회를 빼앗고 있는 것이다. 아이는 비틀거리면서 평행감각을 배우고, 넘어지는 실수를 통해 위험에 대비하는 방어력을 키운다. 그런데 "다른 애면 몰라도 넌 아직 안 돼!"라는 말로 무엇이든 용감하게 탐색해보려는 아이의 도전정신을 무참히 꺾어버렸다. 뿐만 아니라 자신이 남보다 못하다는 생각이 들도록 아이의 가치마저 깎아내린 것이다.

이렇게 아이의 도전정신과 자신감을 부모가 억누르고 말살하는 경우가 많다. 몇몇 부모는 성인이 된 자녀가 자신감도 없고 도전정신도 부족하다며 불만을 털어놓곤 하는데 그동안 '자신의 말과 행동은 어땠는지', '그것이 아이의 인격을 형성하는 데 있어 어떠한 영향을 주었는지'를 먼저 자성해봐야 한다.

두 번째 이야기는 12개월 된 아기의 사연이다. 이 아이는 활발하고 움직이는 것을 좋아하지만 평소 감정 기복이 심한 편이었다. 그래서 조금이라도 기분이 나쁘면 손으로 사람을 때리거나 물기 일쑤였다. 엄마아빠는 물론 주변 사람들도 가리지 않고 물어서 또래 친구들마저 이 아이를 피했다. 한번은 그가 뒤뚱거리며 걷다가 잠깐 부주의한 탓에 계단의 철제 난간에 걸려 넘어지고 말았다. 아이는 엉엉 울기 시작했는데 어디선가 외할머니가 재빨리 달려와서는 아이를 안고 달랬다. 그리고는 난간을 탓하듯 몇 차례 때린 후 매섭게 말했다.

"왜 우리 아기를 넘어뜨려! 때찌!"

아이는 할머니가 계단 난간을 혼내는 것을 보고 함박웃음을 지었다.

우스꽝스러운 이 방법은 아이의 울음을 멈추는 데 효과적이었다. 하지만 아이의 지적성장에는 도움이 되지 않는다. 아이의 외할머니는 아이 앞에서 절대로 해서는 안 되는 폭력을 보여주었기 때문이다. 물론 아이의 신경을 딴 곳으로 돌려 아픔을 잊게 하기 위해서겠지만, 아이의 시각에서는 '다치면 폭력으로 해결해야 된다'라는 인식이 남게 된다. 이러한 모습이 반복되다 보니 아이의 감정기복이 심해지고 다른 사람을 잘 때리고 무는 버릇이 생겼던 것이다. 아이는 자신이 아프고 상처를 입으면 다른 물건이나 사람에게 화풀이해도 된다는 습관이 자연스럽게 굳어져 있었다.

간혹 친구들과 싸움이 잦거나 자신이 불리하면 울거나 손찌검을 하는 아이들은, 이처럼 가정에서 폭력적인 습관이 길러졌을 가능성이 매우 높다. 이런 아이들은 커서도 인간관계에 문제가 발생하고 사회와의 융화에도 어려움을 겪게 된다. 그러므로 부모에게 평소 자신의 언행부터 살피고 조심할 것을 당부드리고 싶다.

아이를 키우는 절반의 사랑
:

아이를 바람직하게 키우려면 '감독형 부모'가 되어야 한다. 감독형 부모란 아이의 행동을 일일이 간섭하고 관리하는 것이 아니라 '감독이 운동선수를 훈련시키듯 부모도 그렇게 자녀를 교육시켜야 한다'는 의미이다. 즉, 아이에게 충분한 발전의 공간을 마련해주면서 다양한 모험을 해보도록 이끌어주는 코치 역할을 하는 것이다.

물론 이것이 그리 쉽지만은 않다는 것을 안다. 아이에게 더 많은 자유공간을 주려면 부모는 종종 아이와 일정한 거리를 둬야 하기 때문이다. 예를 들면 걸음마를 연습하면서 적절한 때에 아이의 손을 놓아주는 것처럼 말이다. 하지만 이런 결심의 순간이 없으면 아이는 자기 두 발로 씩씩하게 걸어 나갈 수 없다. 따라서 부모는 아이에게 손을 놓되, 혹시라도 아이에게서 발생할 수 있는 위험은 더 많이 경계해야 한다.

아이를 과잉보호하는 부모가 되기는 쉽지만, 아이를 자유롭게 내버려 두고 감독하는 부모가 되는 것은 도전적인 일이다. 일본의 오시마(大島) 씨는 그 점에서 우리에게 좋은 본보기를 보여준다. 그는 아이에게 '절반의 사랑'만 보여주는 특별한 교육방식을 갖고 있다.

오시마 씨는 매번 명절이나 휴일이 되면 항상 가족과 함께 차를 타고 밖으로 놀러 나간다. 운전을 좋아하는 그지만 한 가지 원칙이 있었다. 아들을 학교까지 태워다주는 일은 하지 않는 것이다. 한번은 기관지염 때문에 걷기가 힘들었던 아들이 학교까지 태워달라고 부탁을 한 적이 있었다. 하지만 오시마 씨는 안 된다며 단칼에 거절했다. 아들은 하는 수 없이 무거운 책가방을 메고 큰길을 따라 천천히 학교로 걸어가야 했다.

힘겹게 교차로의 육교를 건너려는 순간, 아들은 뜻밖의 모습을 발견했다. 아버지가 육교 아래에서 자신을 기다리고 있었던 것이다. 오시마는 아들을 보자 아무 말 없이 아이의 눈물을 닦아주고, 책가방을 들어주었다. 그리고 아이와 함께 계단을 하나씩 올라가며 말했다.

"얘야, 아빠를 너무 원망하지 마렴. 학생이 차를 타고 등교하는 것은 별로 바람직하지 않아. 대신 아빠와 종종 이렇게 함께 걸으며 학교에 가자."

아빠와 아이의 맞잡은 손에 더욱 힘이 들어갔다.

어떤 부모는 오시마 씨의 교육이 융통성이 없다고 지적할 수 있다. 하지만 아이가 어떤 원칙을 갖고 자립을 해야 할 때임을 아는 것은 무척 중요하다. 오시마 씨는 절반의 사랑을 보여줌으로써 그것을 아이에게 깨닫도록 하고 있다. 이는 오히려 합리적으로 아이를 사랑하는 방법이다.

아이에게 절반의 사랑만 보여준다고 해서 아이가 사랑의 부족함을 느끼는 것은 아니다. 지금 내 자녀에게 부모가 반드시 보여줘야 할 사랑은 바로 이런 것이 아닐까 싶다.

아이에게도 나이에 맞는 역할을 주자

부모는 아이가 스스로 해낼 수 있는 일이라면 무엇이든 혼자 하도록 내버려 둘 필요가 있다.

요즘 부모들이 아이의 일거수일투족을 살피며 도와주는 일이 많아져 새로운 문제를 야기하고 있다. 이렇게 자란 아이들은 다소 이기적이고 독선적이라는 평가를 주로 받는다. 그 때문에 단체 생활에 적응하지 못하고 성인이 되어서도 노동력이 상대적으로 떨어지는 부작용을 보이고 있다는 것이다.

조사에 따르면, 과보호 부모들은 아이에게 집안일은 아예 손도 못 대게 하고 아이의 사소한 일상 하나하나까지 신경을 써 준다고 한다. 심지어 밥 먹는 일까지 부모가 떠다 먹이는 경우도 적지 않다. 마치 어미 새의 먹이를 기다리는 새끼 새처럼 그들은 입만 벌리고, 옷을 입을 때에도 손만 내미는 못된 버릇이 생겨나고 있는 것이다. 이뿐만 아니라 일상생활에서는 '구루병'처럼 성장 장애를 앓고, 자기 주도적인 결정이 부족하다고 나와 있다. 학습에 있어서도 큰소리를 질러야 겨우 공부를 시작하지만 집중하는 데도 문제를 보인다고 한다. 결국 그들 부모들은 자녀의 학습과 성적에만 집중하면서 오히려 아이의 자립심과 인내심을 키우는 일에는 소홀히 하고 있는 셈이다.

이처럼 삐뚤어진 애정표현 때문에 아이가 기본적인 자립심도 갖지 못하고 독립적인 인격을 형성하지 못한다는 사실을 부모는 얼마나 인지하고 있을까?

어려움을 모르면 아이는 무기력해진다
:

외동딸을 둔 뤄(羅) 부인은 딸이 중학교 2학년이 되었을 때에야 문제점을 깨달았다고 한다. 평소 몸이 약했던 부인은 딸의 몸에 상처라도 날까봐 늘 본인보다 더 아껴가며 조심스럽게 키웠다. 그러다 부인의 몸이 점점 더 쇠약해져 거동이 불편해졌다. 다행히 그녀는 어느 정도 자란 딸이 방학 기간 동안만이라도 자신의 집안일을 도울 거라 기대했다.

하지만 그것은 크나큰 오해였다. 딸은 엄마 일을 도와주기는커녕 오히려 자신이 방학 동안 입고 먹고 지내는데 불편하지 않도록 해주길 바랐다. 엄마가 심부름을 시키면 고약하게 화를 냈고 항상 게으름만 피워 부인의 마음을 아프게 했다. 엄마의 아픔에 대해 딸은 조금의 관심도 보이지 않은 것이다.

또 다른 이야기는 아이가 느끼는 감정에 관한 것이다. 진진

(金金)이라는 아이는 여덟 살의 호기심 많고 활동적인 꼬마였다. 그는 엄마의 행동을 보고 혼자서 옷을 빨거나 이불을 개어보고 싶어 했다. 하지만 그때마다 엄마가 재빨리 달려와 힘들다며 아이를 떼어놓곤 했다. 그 밖에도 부모는 진진에게 어려운 문제라고 판단하면 의사도 묻지 않고 먼저 해결해주곤 했다.

시간이 지나면서 진진은 일상이 재미없어지고 무기력감이 심해졌다. 그는 자신이 다른 사람만 못하다고 느꼈다. 공부를 조금 잘하는 것을 빼면 남에게 자랑할 만한 것이 아무것도 없었기 때문이다. 그는 이처럼 자괴감과 열등감에 빠져 우울증을 앓아야 했다.

위와 같은 사례를 보고 우리는 '자녀를 진정 아끼는 법'을 고민해보아야 한다. 그리고 반드시 우리가 해결해야 할 숙제는 어떻게 아이의 자립심을 길러줄 것인가 하는 문제이다.

자립심과 자신감을 기르는 역할 놀이
:

부모가 아이의 자립성을 키워주려면, 아주 간단한 동작부터 시작해서 점점 어렵고 복잡한 일로 한 단계씩 차근차근 해내도록 성취감을 심어주면 된다. 실제로 천(陳) 부인의 사례는 좋은 예이다.

사실 천 부인의 아들도 부모의 과보호 탓에 혼자서 할 줄 아는 것이 없었다. 한번은 화장실에 있던 천 부인이 급하게 아들에게 가스레인지 불을 꺼달라고 부탁했다. 그런데 뜻밖에도 여덟 살이나 된 아들이 가스레인지의 불도 끌 줄 몰랐던 것이다. 그녀는 그 일에 무척 놀랐고 자신이 그동안 아이를 잘못 키운 것에 대해 반성했다.

이후 천 부인은 아들의 자립심을 키워주기 위해서 남편과 상의하여 한 가지 계획을 세웠다. 그것은 매주 일요일마다 아이가 '일일 부모'가 되는 역할극이었다. 자신이 직접 부모 역할을 하면서 '무엇을 하고 무엇을 지켜야 하는지' 직접 느끼고, 스스로 집안일을 처리하는 방법을 가르치기 위해서였다.

이것을 성공적으로 진행하려면 그들은 먼저 '일일 부모'의 3대 임무를 정해두었다. 첫째는 마룻바닥을 닦거나 설거지를 하는 것과 같이 집안의 위생을 책임지는 일이었다. 둘째는 삼시세끼에 무엇을 먹을지를 정하고 구체적으로 부모에게 지시를 내리는 일이었다. 셋째는 가족을 대신해 그날의 '바깥 활동'을 계획하는 일로써, 친척이나 친구의 집을 방문해도 좋고 집에서 숙제를 해도 상관없었다. 이 모든 것은 아들의 자유의사로 결정되었다.

이제 본격적으로 아들의 부모 역할이 시작되었다. 매주 일요일마다 아들은 그 어느 때보다 신이 났다. 부모의 역할에 처음 몇 번은 심각하게 고민하더니 적응이 되자 아들은 뜻밖의 리더십을 보여주었다. 그는 아침 일찍부터 일어나서 부지런히

바닥을 닦고 빵을 사 와서 아침을 준비했다. 그러면서 엄마에게 "오후에는 제육볶음과 국을 먹고, 저녁에는 두부 부침과 야채 볶음을 먹을 예정"이라고 알렸다. 또한 '바깥 활동'으로는 온 식구가 놀이공원에 놀러 가자고 말했다. 부모는 아이의 의견을 적극 지지하고 따라주었다.

그렇게 일일 부모 활동이 무르익을 무렵이었다. 평일 오후에 세수를 하는 엄마를 지켜보던 아들은 놀라며 크게 소리쳤다.

"엄마, 물을 그렇게 많이 쓰면 어떡해요. 아껴 써야죠!"

그 말에 천 부부는 웃으며 아들의 성장을 크게 기뻐했다. 부부는 아직도 일일 부모 역할극을 진행 중이라고 한다. 천 부부의 역할극은 잔소리를 하지 않아도 자연스럽게 교육이 이뤄지는 효과를 얻고 있다.

이처럼 순차적이고 점진적인 지도방식은 아이의 자립심뿐만 아니라 자신감도 키워줄 수 있다. 아이가 어떤 새로운 문제에 직면했을 때에도 당황하지 않고 침착하게 문제를 해결하게 해준다. 그러므로 부모는 아이가 스스로 해낼 수 있는 일이라면 무엇이든 혼자 하도록 내버려 둘 필요가 있다. 믿고 맡기면 아이가 조금도 어리석지 않고 충분히 해낼 능력이 있다는 사실을 금방 발견할 수 있다.

자녀의 행동에 맞는
적절한 대우를 하라

부모는 아이가 얻은 명예를 긍정적으로 평가해주고, 동시에 더 높은 목표를 제시하여 더 큰 성과를 얻도록 격려해야 한다.

'비록 명예는 덕행의 진정한 원칙과 표준은 아니지만, 분명 그 진정한 원칙과 표준에 가장 가까이 있다. 명예는 아이를 지도하고 격려하는 올바른 방법이다.'

영국의 유물주의 철학가인 존 로크(John Locke)의 《교육론》 중에는 이런 말이 있다. 어른들이 자신의 명예를 중요시하는 것처럼 아이의 명예도 올바르게 대우해주어야 한다. 아이가 명예를 인정받는다는 것은 자긍심을 느끼게 하는 가장 좋은 방법이기 때문이다.

아이의 명예는 섬세한 관심 속에 있다
:
그런데 일부 부모들은 아이의 명예에 대해서 별다른 관심이 없어 보인다. 누군가에게 아이가 모범생이라는 평을 듣거나 백일장, 체육대회 등에서 상을 받아도 무관심한 경우가 있다. 칭찬은 고사하고 어떠한 반응조차 보이지 않을 때도 있어 아이의 자존심에 상처를 주기도 한다. 심지어 어떤 부모는 아이의 상장을 헌신짝처럼 아무렇게 내버려 둬 자부심을 할퀴고 의욕을 떨어뜨린다.

반면에 지나치게 아이의 명예를 중시하는 부모도 있다. 아이가 성적이 좋거나 특별한 상을 받기라도 하면 호들갑스럽게 반응하여 오히려 아이를 부담스럽게도 만든다. 친척과 친구들을 집으로 초대해 축하 파티를 열고 대대적으로 자랑하고 떠벌리는 통에 아이는 다음 결과에 대해 압박감을 느낀다. 이 역시 자신감을 불러일으킨다기보다는 부담감으로 의욕을 미리 잃어버리는 부작용을 낳을 수 있다.

따라서 위의 두 가지 태도 모두 부적절하다. 아이의 명예를 살려주는 일은 무척 섬세해야 한다. 때에 따라 적절한 반응을 보여주면서 아이의 자부심을 조금씩 높여주는 것이 좋다.

성과는 긍정적인 평가를, 보상은 격려로 대신한다
:

푸잉춘(浦迎春) 씨의 딸은 초등학교 4학년이다. 하루는 푸잉춘 씨의 친한 친구가 집에 놀러 온 적이 있었다. 친구는 집안을 둘러보다 아이의 방 한쪽 벽면을 가득 메운 상장에 한참 동안 시선을 빼앗겼다. 자세히 살펴보니 벽에 걸린 상장들은 모두 푸잉춘 씨의 딸이 초등학교 2학년부터 지금까지 받은 영광의 상장들이었다. 수많은 상장들을 보면서 친구는 그녀의 딸이 얼마큼 열심히 공부했고, 다양한 방면으로 얼마나 노력했는지 충분히 짐작할 수 있었다. 아이는 누가 보아도 남보다 뛰어난 우등생임을 확신할 수 있었다.

친구는 푸잉춘의 딸이 무척 기특했다. 이 영특한 아이에 대해 일찍이 자랑할 법도 한데 그동안 한마디도 하지 않은 친구가 되레 신기했다.

"어떻게 이렇게 많은 상장들을 벽에다 걸어 둘 생각을 했어?"

그러자 그녀가 웃으면서 대답했다.

"자신이 거둔 성과를 보면 아이가 자신감을 갖고 더욱더 열심히 하지 않을까 생각했어. 그러면서 좀 더 높은 목표를 세우고 도전하려는 용기를 얻겠지."

"그럼 이렇게 장한 딸을 왜 그동안 사람들에게 자랑하지 않았던 거야?"

친구가 계속해서 물었다. 푸잉춘 씨는 알 수 없는 미소를 지으며 말했다.

"아이의 명예는 소중하니까."

아이가 꾸준히 노력하여 명예를 얻으면, 부모가 그것을 소중하게 여기되 반드시 적절한 정도를 지키는 것이 좋다. 아이의 명예를 남에게 함부로 떠벌려서도 안 되고 고의로 깎아내려서도 안 된다. 부모는 아이가 얻은 명예를 긍정적으로 평가해주고, 동시에 더 높은 목표를 제시하여 더 큰 성과를 얻도록 격려해야 한다. 이는 이미 얻은 명예가 더 높은 명예를 향해 오를 수 있는 동력이 되게 하는 것이다.

출발을 결과처럼
여기지 마라

목적이 없는 조기교육은 아이에게 신체적으로나 심리적으로 부담을 준다.

 일부 아이들은 부모의 욕심과 속박에 갇혀서 하루 종일 빡빡한 일정을 소화하고 있다. 그들은 어린 나이에도 불구하고 어른보다 훨씬 더 많은 배움을 받고, 주말이나 휴식시간의 구분도 모호해질 정도로 많이 지쳐있다. 이러한 아이의 스케줄을 따라다니면 어른도 금세 피곤해진다고 하니 그들의 체력적 소모가 얼마나 큰지 알 만하다.

 그러나 안타깝게도 그들의 부모는 이를 결코 멈추려 하지 않는다. 다양한 방면으로 끊임없이 배우는 것만이 앞서가는 길이라고 여기기 때문이다. 그래서 어떤 부모들은 변명처럼 이렇게 말한다.

 "우리도 이러는 걸 원치 않아요. 하지만 어쩔 수 없잖아요. 다른 사람들이 모두 그렇게 하니까요. 자기 아이가 출발선에서부터 뒤처지는 꼴을 보고 싶은 부모가 어디 있겠어요!"

아마도 '출발선에서부터 뒤처지지 않으려고' 시작한 주입식 교육은 현 가정의 최대 고민거리일 것이다. 사교육의 지출 비용도 만만치 않은 데다, '과연 아이가 언제 어디서부터 출발해야 하는가'라는 의문을 남긴다. 정말 그렇다면 교육의 출발선은 어디인 걸까?

아이의 희생을 요구하는 출발선 논쟁
:

이와 관련하여 유명한 위인의 일화가 있다. 하루는 어떤 젊은 엄마가 존경하는 위인을 찾아가 이런 질문을 던졌다.

"우리 아이가 이제 막 3개월이 되었는데 언제부터 교육을 시작하는 것이 좋을까요?"

그러자 위인이 대답했다.

"서두르세요! 벌써 3개월이나 늦었네요."

위인의 말은 '교육은 아이가 태어나는 순간부터 시작된다'는 뜻이었다. 그것은 학습적인 의미가 아니라 자연스러운 성장을 내포하는 것이다. 하지만 이 말을 왜곡하여 듣는 이들은 태어나는 순간이 출발선이라 여길지 모른다. 그런 이들에게 태어나기 이전의 태교는 교육이 아닌지 묻고 싶다.

이 논쟁에 대해 좀 더 거슬러 올라가보자. 아이를 갖기 전 부모의 심신 수양이나 소양도 '미래의 내 아이에게 영향을 끼치는 교육이 아닐까?' 자문해볼 필요가 있다. 우리의 아이는 자신이 부모를 선택해서 태어나지 않는다. 그렇다면 과연 도시 혹은 시골에서 태어나거나, 부자 또는 가난한 집에서 태어나느냐에 따라 '아이의 출발선도 달라지는 것'인지도 생각해야 한다. 그렇다면 어떤 상황이 되어야 출발선에서 뒤처졌다고 할 수 있을까? 출발선에 대한 논쟁은 여러 의구심이 들게 한다.

'아무리 천재라도 태어나자마자 울면서 한 편의 시를 읊을 수 없다'는 말이 있다. 사실 동서고금을 막론하고 역사적으로 위대한 업적을 남긴 수많은 위인들의 어린 시절은 평범하기 그지없다. 뉴턴이나 아인슈타인 역시 어렸을 때는 모두 '신동'이 아니었다. 심지어 아인슈타인은 두뇌 회전이 느린 저능아라는 이유로 초등학교에 다닌 지 3개월 만에 쫓겨났다. 그러나 그는 훗날 사람들이 괄목할 만한 업적을 이뤄내지 않았던가! 그러므로 어릴 때 총명하다고 해서 커서도 반드시 똑똑한 것은 아니며, 어린 시절의 재능과 그 사람의 성과가 이어지는 것은 아니다. 도리어 밀접한 연관성을 갖는 것은 그 사람의 인생에 대한 태도와 후천적 노력일 것이다.

교육은 시작과 끝이 없는 과정일 뿐이다
:

선생님이나 부모가 아이가 잘되기를 바라는 것은 지극히 당연한 일이다. 그래서 남보다 한발 앞서 아이에게 질 좋은 교육을 받게 하는 것은 결코 비난할 일만은 아니다. 그러나 현실은 너무 지나쳐서 문제다.

요즘 학교와 부모들은 무턱대고 아이에게 '출발선에서 뒤처지면 안 된다'는 것만 강조한다. 그리하여 부적절한 조기교육을 마치 선진적인 교육이념인 양 받아들이고 있다. 이 때문에 아이들의 신체적·심리적 성장법칙이 무시되고 단계별 성숙 과정에서 요구되는 것들도 등한시된다. 그 결과 아이의 타고난 잠재력마저 말살시키는 원인이 되고 있는 것이다.

미국의 아동 심리학자인 아널드 게젤(Arnold Lucius Gesell)은 아이의 심리발전을 지배하는 요소로 '성숙과 교육'이 있는데, 이 두 가지를 비교하면 '성숙'이 더 중요하다고 했다. 그는 일찍이 '쌍둥이 형제의 계단 오르기'라는 실험을 통해 이를 입증했다. 우선 쌍둥이 형제 중 한 명에게는 태어난 지 48주가 되었을 때부터 6주간, 매일 10분씩, 계단 오르기 훈련을 시켰다. 52주가 되자 그 아이는 다섯 계단을 오를 수 있었다. 한편 또 한 명의 쌍둥이 형제에게는 53주가 되어서야 비로소 계단 오르기 연습을 시켰다. 그러자 아이는 불과 2주 만에 다른 사람의 도움 없이도 계단을 올라 주위를 놀라게 했다.

이 실험을 통해 게젤은 '미성숙이란 학습을 받지 못해 야기되는 것이 아니며, 학습은 단지 성숙에 대한 일종의 촉매작용을 하는 것'뿐이라는 결론을 내렸다. 즉, 목적이 없는 조기교육은 아이에게 신체적으로나 심리적으로 부담을 준다. 이는 학습은 물론 모든 배움에 대한 흥미에 영향을 미치고 심지어 자신의 인생관과 미래의 태도에도 영향을 끼친다.

결국 아이의 교육은 단기교육이 아니라 평생 교육이 되어야 한다는 것이다. 그에 상응하는 가장 좋은 예가 바로 장거리 경주이다. 장거리 경주에서 통상적으로 출발이 앞선 사람이 결승선까지 앞서 나가기란 어렵다. 장거리 육상 부분의 올림픽 금메달리스트인 왕쥔샤(王軍霞) 선수는 항상 선두에 서서 달리는 것이 아니라 다른 선수의 뒤를 따라 달리는 전략을 구사한다. 속도 외에 더 중요한 것은 '기술적 구사'이며, 장거리에서 중요한 것은 '스스로 포기하지 않아야 한다'는 사실을 알기 때문이다. 따라서 앞으로 나아갈 수 있는 동력과 자신감을 시종일관 유지하는 것이 바로 승리의 관건이 된다. 교육에 있어서도 출발선에서 요구되는 스킬보다는 중간 지점이나 마지막 구간에서의 스킬이 훨씬 더 중요하다.

겉치레가 아닌
진정성을 보여라

사실 아이들은 화려하고 풍족한 생일 파티를 원하기보다 부모가 진심으로 자신을 아끼고 사랑한다는 마음을 받고 싶어 한다.

 가족 행사에서 결코 빼먹어서는 안 되는 일 중 하나가 아이의 생일이다. 아이의 생일은 그야말로 아이에 대한 사랑이 '집중적으로' 표현되는 날이다. 부모뿐만 아니라 할아버지 할머니까지도 아이의 생일에 무엇이든 해줄 기세로 깊은 관심을 갖는다. 그날은 아이가 평소보다 더 남보다 행복하길 바라기 때문이다.

 그것은 부모로서 매우 당연한 기대이다. 하지만 때로는 너무 지나쳐 그릇된 방식으로 표현되는 경우도 있다. 그 전형적인 예가 바로 아이들의 화려한 '생일파티'이다. 남보다 크고 화려하게 생일파티를 열어줘야 아이가 즐겁고 행복할 것이라 여기는 것이다. 그래서 너도나도 아이의 생일을 위해 쓸데없이 많은 돈을 하루에 쏟아붓고 있다. 실제로 한 아이의 부모도 아이의 생일파티 때문에 경제적인 부담감을 느낀 사례가 있었다.

평행선을 달리는 부모의 욕심과 아이의 만족도
:

5년 전 리밍양(李明陽) 부부는 조카의 생일파티에 초대된 적이 있었다. 그들은 집으로 돌아온 후에 자신의 아이도 근사하게 생일을 보내게 해주겠다고 결심했다. 리밍양 부부는 별다른 고민 없이 수제 케이크를 주문하고 근사한 식당을 골라 파티를 예약했다. 뜻밖의 생일 파티에 아이는 몹시 즐거워했다. 리밍양 부부는 그날처럼 아이가 행복해보인 때는 없었다고 생각했다. 이토록 아이가 기뻐하는 모습을 보자 큰돈을 지불한 것이 전혀 아깝지 않았고, 오히려 의미 있게 쓴 것 같아 뿌듯했다. 그 후로 그들은 해마다 아들의 생일을 화려하게 꾸미는 데 돈을 아끼지 않았다.

하지만 얼마 가지 않아서 심각한 부작용이 생겨났다. 아이가 자기밖에 모르고 갖고 싶은 물건은 떼를 써서 무조건 가지려 했다. 게다가 돈이나 물건을 헤프게 쓰는 버릇도 생겨났다. 아들이 점점 더 검소함을 잃어가자 아빠는 그제야 분수에 맞지 않는 화려한 생일파티를 그만둬야겠다고 결심했다. 그러나 아내는 동의하지 않았다.

"아이를 실망시킬 순 없어. 돈은 다른 데서 우리가 조금 더 아끼면 되잖아."

 옆에서 듣고 있던 아들도 그러기 싫다며 세차게 머리를 내저었다. 그렇게 시간이 흐르고 어느덧 아들의 생일이 또다시 며칠 앞으로 다가왔다. 아이는 잔뜩 기대에 부푼 목소리로 아빠에게 물었다.

"아빠, 올해는 어떤 생일 선물을 해주실 거예요?"

"해마다 그래왔듯이 근사한 식당에서 밥을 먹자."

"에이, 그건 먹는 거잖아요. 아빠는 여태껏 제게 생일 선물을 사주지 않으셨다고요!"

"뭘 갖고 싶은데 그래?"

"전자 피아노요."

 그 순간 아빠는 기막힌 아이디어가 하나 떠올랐다.

"전자 피아노를 사려면 적어도 일이백만 원은 필요해. 하지만 우리가 그렇게 부자는 아니잖니? 더군다나 비싼 식당에서 네 생일파티까지 하려면 많은 돈을 쓰게 될 거야. 만약 네 생일파티를 해마다 조금만 검소하게 치른다면, 우리는 그 돈을 아껴서 전자 피아노를 살 수도 있단다."

 간절하게 전자 피아노가 갖고 싶었던 아들은 마침내 아빠의 제안을 받아들였다. 그들은 조촐하게 집에서 아들의 생일을 보냈다. 식사하기 전에 온 가족이 전자 피아노의 반주에 맞춰 생일축하 노래를 불렀다. 음식은 평소 아이가 좋아하는 엄마의 음식으로 준비해서 먹었고, 식사가 끝난 후에 아빠는 아들과 함께 나무로 모형 비행기도 만들었다. 아들은 무척 만족해하며 아빠에게 말했다.

"올해 생일은 최고로 행복하게 보낸 것 같아요!"

생일이 지난 뒤에도 아빠는 계속해서 아들이 절약하는 습관을 기르도록 지도했다.

다행히 이 사연의 부부는 자신들의 잘못을 인정하고 바로 잡는 노력을 기울였다. 사실 아이들은 화려하고 풍족한 생일 파티를 원하기보다 부모가 진심으로 자신을 아끼고 사랑한다는 마음을 받고 싶어 한다.

가족의 정을 느끼게 해주는 것이 최고의 선물
:

한번은 미국인 친구 아들 생일에 초대받은 적이 있다. 미국 사람들은 아이의 생일을 중시하니 생일파티 또한 화려할 거라고 미리 짐작했다. 그런데 막상 찾아가니 이게 웬일인가! 투박하고 저렴한 음식들로 테이블이 차려져 있었다. 테이블 위에는 '할아버지 시대의 생일을 체험하며'라고 적힌 보드가 놓여 있었다. 이처럼 소박한 생일파티에 아들과 아들 친구들이 불평은 커녕 오히려 옛날 생일문화를 재현한 것에 대해 감탄하고 진심으로 파티를 즐겼다. 그렇게 해서 아낀 돈은 고스란히 아들의 '비상금'이 되었다. 그날의 생일 파티가 더욱 의미 있었던 사실은, 아들이 자신의 비상금을 모두 모아 불우이웃에게 기부했기 때문이다.

실제로 아이의 생일로 뭔가 의미 있는 일을 하는 것은 아이의 정서발달에도 매우 훌륭한 교육이다. 자신의 존재가 또 다른 사람에게도 기쁨이 된다면 아이는 '자신을 사랑하는 마음'이 더욱 자리 잡게 된다. 따라서 부모는 지금과 달리 좀 더 색다른 방법으로 아이의 생일을 축하하며, 소박하면서도 특별한 의미를 심어주는 것도 바람직하다.

부모가 자녀의 생일을 축하해 줄 때는 아이의 나이에 맞게 구분해줘야 한다. 아이가 어릴 때는, 또래 친구들과 함께 생일파티를 하면서 그날의 주인공이 되게 해주면 아이의 사교성을 기를 수 있다. 청소년 시기에는, 집에서 파티를 열고 아이가 가족들의 따뜻한 정을 느낄 수 있게 해줘도 충분하다. 성년이 된 후에 어느 정도 경제적 능력이 있다면 스스로 어떻게 보낼 것인지를 결정하도록 한다. 다만 이때도 부모의 적절한 지도는 반드시 필요하다.

생일 경비는 가정의 경제 상황에 맞게 구체적으로 결정한다. 그러나 아무리 능력이 된다고 해도 화려하고 겉만 번지르르한 생일을 보내는 것은 아무런 유익이 없다. 소박하게 즐기면서 의미 있게 생일을 보내는 것이 아이에게도 더할 나위 없이 좋을 것이다.

부족함을
솔직하게 고백하자

"엄마도 아직 모르는 게 많단다. 그럴 땐 엄마도 너에게 물어볼게. 모르는 걸 함께 알아 가는 것도 참 재미있구나."

 아이에게 부모의 부족함을 드러내는 것은 전혀 창피한 일이 아니다. 그것은 오히려 용기 있고 결단력 있는 교육방식이다. 모르는 것을 '모른다'고 솔직히 고백하는 부모에게서 아이는 긍정적인 태도를 갖게 된다. 거짓말을 하지 않고 자신의 부족함을 인정하는 자세는 아이에게 좋은 성품과 습관을 길러주는 토대가 되기 때문이다.

 세상의 모든 부모는 아이의 첫 번째 스승이다. 부모가 아이에게 줄 수 있는 가장 중요한 인생 수업은 지식이 아니라 사람이 갖춰야 할 기본 성품과 좋은 행동습관이다. 그러므로 아이가 커가면서 어려운 문제를 물어오면 반드시 솔직하게 대답하자. "그건 나도 잘 모르겠구나."라고 말이다.

아이는 부모의 지식이 아니라 인품을 배운다
:

늘 호기심이 많은 아이가 있었다. 아이는 틈만 나면 '하늘은 왜 파란색이에요? 새는 왜 날아다녀요? 가을에는 왜 낙엽이 떨어지죠? 사람은 어떻게 태어나요?'와 같은 질문들을 쏟아냈다. 아이가 질문하면 엄마는 대부분 곧바로 대답해주었다. 그런 엄마를 보면서 아이는 '엄마가 못 하는 것도 없고 모르는 것도 없는 사람'이라는 착각에 빠졌다.

하지만 아이가 일곱 살이 되던 해에 그러한 믿음이 무참히 깨지는 사건이 벌어졌다. 국경일을 맞아 엄마와 아이는 근처 강가에서 불꽃놀이를 보기로 했다. 밤이 되자 오색찬란한 불꽃들이 앞 다투어 터지면서 밤하늘을 아름답게 수놓았다. 아이는 황홀해서 넋을 잃고 불꽃들을 바라보았다. 그리고 갑자기 엄마에게 물었다.

"엄마는 불꽃을 어떻게 만드는지 아세요?"

엄마는 아이의 질문에 선뜻 대답하지 못하고 멍하니 있었다. 잠시 뒤 그녀는 뭔가 곰곰이 생각하다가 아이에게 사실을 털어놓았다.

"그건 엄마도 모르겠구나."

"모른다고요? 엄마가 모르는 것도 있어요?"

"당연히 엄마도 모르는 게 있지. 앞으로도 엄마가 모르는 게 많다는 걸 종종 알게 될 거야."

엄마는 진지하게 아이의 물음에 대답했다. 아이는 도저히 못 믿겠다는 듯이 말했다.

"정말이에요?"

"정말이야. 엄마뿐만 아니라 아무리 많이 배운 사람이라도 모르는 것이 반드시 있단다. 사람의 지식과 능력에는 한계가 있어. 그래서 끊임없이 배우고 익히는 자세가 필요하지. 방금 네가 물어본 건 집에 돌아가서 엄마가 책을 찾아본 후에 대답해 줄게. 아니면 우리 둘이 함께 책을 읽으며 알아보는 것도 좋을 것 같구나. 어떠니?"

아이는 빙긋 웃으며 고개를 끄덕였다. 집으로 돌아온 후, 엄마와 아이는 곧바로「어린이 백과사전」을 꺼내 궁금했던 문제의 해답을 찾았다. 그리고 궁금증을 해결하고는 둘 다 뛸 듯이 기뻐했다.

그 후로 아이는 자라면서 궁금한 분야가 점점 더 다양해졌고, 아이의 질문에 엄마가 대답하지 못하는 날들이 많아졌다. 이제 그것은 아주 흔한 일이 되어버렸다. 아이는 그 사실을 인정하고 별 거부감 없이 받아들였다. 엄마도 아이의 어려운 질문에 일부러 아는 척하지도 않았다. 하지만 때론 '이렇게 간단한 문제도 모른단 말이야?'라고 반문하면서 아이에게 가벼운 면박을 주기도 했다. 그렇다고 자신의 무지함을 숨긴 적은 없었다. 엄마는 늘 솔직하게 아이에게 말했다.

"그건 엄마도 모르겠구나."

두 사람이 도저히 해답을 찾지 못할 때는 제3자에게 도움을 청하기도 했다. 그런 과정을 통해 엄마도 덩달아 많은 공부를 할 수 있었고, 아이와의 정도 더욱 돈독히 쌓을 수 있었다. 아이는 지식의 공백이 있고 부족함이 많은 엄마를 나쁜 시선으로 보지 않았다. 오히려 솔직한 모습과 무엇이든 배우려고 하는 엄마의 인품을 보면서 더욱 존경하고 사랑하게 되었다.

아이의 생각을
존중해주자

아이가 인격을 형성해 나갈 시기에는 더욱더 평등하고 공정하게 대해야 한다.

 진단(金丹)은 초등학교 3학년 학생이다. 하루는 미술 선생님이 수업 시간에 아이들에게 무엇이든 그리고 싶은 그림을 마음껏 상상해서 그려보라고 주문했다. 진단은 모처럼 관심을 보이며 곧바로 그림 그리기에 빠져들었다.

 얼마 후 진단은 순식간에 그림을 완성했다. 그런데 선생님은 진단이 그린 그림을 보고는 얼굴이 붉으락푸르락하더니 다짜고짜 아이들 앞에서 진단을 야단치기 시작했다.

 "대체 뭘 그린 거니? 이렇게 형편없이 그리다니! 네 상상력은 정말 추하고 저질스럽구나. 너희들도 한번 보렴. 대체 이 그림을 어떻게 받아들여야 할지 말이야."

 그러면서 선생님은 진단의 그림을 번쩍 들어 반 아이들에게 보여주었다. 진단의 그림 윗부분에는 크고 평평한 돌 위에 벌거벗고 서 있는 소년이 그려져 있었다. 그림 속 소년은 눈을 찡그리고 입은 벌린 채 웃고 있었는데, 한쪽 손은 엄지를 치켜 올리고 있었고 다른 한쪽 손은 자신의 고추를 잡고 있었다. 그리고 그림의 아랫부분에는 자그마한 꽃 화분이 하나 그려져 있는데, 마치 소년이 화분에 물을 주려고 오줌을 누고 있는 것처럼 보였다. 조금 더 자세히 들여다보니 화분에는 작은 거품들이 뽀글뽀글 일고 꽃들은 매우 환하게 웃고 있었다. 진단은 그 그림에 '노래하는 귀염둥이와 활짝 웃는 꽃'이라는 제목을 달았다. 그리고 그 밑에는 '오줌처럼 좋은 액체 비료는 한 방울도 흘려보내면 안 된다.'라는 부제목도 써놓았다. 화가 난 선생님의 부정적인 평가 때문인지, 반 아이들도 덩달아 크게 웃으며 진단의 그림을 비웃었다.

선생님은 진단이 보는 앞에서 그림을 내던지며 단호하게 말했다.

"지금 당장 새로 그림을 그려와! 안 그러면 오늘 집에 갈 생각은 하지 마!"

진단은 처음에 선생님이 도대체 왜 이렇게 화를 내시는지 이해하지 못했다. 하지만 선생님의 말씀과 표정, 그리고 친구들의 비웃음을 보며 곧바로 상황을 파악할 수 있었다. 그러면서 자신이 진지하게 완성한 그림을 제대로 봐주지 않고 무작정 새로 그림을 그려오라고 하시는 선생님을 보면서 씻을 수 없는 모욕감을 느꼈다.

"선생님, 제 그림이 뭐가 그렇게 잘못되었나요? 전 정말 진지하게 그렸어요. 어떤 부분이 저질스럽다는 거예요? 무슨 이유로 다시 그림을 그려오라고 하시는 거예요? 확실히 말씀해주세요."

"지금 선생님 앞에서 고집부리는 거니? 네 그림이 얼마나 저질스러운지 봐라."

선생님은 대담하게 말대꾸하는 진단 때문에 더 화를 냈다.

"뭐가 저질스러운 건지 몰라서 묻는 거예요. 저는 선생님 말씀처럼 그렇게 저질스러운 그림을 그리지 않았어요. 제가 그린 건 누드상이란 말이에요. 수많은 도시의 광장이나 공원에도 이런 누드상이 세워져 있다고요. 어린이공원에도 있고, 또 프랑스 수도인 파리광장에도 있고요! 그건 아름다운 조각품이지 결코 저질스러운 것이 아니잖아요!"

진단은 당당하게 자신의 의견을 밝혔다. 친구들은 진단의 말을 듣고 그 말도 옳다고 생각하기 시작했다.

"그래, 어린이공원에도 있어."

"맞아, 맞아."

"나는 미술대학 운동장에서도 본 적이 있어."

진단이 자신의 말에 또박또박 대들고 아이들까지 분분히 찬성의 의견을 내놓자, 선생님은 체면을 구겼다고 생각했는지 그 모든 화살을 진단의 탓으로 돌렸다.

"뭐? 누가 너더러 누드상을 그리랬어? 넌 선생님 말을 따르지도 않았고 교실 규율도 지키지 않으면서 궤변만 늘어놓고 있구나!"

"제가 언제 교실 규율을 지키지 않았나요? 또 언제 선생님을 존중하지 않았다는 거예요? 저는 선생님이 요구하신대로 진지하게 그림을 완성했어요. 분명히 무엇이든 그려도 된다고 하셨잖아요. 특별히 누드상을 그리면 안 된다는 말씀은 하지 않으셨어요. 전 잘못한 게 없어요. 그리고 선생님과 다른 의견이 있어도 절대 말하지 말라는 규정도 없어요. 이번 일은 제가 버릇없이 선생님께 대든 것이 아니라 선생님이 함부로 제 그림을 무시하신 거예요."

선생님은 어린 진단이 논리적으로 자신의 의견을 내세울 줄은 전혀 생각하지 못했다. 선생님은 화가 머리끝까지 났고 잔뜩 격분하여 이렇게 말하고는 교실을 나가버렸다.

"대체 어느 집 자식이기에 이렇게 버릇이 없니! 너희 부모는 최소한 지켜야 할 예절도 가르치지 않았니? 너희 부모님 좀 뵈어야겠다! 안 그러면 넌 앞으로 내 수업을 절대로 들을 수 없어."

얼마 후 진단의 엄마는 한 통의 전화를 받았다.

"저는 아드님 반의 미술 선생님입니다. 시간 되시면 지금 학교로 오셨으면 좋겠습니다. 아무래도 아드님 품행에 문제가 많은 것 같습니다. 생각이나 행동이 올바르지 못하고, 어린 나이임에도 머릿속에는 온통 저질스러운 생각뿐입니다. 게다가 수업 분위기를 엉망으로 흐려놨어요. 계속 이런 식으로 행동한다면 아이의 앞날은 깜깜하고 대단히 위험합니다. 부모님께서 자식 단속을 잘하셔야겠어요."

선생님은 진단에 대한 비난을 늘어놓았다. 느닷없이 전화를 받은 어머니는 영문을 몰라 얼떨떨했다. 이내 어머니가 정신을 차리고 선생님과 대화를 하려 했으나 수화기에서는 '두두두' 하는 신호음이 들려왔다. 선생님이 일방적으로 쏘아붙이고 전화를 끊어버린 것이다.

나중에 전후사정을 알게 된 진단의 어머니는 아들을 꾸짖기보다 오히려 위로해주었다. 아이의 생각을 존중할 줄 모르고 이야기를 경청할 줄 모르는 선생님의 오만함이 더 문제라 여겼던 것이다.

공정한 눈으로 아이 바라보기
:

아이의 천성을 존중해주는 것은 가정교육에서 매우 중요한 부분이다. 모든 아이는 독립된 인격을 가지고 있다. 그것은 나이나 몸집으로 크기가 결정되는 것이 아니다. 부모의 인격과 아이의 인격에 구별이 있을 리 없고, 선생님과 아이의 인격도 마찬가지로 차이가 없다. 사람으로서 모두 다 평등하게 여기며 마땅히 지켜줘야 할 부분이다.

특히 아이가 인격을 형성해 나갈 시기에는 더욱더 평등하고 공정하게 대해야 한다. 이때 부모나 교사가 아이를 대하는 태도는 아이의 성장에 매우 큰 영향을 미친다. 하나의 인격체로서 충분히 생각할 수 있는 시간과 공간을 마련해주어야 고결한 인격을 형성해갈 수 있다. 그러므로 어른은 아이의 생각을 존중하고 자신의 말과 행동을 조심해야 한다.

부모도 자녀에게서
독립하라

아이가 운동화 끈의 매듭을 잘 묶지 못하면 대신 묶어주셨나요? 아이가 처음 설거지를 했을 때, 옷을 더럽혔다며 다시는 아이에게 설거지를 시키지 않으셨나요?

사람이 과학이나 문화 지식들을 숙달하는 것은 무척 중요하다. 하지만 도덕적 수양이나 포용력, 생활적응능력 등이 모자라면 아무리 재능이 있고 지식이 풍부하더라도 정상적인 삶을 살아갈 수 없다. 우리 사회의 잔인한 한 단면은 그런 사람에게 기회를 주지 않는다는 것이다. 경쟁 사회에서 그들은 결국 도태될 수밖에 없다. 자기의 일조차 자신의 힘으로 처리하지 못하면 앞으로 무엇을 해낼 수 있단 말인가! 삶을 지혜롭게 살아가는 첫 번째 인생 처세술은 '자립'이다.

그런데 어떤 부모들은 아이의 자립심을 키우는데 그다지 신경을 쓰지 않는다. 성인이 되면 자연히 생기는 것이라 여기기 때문이다. 그래서 부모의 눈에 아직 어린 자식이면 품에 더 오래 감싸 안고 지켜주려 한다. 혹시 아이가 서툴러 다치지 않을까 걱정하며 아이의 일을 대신해주거나 실수라도 하면 어린애 다루듯 야단쳐 아이의 생활력을 떨어뜨리게 한다. 이런 일이 반복되면 아이의 자립심은 사라지고 의존성만 커지는 결과를 만든다.

품 안의 자식, 품속에 숨는 자식

스물세 살의 아들을 둔 어떤 부인은 바로 이 문제로 교육전문가를 찾았다. 그녀의 아들은 성인이 되어서도 자신의 일을 제대로 해내는 것이 하나도 없었다. 직장인임에도 여전히 깨워야 일어났고 지인과 약속을 잡을 때도 엄마의 의견을 물었다. 처음에는 엄마의 의견을 존중하는 아들처럼 보였지만 시간이 지날수록 자신에게 지나치게 의존해 실망감을 안겼다. 전문가는 그녀가 끊임없이 아들의 태도를 불평하자 다음과 같이 물었다.

"혹시 부인은 아이가 운동화 끈의 매듭을 잘 묶지 못하면 대신 묶어주셨나요?"

전문가의 엉뚱한 물음에 그녀는 황당해했다. 그러면서도 고개를 끄덕이며 대답을 대신했다. 전문가는 또다시 물었다.

"아이가 처음 설거지를 했을 때, 옷을 더럽혔다며 다시는 아이에게 설거지를 시키지 않으셨나요?"

부인은 그렇다고 대답했다. 전문가는 계속해서 물었다.

"아이가 처음으로 자기 침대를 정리하면서 시간이 오래 걸리니까 행동이 굼뜨다고 불평하셨죠?"

부인은 몹시 놀라며 전문가를 쳐다보았다. 그러자 그가 또 물었다.

"아이가 대학을 졸업하고 일자리를 찾을 때도 어머님께서 지인에게 부탁을 하거나 힘을 쓰셨죠?"

그 말에 부인은 깜짝 놀라 자리에서 벌떡 일어나서 전문가에게 다가갔다. 그리고는 "그걸 어떻게 다 아세요?"라고 물었다. 전문가가 태연하게 대답했다.

"신발 끈 이야기를 할 때부터 알았습니다."

"그럼 앞으로 제가 어떻게 해야 할까요?"

부인의 물음에 전문가가 아주 쉬운 문제라며 다음과 같이 말해주었다.

"병이 나면 병원에 데려다주고, 결혼이 하고 싶다면 좋은 집을 마련해주고, 돈이 필요하다면 돈을 줘야 되겠지요. 그게 최선입니다. 이제는 어찌할 도리가 없어요."

전문가는 어머니에게 아들의 인생을 사망 선고한 거나 마찬가지였다. 지나치게 사소한 것까지 어머니의 보살핌을 받는 것에 익숙해진 아들이 어떻게 자신의 삶을 홀로 헤쳐나갈 수 있었겠는가! 일찍이 어머니의 잘못된 사랑 속에 갇힌 아이는 자립심을 키울 기회를 수차례 놓치고 말았다.

부모의 품을 떠나야만 생기는 자립심
:

 위와 같은 사례는 우리 주변에 의외로 많다. 자립심을 키우는 일은 아이에게 기본적으로 요구되는 일이지만 오늘날 아이들은 전혀 그렇지 못하다. 비단 어린아이뿐만 아니라 청소년과 대학생들도 자립심이 떨어진다는 사실은 더 이상 논쟁거리도 아니다. 그것은 엄연한 우리의 현실이다.

 실례로 광저우의 모 대학 신입생의 자살 사건을 보더라도 그렇다. 그는 고작 입학한 지 일주일밖에 되지 않아 대학 생활을 견디지 못해 학교 건물에서 뛰어내려 스스로 목숨을 끊었다. 당시 그의 부모는 학교 근처를 돌아다니며 임시거처를 구하고 있었다고 한다. 아들 곁에서 그의 신학기 생활을 도와줄 준비를 하고 있었던 것이다. 하지만 아들은 그때를 버티지 못하고 자신의 삶을 놓아버리고 말았다.

한 젊은이의 삶이 그토록 허무하게 끝날 줄은 그 자신도, 그의 부모도 알 수 없었을 것이다. 다만, 그의 선택이 어느 때보다 빨랐던 것은 그에게 자립심이 없었기 때문이라는 점은 분명하다. 그것은 어릴 때부터 부모가 아이의 공부에만 관심을 가졌지 종합적인 생활력을 키워주는 데에는 소홀했던 까닭이다.

 우리는 이런 비극을 미연에 방지하기 위해서라도, 마음을 모질게 먹고 아이가 자기 일은 스스로 해낼 수 있도록 자립심을 키워야 한다. 아이는 언젠가 부모의 품을 떠나 혼자 힘으로 살아가야 하는 것이 숙명이다. 어릴 때부터 독립심과 자립심을 키워 의지를 가진 독립적인 인격으로 자라도록 교육하는 것은 부모의 의무이다.

나쁜 교과서가 되는
부모의 행동

아이의 첫 번째 모방 대상은 바로 부모이다. 부모는 자기 입에서 나쁜 말이 나오지 않도록 주의해야 한다. 아이가 보고 배우기 때문이다.

요즘 아이들에게 욕은 일상어가 된지 오래이다. 길을 가다가도 거리낌 없이 욕을 하는 아이들을 쉽게 볼 수 있다. 화를 낼 특별한 상황이 아님에도 자연스럽게 비속어가 튀어나오는 것이다. 그래서 부모들은 종종 아이의 욕하는 버릇을 고쳐주고 싶다며 상담을 요청해올 때가 많다. 그렇게 부모의 요청으로 아이와 직접 만나보고 나면 정작 문제는 다른 곳에 있었다.

대개 욕을 잘하는 아이는 어른의 영향을 받은 경우가 많다. 어떤 부모들은 화가 나서 아이를 야단칠 때 욕을 내뱉고는 그 사실을 까맣게 잊어버린다. 그러나 이미 상처받은 아이는 그 욕을 결코 잊지 않고 언어습관의 나쁜 교과서로 활용한다. 비록 부모가 실수로 욕을 했다 하더라도 그것을 보고 들은 아이는 금세 습득해버린다. 그래서 자신도 모르게 어느새 욕을 쓰게 되는 것이다. 이때에는 아이에게 욕을 쓰는 것에 대해 훈계해도 소용이 없다. 상담했던 아이 중에 하나가 오히려 이렇게 당당히 반문했다.

"어른들은 정말 많이 욕을 쓰잖아요. 그런데 왜 우리는 쓰면 안 돼요?"

이는 결코 틀린 말이 아니다. 그것은 우리를 매우 부끄럽게 하는 일침이다.

예로부터 '맹모삼천(孟母三遷)'이라는 말도 있듯이, 부모는 아이의 올바른 성장을 위해 환경의 중요성을 충분히 인식해야 한다. 우리가 사회라는 큰 환경을 쉽게 바꿀 수는 없지만, 자신의 가정환경은 충분히 교양 있고 예의 바른 분위기로 만들어나갈 수 있다. 그것은 부모의 솔선수범이 반드시 전제되어야 한다. 그렇지 않으면 아이가 나쁜 환경에 '물드는' 일을 피할 수는 없을 것이다.

부모의 행동은 소리 없이 진행되는 교육이다
:

한 반의 담임을 맡은 선생님은 산산(珊珊)이라는 아이가 평소 욕을 잘한다는 사실을 알게 되었다.

"친구들에게는 긴말이 필요 없어요. 그냥 욕 한마디 내뱉으면 곧바로 제 말에 따르거든요."

산산은 우쭐거리며 선생님에게 자신에 대해 이야기했다.

"저는 단숨에 다른 애들을 겁주고 제 말을 잘 듣게 만들 수 있어요.

엄마가 늘 저한테 그런 말을 많이 하시거든요. 제가 조금이라도 투정을 부리면 다짜고짜 화를 내며 이렇게 말해요. '누가 그렇게 꼬박꼬박 따지래? 좋은 말 할 때 그만둬!' 그래서 사실은 엄마랑 별로 이야기하고 싶지 않아요…."

산산의 이야기를 듣고 보니 아이가 욕을 잘하는 데는 그만한 이유가 있었다. 그녀의 엄마가 바로 아이의 욕 선생님이 되어주고 있었던 것이다.

이 사례와 같이 아이의 첫 번째 모방 대상은 바로 부모이다. 부모는 자기 입에서 나쁜 말이 나오지 않도록 주의해야 한다. 아이가 보고 배우기 때문이다.

그런데 어떤 부모는 자기 위신을 세우고 아이를 복종시키기 위해 험한 말을 무기로 삼는다. 그들은 아이가 말대꾸하는 것을 절대 용납하지 않고 아이의 의견은 무조건 무시한다. 이는 아이에게도 다른 사람과 옳고 그름을 따지지 말고 '무조건 욕을 해서라도 그들을 제압하라'고 가르치는 꼴이 된다. 이러한 행동은 결코 긍정적인 순종을 이끌어내지 못한다는 점을 알아야 한다. 결국 제압의 화살은 언젠가 부모 자신에게 돌아오기 때문이다.

그러므로 부모는 아이와 함께 있을 때 자신의 감정을 잘 조절해서 응대해야 한다. 설령 아이가 잘못하더라도 무조건 아이 말을 가로막지 말고 일단 해명의 기회를 주자. 부모가 신중한 태도로 말과 행동을 한다면 평소 입이 거친 아이도 자신의 행동을 수정하게 된다.

나쁜 행동과 버릇은 어떻게 바로잡을까?

아이에게 바른말과 행동을 유도한 좋은 사례들이 있다.

초등학교 4학년인 한 아이의 집에는 불문율의 규칙이 하나 있다. 누구든 나쁜 말을 하면 그 사람이 잘못을 깨달을 때까지 매서운 눈빛으로 계속 쳐다보는 것이다. 이 방법은 아이의 엄마가 생각해 낸 것으로 꽤 좋은 효과를 보였다.

한번은 아이가 친구와 다투고 기분이 상한 채 돌아온 적이 있었다. 아이는 집에 돌아와서도 계속 엄마에게 투덜거렸고, 그러다가 감정이 격해져 욕이 튀어나왔다. 엄마는 즉시 날카로운 눈빛으로 아이를 쳐다보았다. 그러자 아이는 자신이 해서는 안 될 말을 했다는 사실을 깨닫고 얼른 이야기를 멈췄다.

또 다른 엄마는 욕하는 아이에 대해 좋은 해결책을 가지고 있다. 그녀는 그 비법을 다음과 같이 설명했다.

"예전에는 아이가 가끔 욕도 하고, 특히 할아버지 할머니에게 버릇없이 굴었어요. 그래서 아이가 매번 말을 함부로 할 때마다 제가 엄한 표정으로 말했죠. '난 그 말을 듣고 있을 수가 없구나. 다른 말로 바꿔서 말해 봐!' 그러자 아이는 어떤 말은 해도 되고 어떤 말은 절대로 하면 안 되는지를 서서히 알게 되었어요. 지금은 그런 나쁜 버릇이 완전히 고쳐졌습니다."

현명한 소비개념이
미래를 준비한다

일찍이 합리적이고 올바른 소비 관념을 가진 부모 밑에서 계획적인 소비와 근검절약하는 습관을 들인다는 것은 부정할 수 없는 사실이다.

요즘 새롭게 떠오르는 신조어 중 '등골 브레이커'가 있다. 부모의 등골을 휘게 할 만큼 비싼 상품을 일컫는 말로, 수십만 원에 호가하는 모 브랜드 점퍼가 10대 사이에서 유행하면서 나온 말이다. 이제는 단지 점퍼만이 아니라 전자기기, 화장품, 신발, 가방 등 학생의 씀씀이라고는 상상할 수 없는 고가의 물품이 유행처럼 퍼지고 있어 심각한 우려를 낳고 있다. 더욱 큰 문제는 이러한 소비풍토의 연령이 점차 낮아지고 있다는 사실이다.

실제로 과소비를 문제로 상담했던 아이 중의 한 명은 고작 초등학교 3학년 학생이었다. 이 아이는 항상 디자인과 재단이 뛰어난 고급 책가방을 매고 다녔다. 비단 가방만 비싼 것이 아니라 그 속에 있는 학용품들과 다양한 물품들도 값비싼 제품들이었다. 연습 노트마저도 캐릭터가 그려진 양장본으로 어른들도 쉽사리 보기 힘든 것들이었고, 해외의 유명한 고가인형을 몇 개씩 넣고 다녔다. 그 외에도 부모가 딸의 건강을 염려하여 사준 비타민과 칼슘도 가방 안에 있었다.

아이는 언제든 자기가 원하기만 하면 그것을 가방에 채울 수 있다고 뿌듯해했다. 보란 듯이 아이는 자신의 노트를 다 쓰기도 전에 부모에게 졸라 새것으로 바꿔버렸다. 그 아이의 부모는 아이의 공부를 위해서라면 아무리 비싼 물건이라도 돈을 아까지 않겠노라고 당당히 이야기했다. 우리는 그들의 모습을 보면서 아이의 부적절한 소비행위가 어디서 기인한 것인지 분명히 파악할 수 있었다.

아이와 함께 만들어가는 계획적인 소비습관
:

사실 아이들의 잘못된 소비 형태는 대부분 부모의 올바르지 않은 교육지도에 원인이 있다. 즉, 부모의 소비 관념이 무의식 중에 아이에게 영향을 끼치고 있다는 것이다. 여러모로 미성숙한 아이는 부모의 말과 행동을 통해 외부 사물을 감지하고 그에 따라 자신의 인식과 견해를 형성해간다. 부모가 자신에게 보여주는 소비수준에 따라 기준을 맞춰두는 것이다. 그러므로 부모는 반드시 자신의 형편에 맞게 소비해야 한다. 아이를 사랑한다는 이유로 형편에 어울리지도 않은 명품을 고집하면 언젠가는 아이의 높아진 소비수준을 감당하기 어려워진다.

부모가 먼저 올바른 소비 개념을 가지고, 아이로 하여금 돈을 버는 것이 결코 쉽지 않다는 것을 알게 해야 한다. 현명한 소비 개념이 자리 잡혀야 올바른 경제 관념도 생기고 미래를 준비할 수 있다.

일찍이 합리적이고 올바른 소비관념을 가진 부모 밑에서 계획적인 소비와 근검절약하는 습관을 들인다는 것은 부정할 수 없는 사실이다. 부모는 아이를 가족의 한 구성원으로 여기면서 합리적인 소비과정에 참여하도록 지도하고, 민주적이고 평화적인 가정 분위기 속에서 격려와 가르침을 받도록 해야 한다. 그러면 아이는 부모의 올바른 지도 아래 부지런하고 알뜰한 생활습관과 성실하고 정직한 성품을 길러나갈 수 있다.

아이를 '화풀이 대상'으로
삼지 마라

부모에게는 찰나, 한 차례라 하더라도 아이에게 폭력의 상처는 오래 남아 그 이후의 삶에도 영향을 미치게 된다.

 누구나 살아가면서 일이 뜻대로 되지 않아 마음이 언짢을 때가 있다. 일에 대한 스트레스나 복잡한 인간관계, 그리고 상대적 박탈감과 괴리감 등으로 때때로 우리는 불편한 감정들을 끌어안고 산다. 나쁜 감정을 꽁꽁 동여맨다고 해도 자칫 한순간에 삐져나와 가장 가까이에 있는 사람에게 쏟기도 한다. 그것은 바로 가족들이다.

 가족 중에서도 아이들은 부모의 '화풀이 대상'이 되기 쉽다. 한창 성장단계에 있는 아이는 모든 것이 미숙한 나머지 실수가 잦다. 그렇다 보니 금방이라도 폭발할 것 같은 부모의 감정의 도화선에 불을 당기게 되는 것이다.

폭력의 상처는 아이의 온 생애에 흔적을 남긴다
:

한 아이의 아버지도 자신의 감정을 고스란히 아이에게 폭발해 씻을 수 없는 상처를 남겼다. 그는 직장에서 동료와 심한 갈등을 겪은 후 집에 돌아왔지만 좀처럼 화를 가라앉히지 못했다. 그런데 그때 아이가 아버지에게 물을 갖다 드리려다 그만 실수로 엎지르고 만 것이다. 아버지는 곧바로 화를 내며 아이의 엉덩이를 마구 때렸다. 아이는 자신의 실수보다 과한 체벌을 받고는 억울해서 울기 시작했다. 그것이 또 빌미가 되어 더 큰 폭력으로 이어졌던 것이다.

실제로 아이에게 가해지는 가정폭력은 부모들이 자신의 화를 주체하지 못해 벌어지는 사례가 많다. 아이는 작고 반항할 힘도 부족해서 부모의 감정적 폭력을 무기력하게 받아낼 수밖에 없다. 이런 과정에서 아이는 커다란 신체적·정신적 상해를 입게 된다. 부모에게는 짧은 찰나, 한 차례라 하더라도 아이에게 폭력의 상처는 오래 남아 그 이후의 삶에도 영향을 미치게 된다. 어떠한 경우라도 아이를 단순히 '화풀이 대상'으로 혼을 내서는 안 된다. 그런 사태를 피하도록 부모 자신도 다음과 같이 단련할 필요가 있다.

효과적인 훈육을 위해 부모가 먼저 지켜야 할 것

첫째, 부모가 먼저 자신의 심리상태와 감정을 조절하는 법을 배워야 한다. 특히, 밖에서 생긴 일 때문에 상한 감정을 집안으로 끌고 들어오지 말아야 한다. 가족과 아이에게 화풀이하는 것은 아무런 소용이 없으며, 오히려 가족 모두의 감정을 상하게 함으로써 가족갈등만 야기할 뿐이다.

둘째, 가정 내부의 갈등이 생겼을 때 부모는 절대로 아이의 면전에서 다투지 말아야 한다. 부모의 싸움을 보면 아이는 심리적 안정감을 잃어버린다. 부모의 갈등을 지나치게 걱정하여 가족의 붕괴까지 상상하며 불안감에 떤다. 따라서 부모는 언제나 아이에게 긍정적이고 평안하며 자신감 있는 모습을 보여줄 의무가 있다.

셋째, 아이가 단점을 보이거나 실수를 했다면 무작정 화를 내지 말고 좋은 방향으로 지도해야 한다. 있는 사실 그대로를 가지고 이야기하되, 과거 실수를 들춰내어 따지거나 과장해서는 안 된다. 자신의 잘못이 어디에 있는지를 명확하게 알게 하고 어떻게 고쳐야 할지에 초점을 두도록 하자. 결코 유쾌하지 못한 일로 아이를 닦달하고 난처하게 만들어서는 안 된다.

넷째, 부모와 아이는 마땅히 평등한 관계를 유지해야 한다. 현명한 부모는 언제나 아이의 허물없는 친구가 되어준다. 여러 가지 문제에 대해 아이의 의견을 구하며, 항상 우선적으로 아이의 감정과 생각을 고려한다. 그렇게 하면 부모와 아이 사이는 큰 갈등 없이 지낼 수 있고, 단순히 아이가 부모의 '화풀이 대상'이 되는 일은 결단코 생기지 않을 것이다.

아이에게 회복할
시간적 여유를 줘라

방학은 학생들의 지친 몸과 마음을 회복시키기 위한 안식 기간이다.

중국의 어느 유명한 인터넷 게시판에선 미국에 거주하는 한 네티즌의 이야기가 뜨거운 화제를 불러일으킨 바 있다. 그 내용은 사회적 논쟁거리도 아닌 그저 자기 아들의 방학생활에 관한 단순한 이야기였다.

그의 아들은 여름방학 숙제가 없다고 했다. 그래서 그는 아들이 방학을 보람 있게 보낼 방법을 고민하다가 '기독교 청년회(YMCA)'에서 주관하는 여름방학학교를 선택하여 보냈다고 한다. 그곳의 참가비는 160달러였다.

기독교 청년회가 주관했다는 사실 말고는 여름방학학교의 주된 학습 내용은 신앙심의 고취가 아니었다. 그보다는 수영, 야영, 구기 운동, 산책 등 오락적 요소가 강한 과목들로 이루어졌고, 그 외 대부분은 사회적 활동이 많았다. 예컨대 은행이나 경찰서 참관, 빵 만들기 체험, 병원에서 환자 돌보기, 호숫가 쓰레기 청소 등이 여기에 포함되어 있었다. 이러한 다채로운 활동을 통해 아이는 학교 밖의 사회에 자연스럽게 익숙해졌다. 그리고 자신만의 경험을 쌓으며 사회적 책임감도 기를 수 있었다.

이처럼 외국에서는 방학 중 다양한 사회 경험 프로그램을 참가하는 학생들이 많다. 통계에 따르면, 미국의 열두 살 이상의 청소년 중 60% 이상이 노숙자들에게 식사를 제공하는 등 각종 봉사활동에 참가한 적이 있다고 한다. 그렇다면 우리의 아이들은 방학 생활을 어떻게 보내고 있을까?

아직도 많은 부모들은 아이의 방학을 부진한 학습을 만회할 기회, 혹은 다음 학년을 준비하는 선행학습의 기간이라고 생각하기도 한다. 지금도 몇몇 학부모는 방학 캠프나 어학연수, 학원 등을 알아보며 일찌감치 아이의 방학 스케줄을 예약해 두고 있지 않을까 싶다.

과연 그것이 아이의 학습 의욕에 도움이 되는지는 고민해 볼 필요가 있다. 요즘 학생들은 학년을 떠나서 학기 내내 긴장하며 생활하고 있다. 공부의 정도 차는 있겠지만 모두들 피로와 스트레스가 쌓여있는 것만은 분명하다. 방학은 그런 학생들의 지친 몸과 마음을 회복시키기 위한 안식 기간이다 성적을 위한 터닝 포인트의 지점이 아니라 심신을 안정시키고 체력을 비축하는 터닝 포인트로 활용해야 하는 것이다.

모든 활동이 배움이 된다

:

평소 학교에서 모범생이라 일컫는 학생은 방학에는 별다른 공부를 안 한다고 한다. 그는 부모의 권유로 한번은 자매결연을 맺은 산골 마을의 한 학생의 집에 방문한 적이 있었다. 부모는 도시에서만 살아온 아이가 낙후된 산골마을 생활을 어떻게 견딜까 염려스럽기도 했다. 하지만 아이가 그곳에서 돌아온 뒤 많은 것이 바뀌었다고 한다. 절약 정신을 기르고 남을 기꺼이 도우려는 마음이 강해졌으며, 공부에 대한 결의도 새로이 다졌다. 그는 산골 마을의 생활환경과 학습상황을 직접 보고 경험함으로써 훗날 정치인이 되어 이를 개선해보겠다는 목표도 세웠다고 한다.

또 다른 사례의 학생은 역사에 무척 관심이 많아 방학에는 역사 서적을 즐겨 읽는다고 했다. 학기 중에는 학교 공부만으로도 너무 바빠서 도저히 짬을 낼 수가 없었다. 그래서 방학을 하자마자 자발적으로 역사문학에 관련된 책들을 찾아 읽었다. 그는 역사 이야기가 재미있어서 반복적으로 읽었으며, 나중에는 그것을 한 편의 드라마 대본으로 각색해 컴퓨터에 저장해 두기도 했다. 이 과정에서 자신이 좋아하는 역사 공부를 실컷 할 수 있었고, 글짓기 실력도 향상되었으며 동시에 컴퓨터도 능숙하게 사용할 수 있게 되었다.

이처럼 아이가 방학에 공부를 하지 않는다고 해서 배움을 얻지 않는 것은 아니다. 새 학기를 시작할 아이들을 위해 모쪼록 방학 계획을 합리적으로 세울 수 있게 도와주는 것이 부모의 몫이다. 나머지는 아이가 하고 싶은 활동을 하도록 선택의 기회를 주자. 평소 관심 가졌던 취미활동을 배운다든지, 캠프에 참가하든지, 보충수업을 하든지 간에 아이들이 자유롭게 선택하게 하여 그들만의 시간을 잘 영위하도록 이끌어주어야 한다. 그 밖에 쉬는 시간과 공부 시간을 합리적으로 안배해주면 아이들의 자의식과 자기 주도적 학습능력을 높이는 데 큰 도움이 될 것이다.

아이의 스트레스에
관심을 가져라

**"네가 못 하는 건 다른 사람들도 잘 못 할 거야. 그러니 힘내!"
부모라면 스트레스가 쌓인 아이에게 이를 더 가중시키지 말고
그것을 해소시켜줄 방법을 고민해야 한다.**

어느 날 아이가 말했다.

"아빠, 조금만 쉴래요. 너무 피곤해요!"

그러자 곁에 있던 아빠는 아이의 머리를 쓰다듬으며 이렇게 말했다.

"안 돼! 숙제 다 하고 자야지. 얼른 아빠 말 들으렴."

"하지만 너무 피곤해요!"

아이는 통통한 입을 삐죽거리며 아빠의 얼굴을 애처롭게 쳐다보았다.

"착하지? 숙제 다 하면 아빠가 재워줄게."

기대에 찬 표정으로 아빠를 쳐다보던 아이는 실망해서 더 이상 아무 말도 하지 않았다. 아이는 고개를 푹 숙이고 눈앞에

놓인 숙제를 계속해나갔다.

혹시 우리 아이도 이 아이처럼 고개를 떨구고 있는 것은 아닌지 객관적으로 바라봐야 한다. '아이가 잘되길 바라면서' 아이의 의사와 무관하게 부모의 의사만 강행하지는 않는지 점검할 필요가 있다.

아이에게 공부는 고통과 같다
:

아이가 잘되길 바라는 건 부모의 한결같은 소망이다. 그런 소망을 이루기 위해 아이가 가진 소질을 개발시켜주는 것도 좋지만 무엇보다 부모가 해야 할 일은 '아이를 스트레스로부터 해방시켜주는 것'이다. 현재 아이들이 가장 직면해있는 스트레스의 원인은 아마도 성적, 즉, 공부일 것이다.

공부에 대한 스트레스는 아이들의 마음을 초조하게 만든다. 그래서 때때로 밥도 잘 먹지 못하고 잠도 제대로 자지 못하며, 불안해하고 심지어 난폭해지기까지 한다. 그러다 인생의 첫 시험에 직면하면 그 심리적 압박감은 더욱 커진다. 만약 이때 부모가 그들에게 더 많은 공부를 강요하며 스트레스를 준다면 심약한 아이들은 대부분 견뎌내지 못한다. 혼란과 기대에 대한 부담감, 해내지 못할 것 같은 불안, 절망감이 좌절로 이어지고 심지어 자아를 잃어버리는 결과를 초래할 수도 있다. 성적에 나쁜 영향을 끼치는 것은 말할 것도 없다.

과감하게 "쉬어라!"라고 말해보자

딸을 우수한 성적으로 로스쿨에 입학시킨 한 어머니의 노하우는 '쉬어라!'라고 말한 것이라고 한다. 왕(汪) 부인은 여태껏 딸에게 '밤을 새워서라도 공부하라'고 말한 적이 없었다. 그녀는 충분히 쉬어야 그만큼 더 공부에 집중할 수 있을 거라고 생각했기 때문이다. 그래서 주말이 되면 딸에게 좀 쉬어야 한다고 강요했다. 밤 11시 이전에는 반드시 잠자리에 들도록 했고, 다음 날 아침에도 딸이 일어나고 싶을 때까지 충분히 늦잠을 재웠다.

또한 그녀는 딸이 TV를 보는 것을 방해하지 않았다. 딸이 열심히 공부하고 집에 돌아왔다고 굳게 믿었기 때문이다. 그래서 TV 앞에 오래 있어도 잔소리를 하지 않고 오히려 재미있는 프로그램이 있으면 딸을 불러 함께 보곤 했다.

아이가 모의고사를 쳤을 때에도 딸이 자발적으로 말을 꺼내기 전에 왕 부인이 먼저 시험 결과를 물어보는 일은 없었다. 왕 부인은 아이도 이미 성인이나 마찬가지라고 여겼기 때문에, 어떤 일을 어떻게 해야 하는지 쯤은 딸 스스로도 충분히 알고 있으리라 생각했다. 그녀는 항상 조언을 아끼지 않으면서도 선택권과 결정권은 딸에게 주었다.

딸은 가끔 공부를 하다가 짜증이 나면 베란다로 나가 큰 소리로 고함을 질렀다. 그러면 왕 부인은 딸이 실컷 소리를 지를 때까지 늘 옆에서 조용히 기다려주었다. 그런 다음 가벼운 농담이나 가십거리로 딸의 기분을 풀어주었다. 왕 부인은 종종 딸을 위로하며 이렇게 말했다.

"네가 못 하는 건 다른 사람들도 잘 못 할 거야. 그러니 힘내!"

왕 부인은 학교에서 이미 스트레스를 많이 받은 딸이 주말 내내 집에서만큼은 자유롭게 지내게 해주는 것이 부모의 의무라고 생각했다. 부모라면 아이의 스트레스를 해소시켜줄 방법을 고민해야 한다. 그래야 아이가 홀가분하게 학교생활에 집중하고 좋은 성적을 거둘 수 있다. 비단 좋은 성적을 거두지 않으면 어떠랴! 심성이 고운 아이로 건강하게 잘 자라는 것도 감사하고 기쁜 일이다.

조금씩 천천히
만족시켜줘야 한다

교육의 의의는 '만족의 과정'에 있다. 어렵게 얻는 만큼 만족도와 아끼는 마음도 커진다.

아이와 함께 전문가에게 교육 상담을 받으러 온 어머니가 말했다.

"우리는 아이에게 먹고 입고 노는 것 모두 부족할 것 없이 최고로 해주고 있어요. 하지만 아이는 도무지 만족할 줄 모르고 항상 자기 머리카락을 움켜쥐고 머리를 벽에 부딪치며 자학을 하네요."

어머니가 그렇게 말하는 순간에도, 아이는 1미터가 되지 않은 높이의 시멘트 발코니 위를 마치 아래로 뛰어내릴 것처럼 서성거렸다. 어머니는 즉시 아이를 붙잡아 끌어내리고 안전한 곳으로 데려다 놓았다. 그 아이의 얼굴을 보는 순간 이런 물음이 떠올랐다. 어느 하나 부족한 것 없는 이 아이에게 왜 그런 불행이 찾아온 것일까?

나는 아이의 사연을 들으며 오래전 대화를 나눴던 어떤 교수의 고백이 떠올랐다. 그는 자신의 경험을 다음과 같이 이야기했다.

"한번은 과자를 파는 가게에서 엄청 맛있어 보이는 버터케이크를 한꺼번에 네 개나 구입했어요. 오래전부터 너무 먹어보고 싶었던 케이크라 내 욕구를 확실히 만족시키고 싶어서죠. 그런데 맛을 음미하며 첫 번째 케이크를 다 먹고 나니 이미 욕구가 충분히 충족되더라구요. 결국 남아 있는 세 개의 케이크는 오히려 부담으로 다가왔습니다. 제가 조금 어리석었던 것이지요. 욕구를 지나치게 만족시키려다가 도리어 행복한 기분마저 망쳐버리게 됐으니까요."

나는 교수의 행동이 충분히 이해됐다. 그들 세대에는 물질적·정신적으로 만족을 느낄 만큼 풍요로운 시절이 아니었기 때문에 여유로운 순간 그것을 누리고자 하는 것은 당연한 일이었다. 묵묵히 고개를 끄덕이며 이야기를 듣고 있으니 교수는 서둘러 다음과 같이 말했다.

"어렸을 때 나는 늘 고대하던 것을 만족시키려는 욕망을 가지고 있었어요. 하지만 오랜 경험들을 통해 나는 무언가를 기대하고 있을 때가 더 즐겁고, 어떤 꿈을 추구할 때가 더 행복하다는 사실을 깨닫게 되었습니다."

노교수의 말은 만족감을 충족하는 것보다는 무언가를 바라보며 희망을 가질 때 더 가치 있다는 진리를 일깨워줬다. 물론 부족한 것이 많으면 불행하다 여길 수 있다. 하지만 지나치게 넘치는 것도 그 사람의 기대감이나 꿈을 추구하는 행복을 사라지게 만드는 요인이 된다. 지나침은 부족함만 못하다는 '과유불급(過猶不及)'의 도리가 바로 그것이다.

어렵게 얻을수록 만족도가 높아진다

문제는 부모가 그것을 어떻게 잘 제어하느냐에 달려있다. 아이의 욕구를 충족시켜주는 것은 결국 부모의 마음이다. 그들은 다음 세 가지 이유로 아이의 만족을 최고로 올려주려고 한다.

첫 번째 이유는, 맹목적으로 남과 비교하는 것이다. 다른 아이가 가지고 있으면 우리 아이도 가지고 있어야 한다면서 남에게 뒤처지지 않으려는 마음이다.

두 번째 이유는, 보상심리다. 자신이 예전에 가지지 못했던 것을 아이는 갖게 해주려고 하고, 과거에 만족하지 못했던 것을 아이만이라도 만족시켜주려는 마음이다.

세 번째 이유는, 서둘러 요구를 들어주려는 마음이다. 그래서 아무리 힘들어도 아이의 요구라면 절대 거절하지 않고, 들어주지 못하면 아이에게 미안함을 느끼는 것이다.

이러한 까닭에 부모는 아이의 요구를 떨쳐버리지 못한다. 그로 인해 아직 어린아이들이 벌써 공허함과 무료함을 느끼고 과도한 욕심을 부리며 자기중심적인 성향을 내보인다.

부모가 먼저 문제를 인식하고 자신부터 고쳐야 한다. 그렇다고 아이를 만족시키지 말라는 말은 아니다. 너무 서두르지 말고 '조금만 천천히' 아이의 입맛을 맞출 필요가 있다.

한 아이의 어머니는 이 같은 방법을 이용해 아이의 만족과 유익을 함께 취했다. 그 어머니의 아들은 관심 있게 들은 음악을 배우기 위해 악기를 사달라고 했다. 어머니는 속으로 동의했지만 곧바로 거절이나 승낙 의사를 표시하지 않고 이렇게 말했다.

"그 악기는 굉장히 비싸단다. 정말 갖고 싶니? 꾸준히 연습할 수 있어? 큰돈이 드는 만큼 신중하게 생각할 필요가 있어."

엄마는 아들에게 악기를 사고 배우는 것에 있어 책임감을 느낄 시간을 주었다. 그런 다음 며칠 뒤 이미 그 악기를 가지고 있는 친구의 집을 방문했다. 아들에게 다른 사람이 연주하는 모습을 보게 하고 직접 조금 연주도 해보도록 했다. 그러자 악기에 대한 아들의 갈망은 더욱 강렬해졌다.

"이제 확실해요! 저는 그 악기를 배우고 싶어요. 절대 그만두는 일은 없을 거예요."

엄마는 아들의 강력한 의지를 믿어주었다. 그렇다고 해서 곧바로 악기를 사준 것은 아니다. 아들과 함께 지출 계획을 세우고 이를 위해 스스로 자기 용돈을 절약하도록 격려했다. 엄마가 생각하는 정도의 용돈을 모았을 때 나머지 돈을 보태 아들의 소원을 만족시켜주었다. 당연히 아들은 어렵게 얻은 악기를 소중히 여기고 연습도 게을리하지 않았다.

이처럼 아이의 요구를 의도적으로 조금만 미루어 만족시켜주는 기지가 필요하다. 교육의 의의는 '만족의 과정'에 있다. 어렵게 얻는 만큼 만족도와 아끼는 마음도 커진다. 이제 지나친 만족은 버리자. '갈망'은 일종의 활력이자, 사람에게 행복을 느끼게 만드는 근원임을 잊지 말자.

논쟁하는 가운데
성장한다

만약 아이가 사람들과 논쟁하지 않으려고 한다면, 아이의 용기, 진취성, 정의감 등을 의심해볼 필요가 있다.

 부모와 아이의 논쟁은 아이의 성장에 중요한 밑거름이 된다. 한 심리학자는 '논쟁은 아이가 자신감을 가지고 독립적으로 사고하고 행동하는 데 도움을 준다. 의견 대립을 통해 아이는 자신이 존중받는다는 사실을 느낄 수 있으며 자신의 의지를 관철시키는 법도 알게 된다.'라고 말했다.
 사실 그도 그럴 것이, 논쟁의 목적은 서로 다른 의견을 가진 사람들이 각자 자신의 의견을 주장하며 옳고 그름을 따지는 일이다. 논쟁을 통해 사람들은 타인과 생각을 소통하고 공통된 인식을 찾아 문제해결이라는 뜻을 이루게 된다.
 그뿐만이 아니라 논쟁이 갖는 순기능은 집안 분위기를 화목하게 만드는 데도 일조한다. 아이는 부모와 논쟁을 하게 되면 일단, 부모의 감정변화를 느끼게 된다. 자신이 한 행동과 그에 따른 부모의 반응을 인지하며 스스로를 똑바로 바라보게 되고, 논쟁거리에 대해 제대로 파악하여 모순을 풀고자 한다. 이러한 공통된 인식을 찾아 부모와 합일점을 이루면 뜻밖의 친밀감과 결속력을 다지는 효과가 있다. 부모가 올바른 논리와 이치로 자신과 진정성 있게 논쟁한다고 느끼면 아이는 오히려 진심으로 부모를 사랑하고 신뢰하며 존경심을 갖게 된다.

단지 이러한 순기능은 어디까지나 부모가 '논리와 이치'로 무장한 논쟁이어야 가능하다는 점이다. 부모는 이 점을 주의하여 아이와의 논쟁을 받아들여야 한다.

말대꾸하는 아이보다
말하지 않는 아이가 더 위험하다
:

"엄마, 그건 말도 안 돼요!"

하루는 다섯 살 된 아이가 큰소리로 엄마에게 반박했다. 아이는 "저도 텔레비전을 볼 자유가 있어요!"라며 억울한 속내를 드러냈다. 그러나 엄마는 이 말을 듣고 기분만 몹시 언짢았다.

"엄마가 보지 말라면 보지 말아야지. 내일 아침에 유치원에 가야 할 녀석이 어떻게 일어나려고 그래!"

그러면서 엄마는 아들의 의사는 무시한 채 텔레비전을 꺼버렸다.

"네 말대로 너에게는 자유가 있지. 하지만 엄마는 너를 단속하고 가르칠 의무가 있어!"

"절 때리기라도 하시려고요?"

아이는 엄마의 말투에 순간 위협을 느껴 방어적으로 다음과 같이 말했다.

"저를 때리는 건 분명히 법을 어기는 거예요. 아동 보호법이라는 게 있다고요!"

엄마는 더 이상 아이의 형편없는 말을 들어줄 수가 없었다. 그녀는 참지 못하고 "그래? 누가 널 보호해주는지 어디 한번 볼까?" 하며 아들을 소파에서 끌어내려 손바닥으로 엉덩이를 세게 때렸다. 그때부터 아이는 자지러지게 울었다. 엄마는 우는 아이를 안고 강제로 침대에 눕힌 뒤 방안의 불을 꺼버렸다. 아이는 침대에 누워서도 한동안 울음을 그치지 않고 억울해하다가 겨우 잠에 빠져들었다. 엄마는 잠든 아이의 분한 표정을 보며 한편으로는 속상하고 미안한 마음이 커져갔다.

'내가 왜 때리기까지 했을까? 아이를 교육시킨다는 이유로 아이의 말을 무시한 것은 아닐까? 혹시 나는 아이가 내 말에 복종하지 않아 부모의 권위를 잃어버렸다고 생각해 감정적으로 아이를 때린 것은 아닐까?'

엄마는 밤새 고민하고 또 고민했다. 다음 날 아침 엄마는 아이를 유치원에 데려다주면서 머쓱한 기분이 들었다. 그녀는 용기를 내어 아이에게 어제의 일을 사과했다. 아이도 조금은 겸연쩍은 듯이 얼굴을 붉히며 조용히 고개를 돌렸다. 그러다 금방 입을 열었다.

"그래도 엄마니까 저에게 사과하실 필요는 없어요."

엄마는 그건 옳지 않다며 진지하게 말했다.

"잘못을 했다면 누구든 먼저 사과하는 게 당연하지."

한참을 가만히 있던 아이도 뭔가 생각이 난 듯 엄마의 손을 잡았다.

"사실 저도 엄마에게 사과해야 돼요. 그런 말투로 엄마에게 대드는 것은 옳은 행동이 아니었어요."

두 사람은 또다시 누가 누구에게 먼저 사과해야 하는지를 두고 논쟁을 벌였다. 아이는 엄마가 자신의 의견을 받아들이도록 설득했다. 그런 뒤, 엄마가 자신의 의견에 동의하자 기쁜 마음으로 웃었다. 유치원에 도착하자 아이는 시키지도 않았는데 엄마의 목을 끌어안고 얼굴에 뽀뽀했다. 집으로 돌아오는 길에도 엄마와 아이는 내내 웃음을 감추지 못했다.

이 사례의 엄마처럼 부모의 역할 의식이 지나치게 강하고 지켜야 할 규칙이 너무 많으면 아이와의 논쟁은 싸움거리밖에 되지 않는다. 민주적이고 화목한 가정의 분위기에서 부모는 아이와의 논쟁을 진지하게 준비해야 한다. 일단 부모의 체면을 잃을 거라는 걱정부터 버리자. 아이와 논쟁을 하면 아이가 버릇없이 대들까 봐 염려하는데, 실제로는 그렇게까지 문제가 되지 않는다. 어린아이라도 어렴풋이 자신이 지켜야 할 도리는 잘 알고 있기 때문이다.

　오히려 문제인 것은 논쟁하지 않는 아이이다. 만약 아이가 사람들과 논쟁하지 않으려고 한다면, 그것은 아이의 용기, 진취성, 정의감 등을 의심해볼 필요가 있으니까 말이다. 아이의 논쟁을 단순히 말대꾸로만 여기지 말고 자기의 의사를 펼치며 합리적으로 사고하려는 노력으로 받아들이자.

외모를 가꾸는 것도
타고난 재능이다

"오우~~ 그렇게 꾸미니까 정말 멋진걸! 자신 자신을 아름답게 꾸미는 일은 매우 소중하단다. 외모도 그렇게 멋지니 마음은 더욱더 멋져지겠는걸!"

 대다수 엄마들은 아이가 꾸미는 것을 못마땅하게 지켜볼 때가 많다. 몇몇 부모들은 아이가 엄마의 립스틱이나 매니큐어를 바르면 '나이에 어울리지 않는' 행동을 한다고 나무라며 말린다. 왜냐하면 너무 일찍 꾸미기를 좋아하면 다른 것에 관심을 갖거나 배우려 하지 않을 것이라는 우려 때문이다.
 하지만 어린아이들이 꾸미기를 좋아한다고 해서 나이에 걸맞지 않는 행동이라 생각하는 것은 오해가 크다. 아이들이 온갖 물건에 흥미를 가지는 것은 일종의 호기심이며 지극히 당연한 관심이다. 말과 글을 배우는 일처럼 예쁘고 아름다운 것을 인식하고 배우는 것도 매우 자연스러운 일이다. 이는 충분히 격려하고 칭찬할만한 가치가 있다.

| 아이의 마음을 움직이는 한마디 |

솔직히 아름다움을 느끼고 추구하는 것을 배우는 일은 결코 쉽지 않다. 아름다움이란 결코 문자나 숫자처럼 일정한 규칙이 있는 것이 아니고 정확히 정의를 내릴 수 있는 것도 아니기 때문이다. 그러므로 미적 감각이 기질적으로 타고난 아이라면 그것도 재능이라 할 수 있다. 반대로 그렇지 않은 경우에는 오히려 이러한 기질을 충분히 기를 수 있도록 해야 한다. 어릴 때부터 외모를 꾸미고 옷을 입는 법을 배우면서 아름다움을 느끼는 능력을 살려야 훗날 성인이 되어서도 자연스럽게 자신을 가꾸고 자기 주변도 아름답게 꾸밀 수 있다.

꾸미면서 채워지는 아이의 정체성과 개성

미국의 여자아이들은 철이 들기 시작하면서부터 엄마의 화장이나 꾸미는 법을 그대로 보고 배운다. 부모들은 그것을 타박하거나 못하게 저지하지 않는다. 이것을 아이가 성장하는 과정 중 하나라고 인식하기 때문이다.

아이가 미(美)를 탐구하는 것은 정체성과 개성을 찾아가는 단계의 수순이다. 자기 식대로 꾸밈으로써 아이는 생각과 감정, 욕구를 발산한다. 만약에 이를 하지 못하게 된다면 아이는 오히려 더 집착하고 반항심을 가질 수도 있다. 그러므로 우선 부모는 지나친 걱정과 오해로 아이의 행동을 억누르지 말아야 한다.

사실 아이가 엄마의 화장품을 탐하고 특별한 옷을 추구하는 것은 단지 호기심에서 비롯된 행위에 지나지 않는다. 그럴 때는 도리어 아이에게 좀 더 어울릴만한 색이나 디자인을 선택하도록 조언하고, 너무 과한 것은 아이와 별로 어울리지 않다고 잘 설득하는 게 좋다. 그러면 아이는 자신에게 맞는 화장과 옷이 무엇인지도 배우고 동시에 호기심도 충족시킬 수 있다. 그러다 어느 순간에는 그것에 대한 신비감이나 지나친 집착도 사라져 평소의 아이다운 모습으로 돌아오게 된다.

자신을 꾸미는 것도 경쟁력이 된다
:

한 아이의 엄마는 어린아이들 사이에서 유행하는 스타일이 무엇인지 늘 관심을 가지려고 노력했다. 딸의 옷과 액세서리를 살 때 그 점을 충분히 반영하려고 한 것이다. 그러면서 그들의 문화를 이해하고 딸과 교감하는 데 성공했다. 딸은 항상 엄마의 선택에 만족스러워했고 유행에 대해 서로 많은 이야기를 나누며 공감대를 형성해갔다. 이처럼 아이가 아름다움에 대해 배우도록 격려하고 지도하면 관계를 돈독하게 하는 효과도 더불어 얻을 수 있다.

우리의 아이들은 앞으로 엄청난 경쟁에 직면해있다. 회사에서 일할 때도 업무능력뿐만 아니라 자신을 꾸미고 적절하게 옷을 갖춰 입을 줄도 알아야 하고, 유행의 흐름에 발맞춰 감각

적이고 창의적인 제안도 할 수 있어야 한다. 이런 면에서 미적 감각은 의외로 커다란 도움을 준다. 어릴 때부터 아이가 품위를 기르는 것은 개인의 생활습관뿐만 아니라 앞으로의 성장에도 영향을 미친다는 것이다. 결국 그것도 사회생활 능력 중에 하나인 셈이다.

아빠도 육아에
적극 참여하라

"이번 휴일엔 실컷 놀아 주어야지. 몸 쓰는 놀이를 하면 더욱 신날 거야."

 최근 반장 선거에서 나는 이런 광경을 목격했다. 남학생과 여학생이 반장 후보로 지목된 상태였고 각자 한 명씩 나와 후보 연설을 해야 되는 순간이었다. 처음 연설을 하게 된 여학생은 자신감 넘치는 태도와 조리 있는 말솜씨로 반 친구들의 호응을 이끌어냈다. 반면에 남학생은 잔뜩 긴장하고 위축된 모습으로 횡설수설 연설하고 동작도 어설프기 짝이 없었다. 몇몇 남학생의 동조는 있었지만 결국 반장은 여학생의 차지가 되고 말았다. 상심한 남학생은 자리로 돌아가 앉아 눈물까지 찔끔 흘렸다.

 이러한 남자아이들의 소극적인 태도는 남성이 급속도로 여성화되어가는 성향 때문이기도 하다. 물론 여학생의 진취적인 성향과 노력이 큰 목소리를 내는 것과는 달리 남자아이에게서 그러한 남성적인 기질이 '약화'된 탓도 크다.

육아에서 빠진 아버지, 자녀의 성 정체성을 무너뜨린다
:

남성이 남성성을 잃는 것은 개인이나 사회적 측면에서도 모두 유감스러운 일이다. 점점 갈수록 여성은 남성화, 남성은 여성화되어가는 '부조화 현상'이 나타나는 근본적인 원인은 따로 있다. 그것은 바로 가정 내의 '아버지 역할의 부재'에서 나온다.

남자아이들은 자기와 가장 가까운 남자 성인을 롤모델로 삼고 성장한다. 대개는 아버지가 그 대상인데, 만약 아버지가 자신의 자리를 오래 비우거나 역할이 축소된 가정에서 자란 아이들은 남성의 이미지를 제대로 찾지 못한다. 간접적으로 주변의 다른 남성, 형 혹은 남자연예인을 대리인으로 삼기도 하지만 그 또한 남성의 모습을 제대로 대변하고 교육시킨다고는 할 수 없다. 결국 아버지가 가정 내에서 얼마큼 영향력을 보여주고 있느냐가 남자아이들의 남성적 기질과 깊은 연관성을 가지고 있다.

날마다 경쟁이 치열해지는 현대 사회에서 수많은 아버지들은 모든 열정을 일에 쏟아부으며 '남보다 한발 앞서나가기 위해' 밤낮으로 노력한다. 그러는 사이 가정에서의 역할, 특히 자녀교육에 할애하는 시간과 노력은 터무니없이 줄었다. 결국 일에 지친 아버지들은 자녀 교육과 같은 막중한 임무를 모두 아내에게 떠맡긴다. 또 어쩌다 집에 있어도 아이와 함께 잘 놀아주지 않는다.

심지어 어떤 아버지들은 '육아'를 그저 번거로운 일이라고 생각하기도 한다. 그 결과 오로지 어머니의 훈육 분위기와 성별 역할이 남자아이에게 고스란히 영향을 끼치게 되는 것이다. 차분하고 질서 있는 삶을 원하는 가정에서는 아이들이 떠들고 노는 것을 질색하며, 남자아이가 조금이라도 장난을 치거나 떠들면 심하게 꾸짖기도 한다. '착하게 말 잘 들어야지! 장난치지 마!'와 같은 평가 기준이 남자아이들에게 마땅히 있어야 할 남성성을 조용히 억누르고 있는 것이다. 이런 식으로 계속 모성적인 엄마 밑에서 자란 남자아이들은 섬세하고 겁이 많으며, 의존성이 강하고 혼자 조용히 노는 것에 익숙해진다.

따라서 아버지가 제대로 된 성 역할을 가정 내에서 보여줘야 아이들도 자신의 성 정체성을 찾아갈 수 있다. 즉, 아버지 역시 육아에 적극 '참여'해야 한다는 의미이다.

사실 아버지라는 존재는 남자아이에게 최고의 선생님일 뿐만 아니라 규율집행자이자, 사회화를 이끄는 지도자다. 그래서 남자아이에 관한 문제들은 아버지의 조언이 반드시 필요하다. 아이의 교육을 전적으로 엄마에게 맡겨서는 안 된다는 것이다. 만약 아버지가 아들의 건강한 성장에 늘 관심을 가지고 신경 쓴다면, 아들이 남성다운 성격을 가지고 커 가는데 이보다 나은 교육이 없다.

아이 스스로
해결할 수 있게 하자

"아마 이번 일은 아주 작은 시련이었을지도 몰라. 네가 자라며 더 큰 시련에 부딪힐 수도 있단다. 하지만 당당하게 맞서 나간다면 해결하지 못할 것은 없단다."

한 교육자가 박나방에 관한 자신의 경험담을 털어놓았다. 그는 어린 꼬마였을 때 박나방이 고치에서 나오는 모습을 호기심 어린 눈으로 지켜보았다고 한다. 둥근 주머니 안에 있던 박나방은 가느다란 관을 힘들게 기어 올라 비로소 두 날개를 펼치고 공중으로 날아갔다. 그것은 무척 경이롭고 놀라운 장면이었다.

아이는 박나방의 비행을 지켜보다 하나의 고치가 영 속도가 나지 않는다는 것을 발견했다. 그 고치 속 박나방은 한참을 발버둥 쳐야 겨우 가느다란 관을 조금 올라오는 정도였다. 순간 아이는 박나방이 너무 힘들겠다는 생각에 동정심이 일었다. 그래서 조금이라도 도와주고 싶은 마음에 가느다란 관 벽의 고치실을 작은 칼로 살짝 잘라 주었다. 그러자 발버둥 치던 박나방은 수월하게 고치를 기어 나와 날개를 퍼덕거렸다. 아이도 왠지 모르게 후련하고 뿌듯했다.

그리고 며칠이 지났다. 아이는 박나방의 실험관을 살펴보다 이상한 점을 하나 발견하게 되었다. 박나방 중 하나가 몸이 지나치게 비대한 반면 날개는 너무 야위고 약해서 다른 박나방들처럼 자유자재로 공중을 날아다니지 못하는 것이었다. 그것은 아이가 고치를 찢어 나오게 도와준 박나방이었다. 결국 그 박나방은 고치에 들어있을 때보다 더 힘겹게 날개를 퍼덕거리더니 이내 죽어버렸다. 이를 지켜본 아이는 무척 속이 상했다. 그는 생물 선생님에게 박나방이 왜 죽었는지를 물어보았다. 선생님은 아이에게 이렇게 이야기해줬다.

"원래 박나방은 고치 안에서 발버둥을 치면서 체내의 모든 에너지를 날개 구석구석으로 흘려보낸단다. 그 과정을 통해서 날개에 힘이 생기고 그것이 바로 생존의 기초가 되는 거지. 하지만 죽은 박나방은 그런 과정을 제대로 거치지 못했던 모양이야."

섣부른 동정심이 날개에 힘을 불어넣지 못한 박나방을 죽게 만든 것이었다. 그제야 아이는 자신의 어리석음을 깨달았다. 동정심을 갖는 건 나쁜 것은 아니지만 함부로 베풀어서는 안 된다는 사실을 말이다. 그는 그 일로 교육자가 되면서 이 같은 진실을 많은 이에게 알리고 있다. 일부 부모들도 때론 섣부른 동정심 때문에 자신의 아이를 망치는 경우가 종종 있기 때문이다.

부모들은 자신의 '작은 칼'을 꺼내 아이의 앞길을 가로막는 모든 것을 미리 잘라주려 한다. 이를 통해 아이들이 원하는 것을 쉽게 얻고, 하고 싶은 일은 당장 할 수 있게 토대를 만든다는 것이다. 하지만 그렇게 되면 죽은 박나방의 예처럼 아이가 힘겹게 발버둥 치며 얻어야 하는 건강한 신체와 정신, 흔들리지 않을 강인한 의지는 좀처럼 기르기가 어렵다. 그런 아이들은 사회에 나가 낙오자가 될 가능성이 높다.

아이가 직면한 모든 좌절, 시련, 불만, 고통은 어쩌면 아이 스스로 힘겹게 올라야 하는 고치의 굴레인 셈이다. 안타까운 마음은 충분히 이해하지만 어떤 문제들은 아이 스스로 해결하게 손을 놓아주자. 어쩌면 부모가 손쉬운 방법으로 해결해주는 것보다 더 의미 있는 결과를 얻을지도 모른다. 그것이 좋든 나쁘든 간에 아이는 스스로 해결하는 과정에서 많은 것을 배우기 때문이다.

감정의 온도와 거리 둠의 지혜
:

미국의 어느 중고등학교에 체질적으로 허약한 소년이 있었다. 어느 날 그 소년은 나쁜 아이에게 괴롭힘을 당해 얼굴에 상처를 입고 집으로 돌아왔다. 소년은 아빠를 보자 수치심과 억울함에 눈물을 펑펑 흘렸다. 그런 아들의 모습에 아빠의 마음도 찢어질 듯 아팠다.

유도 관장이었던 아빠는 끓어오르는 분노를 참을 수가 없어 곧바로 자리를 박차고 일어났다. 얼른 그 아이를 찾아가서 제대로 된 사과라도 받아내려고 씩씩거렸다. 하지만 그는 현관을 나서다 말고 고개를 돌려 자신의 뒤를 바짝 따르던 아이를 말없이 한참 동안 쳐다보았다. 그리고 두 손으로 아이의 어깨를 잡으며 물었다.

"한 번만 참을까?"

소년은 고개를 저으며 "잘 모르겠어요."라고 말했다.

"그냥 참으면 그 아이가 또 널 괴롭힐 테고, 참지 않으면 개랑 맞서 싸우기 힘들 테지… 이거 정말 큰 일이구나! 앞으로도 언제든 이런 일이 생길지 모르는데, 만약 그때 아빠가 없으면 넌 어떻게 할래? 혼자 해결할 수 있겠니?"

"그땐 저도 해결할 수 있을지 몰라요!"

"그럼 왜 지금부터 시도해보지 않니? 아빠가 조금이라도 젊을 때 네가 할 수 있다는 것을 보여줘! 무엇보다도 항상 신중히 생각한 뒤에 행동에 옮겨야 한다는 걸 명심하고 말이야. 혹시라도 아빠의 도움이 필요하면 언제든 말하렴."

그날 밤, 소년은 밤새 잠을 이루지 못하고 고민에 빠졌다. 뜬 눈으로 밤을 지샌 소년은 다음날 용기를 내어 자신을 괴롭힌 아이와 그 무리를 찾아갔다. 그들 앞에 성큼성큼 걸어가서 자신을 괴롭힌 아이를 똑바로 쳐다보며 소년은 놀랄 만큼 침착한 태도로 말했다.

"너에게 물어볼 말이 있어."

"뭐? 뭔데?"

괴롭힌 아이는 그의 태연함에 놀라 어리둥절했다.

"넌 자신의 존엄성을 지키기 위해 목숨이라도 내놓을 수 있니? 아마 그렇게 못할 걸? 하지만 난 그렇게 할 수 있어! 어제의 일은 내가 용서할게. 그렇지만 앞으로 또다시 나와 그렇게 부딪친다면 맹세코 난 널 가만히 두지 않을 거야! 반드시 대가를 치르게 하겠어."

괴롭힌 아이의 눈이 소년의 당당함에 눌려 몹시 흔들렸다. 그는 말문이 막혀서 한동안 아무 말도 하지 못했다. 주변 분위기도 냉랭해져 모두들 얼어붙은 듯이 가만히 있었다. 수업이 끝나고 집으로 돌아온 소년은 흥분하며 아빠에게 말했다.

"그 애가 앞으로는 저랑 잘 지내고 싶대요. 그래서 저도 그러자고 했어요."

아빠는 아들의 용기를 칭찬하며 다음과 같은 당부도 잊지 않았다.

"아마 이번 일은 아주 작은 시련이었을지도 몰라. 앞으로 더 큰 시련에 부딪힐 수도 있단다. 하지만 오늘과 같이 당당하게 맞서 나간다면 해결하지 못할 것은 없단다."

아빠의 조언은 소년에게 커다란 용기와 투지를 심어주었다.

이처럼 내 아이가 지금 어려움을 갖고 있다면 부모는 자녀의 문제에서 한 발 빼고 거리를 두는 것이 중요하다. 부모가 대신 해결해주면 아이는 아무것도 배우지 못하고 나약해지기만 할 뿐이다. 또한 섣불리 참견하고 간섭하면 아이가 수치심을 느낄 수도 있다. 그러니 우리도 조금만 냉정해지자.

자유롭게 상상하도록 질문하라

'나이가 들수록 상상력이 줄어드는 것일까?' '왜 아이들은 커 갈수록 상상력이 빈약해지는 걸까?' '성장의 필연적인 결과일까, 아니면 교육의 실책일까?'

한 실험에서는 각각 유치원생, 초등학생, 중고등학생들을 대상으로 'O' 도형을 보여주었다. 그리고 이것이 무엇인지에 대해 물었다. 곧바로 대답한 중고등학생 그룹은 이를 숫자 '0'이나 영어 자음 'O'라고 대답했다. 초등학생의 경우, 몇몇 학생만 '도넛'이나 '안경알' 등의 대답을 했지만 상당수는 중고등학생과 똑같이 대답했다.

그러나 유치원생들의 대답은 확연히 달랐다. 그들은 'O' 도형을 '눈물', '배꼽', '바둑알', '시계' 등 상상을 초월하는 답을 내놓았다. 어른들이나 더 큰 학생들이 근본적으로 생각하지 못했던 깜짝 놀랄 만한 상상력이었다. 사람들은 이번 실험 결과를 보면서 하나의 궁금증을 가지기 시작했다.

'왜 나이가 들수록 상상력이 줄어드는 것일까?' '왜 아이들은 커갈수록 상상력이 빈약해지는 걸까?' '성장의 필연적인 결과일까, 아니면 교육의 실책일까?'

정확한 해답을 찾을 수는 없지만 분명한 것은 상상력이란 모든 사람들이 가지는, 혹은 가졌던, 인지능력 중의 하나라는 점이다. 위인이나 기인들이라고 해서 결코 특별히 더 뛰어난 것은 아니라는 사실이다. 추측컨대 아이들의 상상력이 부족한 원인 중 하나는 단순한 '개인 차이'로 볼 수 있다. 상상력 또한 다른 능력과 마찬가지로 사람마다 원래 조금씩 차이가 있는 것뿐이다. 그러나 그보다 더 확실한 원인은 '인위적인 구속'이나 '인위적인 무시' 때문일 가능성이 높다.

상상력을 죽이는 범인은 나이나 학력이 아니다. 위인이나 기인들이 나이가 들고 박학다식해도 여전히 상상력이 뛰어난 것을 보면 말이다. 그들은 지식을 배우면서도 그것에 대해 끊임없이 질문을 던진다. 그래서 기존 지식에 도움을 받고 자신들의 상상력을 더해 좀 더 발전된 방향으로 나아가도록 끊임없이 변화를 시도하고 있다.

그러나 우리는 어떠한가? 오히려 지식을 우선시하여 아이들의 상상력을 제한하고 있다. 어른들은 아이들이 기존의 지식을 그대로 받아들이고 답습해나가길 강요하기 때문이다. 그로 인해 아이들의 상상력은 용불용설(用不用說) 격으로 날로 '쓸모없어져 퇴화'하고 있는 중이다.

아이의 상상력을 막지 마세요
:

한번은 유치원 수업을 참관한 적이 있었다. 그날은 '구름'에 관해 이야기해보는 시간을 갖고 있었다. 선생님은 명확한 학습 목표를 세워두고 아이들에게 구름과 구름의 형태를 가르치려고 했다. 수업이 시작되자 선생님은 어린 친구들에게 구름 사진을 보여주며 "이게 뭘까?"라고 물었다. 그러자 한 아이가 대답했다.

"파도예요."

선생님은 "다시 한번 봐봐."라고 말했다. 이번에는 또 다른 아이가 대답했다.

"연기예요."

선생님은 계속해서 "좀 더 자세히 보렴. 이게 대체 뭘까?"라면서 아이들에게 대답을 요구했다. 그러자 한 아이가 마침내 이렇게 말했다.

"구름이요."

선생님은 그제야 기뻐하며 그 아이를 칭찬했다. 이 하나의 정해진 답을 얻기 위해 선생님은 단순한 문답식 수업방식을 되풀이했다. 물론 아이들을 '깨우치고' '참여시키는' 방식으로 수업을 진행했지만, 그 이면에는 선생님의 통제와 정해진 해답 아래 아이들의 상상력을 묶어버리고 있었다.

물론 선생님이 앞의 두 아이의 답이 틀렸다고 직접적으로 말하지는 않았다. 그러나 '다시 한번 봐봐'라는 식으로 계속 질문하는 것은 사실상 '파도'나 '연기'라는 대답을 부정하는 것과 마찬가지였다. 이처럼 정형화되고 규격화된 정답만을 요구하는 바람에 아이들은 자신도 모르는 사이에 상상은 불필요한 것이라고 학습될지도 모른다.

아이의 창의력을 키우는 '호응'과 '지지'
:

만약에 선생님이 앞의 두 아이에게도 "좋아. 잘했어. 또 다른 생각을 말해 볼 사람?"이라고 긍정적인 반응을 보여주었더라면 어땠을까? 그러면 아마 더 많은 아이들이 기상천외한 대답들을 내놓았을 것이다.

"모두 훌륭한 대답이야. 이건 정말 무엇이든 될 수 있는 것 같아. 많은 재주를 가지며 다른 모습으로 보이게 하는 이것은 과연 무엇일까? 그래, 그건 바로 구름이란다. 구름 한 조각이면 무엇이든 닮게 그려낼 수 있지."

이렇게 수업을 진행하면 학습 목표에 도달할 뿐만 아니라 아이들에게도 상상의 공간을 마련해줄 수 있어 일석이조이다. 여기서 가장 중요한 것은 바로 **아이의 상상력을 격려하고 긍정적으로 보는 자세이다.** 아이들은 각자 자신의 생각을 이야기하며 구름을 좋아하게 되고 앞으로도 구름에 더 많은 관심을 가지고 상상의 나래를 펼칠 것이다.

이 같이 생활 속의 작은 지혜로 얼마든지 아이들의 상상력을 키울 수 있다. 단순히 아이에게 질문을 하는 것으로도 우리는 아이의 상상과 호기심을 자극하게 된다.

어느 날 한 엄마는 아이가 종이로 토끼를 접으며 노는 것을 보고 이런 질문을 던졌다고 한다.

"작은 토끼는 어디에서 살아?"

그러자 아이는 작은 토끼에게 멋진 집을 그려주고, 푸른 잔디와 작고 예쁜 꽃도 그려주었다. 엄마는 또다시 물었다.

"넌 토끼가 무엇을 먹는 줄 아니?"

"당근을 제일 좋아해요. 이 토끼에게도 당근을 그려줘야겠어요."

"네 생각에 작은 토끼에게 무엇이 더 필요할까?"

"친구도 필요하고, 엄마 아빠도 필요하고, 또 장난감도 필요하고…"

아이는 갈수록 더 많은 것을 그려냈다. 그 결과, 달랑 토끼 한 마리만 붙어있던 도화지에는 멋진 집과 푸른 초원, 아름다운 꽃과 맛있는 당근이 생겼고, 작은 거북과 치마를 입은 토끼의 여자친구, 커다란 버섯, 날아다니는 작은 새, 높이 떠 있는 해님, 굽이굽이 흐르는 시냇물도 생겼다. 모두들 그림 속에서 한바탕 신나게 어울려 노는 것 같았다.

아이의 엄마는 아이가 많은 것을 생각하고 그리는 것에 흥미를 갖도록 현명하게 지도했다. 이 역시 아이의 상상력을 훈련

시키는 좋은 방법이다. 아이와 함께 놀 때 부모는 자신이 알고 있는 '지식'을 자랑하지 말고, 가능한 한 아이가 놀이의 '주인공'이 되게 해야 한다. 그래야 아이가 자신의 상상력을 발휘할 수 있고 더욱 즐겁고 자유롭게 상상의 나래를 펼칠 수 있다. 부모의 시선에서 볼 때 엉뚱한 상상력이라 해도 적절한 '호응'과 '지지'를 보내주도록 하자.

2부

이럴 때 어떻게 할까요?
- 올바른 지도방법

좋은 습관은
어릴 때부터 길러준다

아동기는 인생의 봄에 해당된다. 봄에 좋은 씨를 뿌리면, 좋은 습관이라는 꽃이 피고 건강한 인격이라는 열매를 얻을 수 있다.

1988년 프랑스 파리에서 75명의 노벨상 수상자가 '21세기의 희망과 위협'이라는 주제로 토론을 벌였다. 당시 누군가가 한 노벨상 수상자에게 이렇게 물었다.

"선생님께 가장 큰 영향을 미친 곳은 어느 대학, 어느 실험실입니까?"

그러자 백발의 노벨 수상자는 "유치원입니다."라고 대답했다. 장내의 모든 사람들이 의아해했고 질문을 던진 사람도 이해할 수 없다는 듯 다시 물었다.

"유치원에서 무엇을 배우셨는데요?"

"자기가 가진 걸 친구와 나눠 쓰고 남의 것을 함부로 가져서는 안 되며, 물건은 항상 제자리에 둬야 한다는 것을 배웠죠. 또한 밥을 먹기 전에는 손을 씻는 것, 실수했을 때에는 진심으로 사과하는 법, 점심을 먹고 나면 낮잠을 자고 주변의 자연에 관심을 가져야 한다는 것도 배웠습니다. 이 모두가 유치원에서 배운 것들이죠."

과학자의 대답에 모두들 숙연해졌다. 이 의미심장한 말은 습관을 익히는 가장 중요한 지점을 이야기하고 있다. 유치원에서 배운 기본적인 것들은 나이가 들어서도 여전히 기억될 정도로 깊은 인상을 남긴다. 그만큼 어렸을 때 길렀던 습관은 그 사람의 평생을 함께하며 시시각각 영향을 끼친다는 것이다.

좋은 습관이 건강한 인격을 기른다
:

부모가 아이에게 좋은 습관을 길러주는 것은 아이의 삶을 윤택하게 하는 환경을 마련해주는 것과 같다. 따라서 부모는 아이의 잘못된 습관을 고치도록 노력하여 바른 성장의 기초를 다져줘야 한다.

좋은 습관은 매일 반복적으로 교육하고 꾸준히 유지해야 길러진다. 변화는 한순간에 찾아오는 것이 아니라 모르는 사이에 조금씩 젖어 들기 때문이다. 아래의 몇 가지 방법을 참고하여 아이가 바람직하게 성장할 수 있도록 함께 도와주자.

민주적이고 평등하게 아이를 대하고, 기쁨도 슬픔도 함께한다.
아이는 작고 여린 존재지만 한 가정의 중요한 일원임을 잊어서는 안 된다. 민주적이고 평등하게 아이를 대하고 가족의 일이라면 무엇이든 함께 참여시킨다. 그래야 아이도 진정한 의미에서 가족의 일원이 될 수 있다.

예컨대 시장에서 물건을 구입할 때 부모가 아이에게 무엇이 먹고 싶은지 의견을 물어보는 것이 좋다. 청소할 때에는 아이에게 "엄마가 큰방이랑 거실을 청소할게. 넌 네 방을 정리해줄래?"라고 제안할 수도 있다. 이때 아이가 아직 어려서 서투르고 시간 내에 끝낼 수 없다 하더라도 부모가 그것을 대신해서는 안 된다. 어릴 때부터 '자기 할 일은 자기가 알아서 한다.'라는 도리를 분명히 깨닫게 해준다.

적절한 때에 격려하고 참을성 있게 지도한다

아동은 심리적으로 불안정한 특징이 있다. 그러므로 곤란한 일이 생기면 감정의 변화가 매우 뚜렷하게 나타난다. 그래서 부모는 항상 아이의 작은 변화에도 관심을 두고 제때 격려해주어야 한다.

가령 아이가 밥을 먹을 때마다 식탁이나 바닥에 밥알을 흘린다면, 부모는 차분하게 먹는 법을 일러준다. 말을 너무 많이 하지 말고 꼭꼭 씹으며 천천히 먹어야 소화가 잘된다고 말한다. 혹시라도 아이가 밥을 남기면 농부들이 어떻게 '농사'를 짓는지 알려주어 아이가 음식의 소중함을 깨닫고 함부로 낭비하지 않도록 일깨운다. 마지막으로 아이가 깨끗하게 그릇을 비우고 "잘 먹었습니다."라고 인사하면 부모는 진심으로 아이를 칭찬해준다. 그러면 아이는 식습관에 대한 만족과 자신감이 커지게 된다.

차근히 순차적으로 지도하며, 꾸준하게 습관을 길러준다

아동기는 인생의 봄에 해당된다. 봄에 좋은 씨를 뿌리면, 좋은 습관이라는 꽃이 피고 건강한 인격이라는 열매를 얻을 수 있다. 그렇다고 서둘러서 좋은 습관을 가지도록 아이를 강요해서는 안 된다. 앞서 말했듯이 따라 하기 쉬운 생활습관부터 시작해서 좀 더 복잡한 규칙으로 순서에 맞게 차근차근 진행해야 한다. 가령 인사하기, 양치하기, 식사예절 등 비교적 공통적인 사항에서 자기 방 청소하기, 숙제하기 등 아이가 지켜야 할 규칙을 익히도록 지도해준다.

혼을 내더라도
원칙이 있다

부모는 아이를 하나의 인격으로 대하고 어렸을 때부터 자신의 행동에 책임지도록 스스로 통제하는 법을 가르쳐야 한다.

아이는 사랑스럽지만 때로는 부모를 골치 아프게 하는 순간들이 있다. 만약 아이가 여러 차례 말려도 소용없거나 위험한 상황이라면, 벌을 주는 것도 아이를 지도하는 데 효과적이다.

단, 벌을 주기 전에 부모는 먼저 규칙을 세워 아이가 그것을 지킬 수 있게 도와야 한다. 규칙을 지키지 않으면 벌을 받을 거라는 걸 미리 인식시켜주고, 그 약속을 반드시 지키게 한다. 그리하여 벌을 줄 때 왜 벌을 받는지 아이가 분명히 이해하도록 하는 것이다. 이는 아이가 불공평하다고 여기며 상처받는 일 없이 아이의 잘못된 행동을 바로잡기 위해서다.

또한 처벌의 정도와 시간에 주의해야 한다. 부모가 감정적인 태도로 긴 시간 심하게 야단쳐서는 안 되며, 다짜고짜 아이의 권리를 빼앗아도 안 된다. **적당한 처벌의 목적은 아이에게 잘**

못을 고칠 기회를 주는 데 있다. 비록 아이가 잘못을 했더라도 '앞으로 고치면 된다'라는 개선의 방법을 깨닫게 해주고자 하는 것이다.

행동의 결과에 '책임'이라는 벌을 준다
:

 뉴질랜드에 사는 브루스 씨는 아이가 공공장소에서 말썽을 부리더라도 다른 사람에게 피해를 주지 않으면 일단 차분히 지켜만 본다. 그러다 아이가 남에게 피해를 끼치면 사람이 없는 비교적 넓고 조용한 곳으로 데려가 그곳에서 계속 놀게 한다. 아이가 시끄럽게 말썽을 피우는 것은 부모의 관심을 끌거나 자신이 원하는 목적을 이루기 위해서라고 생각하기 때문이다. 그래서 아이에게 이런 방법이 효과가 없다는 것을 알게 하여 스스로 그런 행동을 그만두게 하기 위해서였다.

 한번은 아들이 정원의 연못에 자갈을 던지며 노는 데 재미를 느끼고 있는 듯 보였다. 브루스 씨가 몇 번이나 주의를 주었지만 아들의 그런 행동은 쉽게 고쳐지지 않았다. 그는 생각 끝에 아이에게 이렇게 말했다.

 "이것 봐! 작은 물고기가 돌에 맞아서 아픈가 봐. 게다가 연못도 엉망이 됐어. 이러니까 별로 안 예쁘지?"

 그런 후에 브루스 씨는 아들에게 연못으로 던진 돌을 꺼내게 했다. 때때로 아이는 아빠의 말을 듣고도 괜히 생떼를 부리며 돌을 줍지 않았다. 이처럼 아이가 고집을 부리는 날에는 아빠가 직접 돌을 줍는 모습을 보여주었다. 그러다 아이가 아빠와 놀고 싶다고 칭얼대면 그 기회를 놓치지 않고 아이를 가르쳤다.

"그것 봐. 네가 연못에 던진 돌을 줍느라 아빠가 너랑 놀아줄 수 없잖아."

이러한 가르침이 반복되자 아들은 자신의 그릇된 행동에 대한 결과를 확실히 깨닫게 되었다. 아이는 이후 연못에 돌을 던지는 버릇을 고쳤다고 한다.

아이의 개성, 창의력, 독립성, 정신건강을 중시하는 미국의 부모들은 아이에게 체벌을 가할 때는 무척 신중해야 한다고 생각한다. 그들은 아이가 태어났을 때부터 '어떤 방식으로 어느 정도까지 아이를 체벌할 것인가?'를 두고 진지하게 고민한다.

샐리 씨는 딸이 아기였을 때도 적절한 벌을 주며 훈육했다. 가령 딸이 젖을 먹다가 세게 깨물면, "아야! 그렇게 물면 엄마가 아파요."라고 말하고 벌의 의미로 딸을 아기침대에 내려놓았다. 그리고 얼마간 혼자 있도록 두었다. 딸이 어느 정도 생각할 수 있는 시기에는 지나친 행동을 할 때마다 근엄한 눈빛으로 딸을 쳐다보았다. 그러면 대체로 딸은 엄마의 뜻을 알아차리고 자신이 무엇을 잘못했는지 스스로 생각했다. 간혹 딸이 비교적 큰 잘못을 저질렀을 때는 주말에 함께하기로 한 활동을 취소하는 것으로 벌을 주었다. 샐리 씨는 함부로 아이를 때리거나 욕을 하지 않았다. 그런 행동은 아이의 자존심에 상처를 줘 오히려 훈육에 방해된다고 생각했기 때문이다. 항상 아이에게 선의의 벌을 주었고, 벌을 준 후에는 엄마의 사랑을 느낄 수 있도록 더욱 노력했다.

 캐나다에 사는 폴 씨의 경우도 마찬가지였다. 아이가 반드시 지켜야 할 몇 가지 규칙을 정하고 그 규칙의 상한선을 분명히 알게 한 뒤, 도가 지나치면 그때 벌을 주었다.
 하루는 가족들이 식당에서 식사를 할 때였다. 아들은 자리에 앉자마자 나이프로 장난을 쳤고 곧이어 땅에 떨어뜨렸다. 그러자 폴 씨는 담담하게 땅에 떨어진 나이프를 주워 원래 자리에 놓고는 단호한 어투로 아들에게 말했다.
 "공공장소에서 이러면 안 돼!"
 아빠의 경고에도 아들의 장난은 계속됐다. 연거푸 나이프를 떨어뜨렸고 큰 소리로 떠들기까지 했다. 결국 참다못한 아빠는 침착하게 아들의 손에 있는 나이프를 빼앗고 아들을 데리고 식당 밖으로 나갔다. 그리고 자신의 자동차에서 아들을 향해 엄숙하게 말했다.
 "나이프를 땅에 떨어뜨리고 장난을 치면 다른 사람들에게 피해를 주는 거라고 아빠가 여러 번 말했는데도 소용이 없구나.

아빠는 사랑하는 우리 아들이 예의를 배우길 바란단다. 아무래도 내가 '안 돼!'라고 말하는 게 무슨 의미인지를 깨달을 필요가 있을 것 같다. 자꾸 그러면 넌 오늘 식당에서 우리와 함께 밥을 먹을 수 없어. 그냥 차 안에서 간식이나 먹어야겠구나."

아빠의 말에 아이의 표정이 한순간에 굳어졌다. 아이는 자신의 행동에 부끄러움을 느꼈고 앞으로 행동에 조심하겠다고 약속했다.

이처럼 부모는 아이를 하나의 인격으로 대하고 어렸을 때부터 자신의 행동에 책임지도록 스스로 통제하는 법을 가르쳐야 한다. 아이 역시 '자신이 하는 모든 행동에 반드시 책임이 따른다'는 사실을 확실히 깨닫도록 하는 것이 훈육의 목적이다. 이를 잘 명심하고 아이가 미처 생각하지 못한 부분을 다방면으로 사고할 수 있도록 지도해주는 것이 중요하다.

아이의 눈높이에 맞게
설명한다

아이가 가지는 자부심은 어른보다 더 강렬하다. 어른과 달리 아이의 자부심은 매우 단순하고 소박하며 실제의 이익과는 거리가 멀다.

"주방은 위험하니까 들어가지 마!"
"텔레비전에 너무 가까이 가면 안 돼."

어린아이를 둔 부모라면 누구나 해봄 직한 말이다. 우리는 과연 하루에 몇 번이나 아이에게 '안 돼'라는 말을 하는 걸까?

항상 부정적인 말로 아이의 행동을 제한하는 것은 아이에게 무언가를 탐색하고 배울 수 있는 기회를 방해하는 것이다. 좋은 부모라면 마땅히 '온화하면서도 확실한 태도'로 아이를 지도하고, 아이의 인격을 존중해주는 환경에서 자제력을 길러줘야 한다. 만약 아이가 골치 아픈 일을 하려고 한다면 무조건 안 된다고 말하기보다 그 일을 대신할 수 있는 비교적 안전한 방법을 제안하는 것이 좋다. 그리고 무엇보다 아이에게 '안 돼'라는 말의 의미를 충분히 이해시키는 것이 중요하다.

| 아이의 마음을 움직이는 한마디 |

온화한 태도로 부드럽게 설득하기

:

일상에서 아이에게 익숙한 사물이나 만화 캐릭터를 이용한다

두세 살 된 아이는 아직 제대로 된 판단력을 갖고 있지 않다. 그래서 부모의 말 중에 '그렇다/아니다', '해라/하지 마라', '괜찮다/괜찮지 않다' 등의 판단을 요구하는 말에 적절한 행동을 찾지 못한다. 이럴 때는 외부의 힘을 잘 이용하면 아이의 행동을 격려하거나 제지할 수 있다. 평소 내 아이가 좋아하거나 싫어하는 사물이나 캐릭터를 사용하여 아이와 교감한다면 감정과 행동 반응을 한층 더 이끌어낼 수 있다.

예컨대 이불을 덮고 자기 싫어하는 아이에게 "밤이 깊었으니 이제 그만 자야지. 그런데 이게 무슨 소리지? 모기가 윙윙거리며 이렇게 말하는 것 같아. '음, 배도 고픈데 어린 친구의 몸에서 먹을 거라도 찾아볼까?' 그런데 만약에 네가 이불을 잘 덮고 자면 모기가 날아와 물어도 '에잇! 이게 뭐야? 맛이 하나도 없잖아. 괜히 내 입만 아프네. 그냥 딴 데 가서 먹을 걸 찾아봐야겠다.'라고 할 거야."라며 의인화시키는 방식이다. 그러면 아이는 얌전히 이불을 덮게 된다. 그 후로도 종종 잠자리에 들 때마다 "모기가 또 먹을 걸 찾고 있네."라는 말만 꺼내도 아이는 스스로 알아서 이불을 덮을 것이다.

아이를 '주인공'으로 해서 이야기를 만든다

이야기는 모든 아이들이 좋아한다. 아무리 지어낸 이야기라도 아이들은 실제처럼 받아들이고 금세 믿어버린다. 특히 자기가 이야기 속 주인공이라면 표현 하나하나에 커다란 관심을 갖는다. 만약에 주인공의 행동을 사람들이 좋아해주면 아이도 덩달아 기뻐하며 실제 생활에서도 주인공과 똑같이 행동하려는 경향을 보인다. 이러한 아이들의 특성을 이용하여 올바른 행동 반응을 이끌어내는 것이다.

잠시도 엄마 곁을 떠나지 않으려는 아이를 예로 들어 본다면, "옛날에 어떤 아이가 살았어. 엄마는 아이에게 은별이라는 예쁜 이름을 지어주었지. 그런데 그 친구에게는 '꽥꽥이'라는 또 다른 이름이 있었어. 왜냐하면 매일 아기오리처럼 엄마 뒤 꽁무니만 졸졸 따라다녔거든. 그러던 어느 날 유치원에 갔는데 반 친구들이 모두 그 아이에게 물었지. '네가 그 꽥꽥이라는 아이니?' 그러자 은별이는 생각했어. '꽥꽥이란 이름은 정말 별로야. 다른 친구들 이름은 모두 다 듣기 좋은데 말이야. 앞으로는 엄마 뒤도 졸졸 안 쫓아다니고 엄마가 집에 없을 때도 울지 않아야지.' 그래서 그 아이는 다시 엄마의 예쁜 딸이 되었대."처럼 비유적으로 이야기해주면 된다.

아이 마음속의 '권위 인물'을 이용한다

아이들은 종종 확신에 찬 말투로 이런 말을 한다. "아냐, 그러면 안 돼! 우리 선생님이 이렇게 해야 한다고 했단 말이야."라고. 아이들은 평소 자신과 친하거나 가깝게 지내는 사람의 태도와 행동을 절대적으로 신뢰한다. 그런 사람들을 아이 마음 속의 '권위 인물'이라고 부르는데 권위 인물에는 한 가지 특징이 있다. 아무리 가까운 사이라도 현재 자기 옆에 없는 제3자가 아이의 권위 인물이 되는 경우가 많다는 것이다. 예를 들어 집에 있을 때는 유치원 선생님이 권위 인물이 되고, 유치원에 있을 때는 부모가 권위 인물이 되는 식이다. 이런 권위 인물을 이용해서 아이를 가르치면 효과적으로 교육할 수 있다.

가령, 샤워 후 로션을 바르라는 엄마의 말을 듣지 않을 때에 "목욕하고 이 로션을 바르면 기분이 더 좋아질 거야. 피부도 훨씬 부드러워지고. 이것 봐! 피부가 백설공주처럼 하얘지잖아. 얼마나 사랑스러운지 몰라. 유치원 선생님도 분명히 좋아하실 거야."와 같이 권위 인물에게 좋은 반응을 얻도록 생각을 유도하면 된다.

흥미로운 활동으로 아이를 격려한다

혼자서는 밥을 먹지 않던 아이도 친구들과 함께 먹으면 맛있게 먹곤 한다. 이처럼 평소와 달리 행동하는 까닭은 또래와의 소소한 경쟁 때문이다. 경쟁이라는 활동이 아이의 흥미를 유발하고 자극하게 되는 것이다. 그래서 의식적으로 아이의 일상에 흥미로운 활동을 포함시키면 효과적인 교육을 진행할 수 있다.

예컨대 다른 아이들보다 성장이 느린 아이가 있다고 치자. 만약 아이가 혼자서 옷을 입으면 엄마는 크게 기뻐하며 "혼자서 이걸 해내다니! 정말 잘했어!"라고 칭찬해준다. 이 같은 칭찬을 통해 아이가 스스로 무엇인가를 해내도록 흥미를 유발하고 배우게 격려하는 것이다. 사실 아이가 가지는 자부심은 어른보다 더 강렬하다. 그러나 어른과는 달리 아이의 자부심은 매우 단순하고 소박하며 실제의 이익과는 거리가 멀다. 따라서 작은 칭찬, 소소한 정신적 보상이 아이에게 얼마나 큰 격려가 되는지 어른들은 항상 명심해야 한다.

도리를 가르치면
인지력이 향상된다

아이가 잘못을 저질렀을 때 놀라서 소리치기보다 먼저 침착함을 유지한다. 그리고 아이가 상대방의 입장에서 생각해보도록 여지를 주어야 한다.

아이를 잘 키우려면 기본 도리를 가르쳐야 한다. 일상생활에서 마땅히 지켜야 할 도리를 알아야 아이의 인성을 바르게 키울 수 있다. 아이가 꾸지람이나 잔소리를 예민하게 받아들이는 성격이라 하더라도 사람이 마땅히 배워야 할 도리를 가르치는 건 결코 지나칠 수 없다. 그렇다고 마냥 야단치며 가르치는 것도 아이의 마음에 쉽게 상처를 입힐 수 있다. 어떻게 지도해야 하는 걸까?

다른 사람의 기분은 어떨까 생각해보기
:
우선 아이가 다른 사람의 입장에서 생각해보도록 유도해야 한다. 한 아이는 몰래 사촌 동생의 장난감을 가지고 집에 온 적이 있었다. 그 사실을 엄마에게 들키자 아이는 야단을 맞을까 잔뜩 겁에 질려있었다. 하지만 엄마는 아이의 걱정과는 달리 야단을 치지 않았다. 대신 "만약 사촌 동생이 말없이 네 장난감을 들고 가버리면 속상하지 않을까?"라고 차분히 물어볼 뿐이었다. 그런 다음 "사촌 동생이 지금 장난감을 찾고 있을 거야. 전화해서 며칠 뒤에 꼭 돌려주겠다고 말하자. 알겠지?"라며 아이를 타일렀다. 그러자 아이는 엄마의 말처럼 사촌 동생에게 전화를 걸어 잘못을 인정하고 장난감을 돌려주겠다고 약속했다.

위의 행동으로만 보면 아이가 장난감을 가져온 것은 '기회를 봐서 남의 물건을 훔치려는' 나쁜 심보와 다르지 않다. 충분히 부모로서 훈계해야 할 일이다. 그러나 만약 부모가 무서운 표정을 지으며 "남의 물건을 함부로 가져오면 안 돼! 그건 도둑질이야!"라고 야단을 치면서 도리를 강조하면 당장은 아이가 부모의 말에 복종할 수는 있다. 하지만 자존심에 상처를 입게 된다.

따라서 아이가 잘못을 저질렀을 때 놀라서 소리치기보다 먼저 침착함을 유지한다. 그리고 아이가 상대방의 입장에서 생각해보도록 여지를 주어야 한다. 아이의 마음은 단순하고 감정이입도 빨라서 이렇게 하는 것만으로도 충분히 기본 도리를 알려줄 수 있다. 더불어 아이의 자존심까지 보호할 수 있어

일석이조의 방법이기도 하다.

선택지를 제시하고
스스로 판단해보도록 기회를 주자
:

물론 최고의 방법은 잘못된 행동을 하기 전에 미리 기본 도리를 가르쳐 두는 것이다. 평소에 엄마가 아이와 함께 장난감을 빌리는 놀이를 해도 좋다. "이거 내가 잠깐 가지고 놀아도 돼?"처럼 물건 주인이 허락하기 전에 함부로 남의 것을 가져가면 안 된다는 것을 자연스럽게 느끼게 하면 된다.

또한 부모가 직접적인 대화를 통해 아이에게 '진실한 사람이 되라'고 가르쳐도 좋다. 한번은 우연히 마트에 갔다가 다섯 살쯤 돼 보이는 남자아이가 엄마에게 장난감을 사달라고 떼쓰는 모습을 보게 되었다. 자신의 부탁이 거절당하자 아이는 땅바닥에 주저앉아 펑펑 울기 시작했다. 아무리 달래도 막무가내로 굴자 난감해진 엄마는 결국 아이에게 장난감을 사주고 말았다. 그 모습을 또 다른 엄마와 아이가 지켜보며 이런 대화를 나누었다.

"네가 판사가 되어 '판결'을 내려 보렴. 방금 그 아이의 행동이 옳을까, 옳지 않을까?"

"공공장소에서 땅바닥에 주저앉아 큰 소리로 울며 억지를 부리는 것은 잘못된 행동이에요. 하지만 아이의 엄마도 똑같이 잘못한 것 같아요."

 아이의 판결은 뜻밖에 공정했다. 그래서 엄마는 몇 가지 경우를 제시하고 아이 엄마가 어떻게 행동하면 좋을지를 선택하게 했다. 첫 번째는 '한바탕 아이를 때리고 야단친 뒤 억지로 집까지 끌고 가야 한다'였다. 두 번째는 '아이가 울든 말든 일단 신경 쓰지 않고 다른 곳으로 가버린다. 그런 다음 아이가 따라오길 기다렸다가 집에서 제대로 교육한다'이다. 세 번째는 '아이가 원하는 것이면 무엇이든 다 사준다'는 것이었다. 이때 아이는 잠시 고민하더니 셋 중 두 번째 방법이 가장 좋을 것 같다고 대답했다.

 엄마는 여러 질문을 한 뒤에도 아이에게 부모가 돈을 벌어 가족을 부양하는 것은 힘든 일이며, 그러므로 물건을 살 때에도 수입에 맞게 지출해야 한다고 말해주었다. 또한 자신과 다른 사람을 비교해서는 안 된다는 것도 일러주었다. 그렇게 아이와 직접 본 상황에 대해 토론하고 공감하자 아이는 엄마의 가르침을 유쾌하게 받아들였다. 이처럼 현장에서 교육의 기회를 놓치지 않고 아이와 솔직하게 대화하는 것도 도리를 일깨우는 좋은 방법이 된다.

의기소침한 아이에게는
가능성을 심어줘라

'모든 아이에게 고개를 들고 길을 걷게 하라.' 아이라면 누구나 자신과 자신의 미래, 그리고 하고 싶어 하는 일에 대해 자신감을 가지고 있어야 한다는 뜻이다.

어릴 적 대학교수 부부에게 입양된 아이가 있었다. 아이는 소화와 영양 흡수를 방해하는 희귀성 질환을 앓았다. 의사는 부부에게 아이가 고작 6개월밖에 못 살 거라고 말했다. 하지만 다행히 아이는 아홉 살이 될 때까지 병원에 있으면서 가까스로 영양주사를 맞으며 생명을 연장할 수 있었다. 대신 성장 발육이 멈춰 동네 아이들에게 '땅콩'이라는 조롱 섞인 별명을 들어야만 했다.

아이의 야외 활동은 이따금 누나를 따라 스케이트장에 가는 것뿐이었다. 밖에 나오더라도 아이는 왜소한 체구에 코에는 여전히 위까지 연결된 특수 호흡기를 삽입해야 했고, 고무로 된 호흡기의 다른 한쪽은 귀 뒤에 바싹 붙여놓은 상태였다. 움직이기에 꽤나 거추장스러운 모습이어서 아이는 항상 누나가 얼음 위를 질주하는 것을 넋 놓고 바라보기만 했다. 그런 아들에게 하루는 아버지가 말을 걸었다.

"내가 듣기로 너도 스케이트 정도는 타도 된다던데."

아이는 깜짝 놀라며 믿기 어렵다는 듯 자신의 연약한 몸을 내려다보았다. 그리고 곧 들뜬 마음으로 스케이트 타는 것에 도전했고 누구보다 열성적으로 연습했다. 스케이트를 타는 동안에는 마음이 편안했고 다른 사람에게도 전혀 뒤지지 않는 것 같았다. 스케이트장에서 그의 작은 키와 몸무게 따위는 그리 중요하지 않았다.

스케이트에 대한 그의 열정은 뜻밖의 기적을 낳았다. 다음 해 건강검진을 해보니 다시 자라기 시작한 것이다. 비록 또래와 비슷한 키에 도달하는 것은 불가능했지만, 아이는 건강을 회복하고 성취감을 느끼며 자신의 꿈을 실현시켜 나갔다. 더 이상 다른 아이들도 그를 '땅콩'이라 놀리지 않았다. 그로부터 훌쩍 시간이 지나자 사람들은 그를 반갑게 맞아주고 정중하게 사인까지 부탁했다. 성인이 된 그는 바로 올림픽 피겨 스케이트 금메달리스트인 스캇 해밀턴(Scott Hamilton)이었다.

스캇 해밀턴은 자신의 병과 1.59미터의 작은 키에도 굴하지 않고 줄곧 자신감을 갖고 스스로 변화하고 발전하려고 노력했다. 그의 내면에는 누구보다도 강한 신념과 힘이 존재했다. 우리는 그의 도전에서 중요한 가치를 깨달을 수 있다. **몇 가지**

결함 때문에 모든 가능성을 부정하거나 의심해서는 안 된다는 것이다. 비록 지금은 부족해 보일지라도 내면에는 커다란 변화의 힘을 가지고 있다. 그것을 아이가 깨닫도록 부모는 항상 곁에서 도움을 주어야 한다.

작은 성취감으로 움츠린 마음을 열어준다
:

한 아이의 엄마는 내성적이고 소심한 아이 때문에 걱정이 이만저만 아니었다. 하루는 혼자서 교실 한쪽 구석에 움츠리고 앉아있는 아이를 발견한 적도 있었다. 아이는 작은 의자 위에 앉아서 한창 신나게 장난치고 떠드는 다른 아이들을 부러운 눈빛으로 바라보고 있었다. 코끝이 찡해진 엄마는 얼른 교실로 들어가 아이를 꽉 껴안아주며 말했다.
"어째서 아이들과 함께 놀지 않니?"
"엄마, 우리 반에서 제가 제일 바보예요?"
"당연히 아니지. 너도 네 친구들처럼 똑똑하고 사랑스러워."
엄마는 매우 진지하게 대답했다. 하지만 아이는 의심스러운 눈빛으로 엄마를 바라보면서 계속 질문을 던졌다.
"그런데 저는 왜 그림을 잘 못 그려요? 왜 다른 친구들이 저랑 놀지 않죠?"
알고 보니 유치원에서는 모둠으로 그림을 완성하는 과제가 있다고 한다. 각 모둠의 친구들이 함께 과제를 완성하면 가장 멋지게 만든 모둠에게 작은 선물이 주어지곤 했다. 그런데 아이가 그림을 잘 그리지 못해서 항상 그녀가 속한 모둠은 선물을 받지 못했다는 것이다. 그 때문에 친구들도 아이와 같은 모둠이 되지 않으려고 했다. 아이는 갈수록 외로움을 느꼈고 점점 더 소심해진 아이는 이제 모든 일에 자신감을 잃어가고 있었다.

문제의 심각성을 느낀 엄마는 어떻게 하면 아이를 좀 더 활기차고 적극적인 성격으로 바꿀 수 있을지 고민했다. 그녀는 우선 그림을 이용하여 아이의 자신감을 되찾는 일에 착수했다. 엄마는 선생님과 상담하여 수업 시간에 무엇을 그려야 하는지 알아보고 그림을 가르칠 준비를 마쳤다.

"이리 와봐. 엄마가 그림 가르쳐줄게."

"싫어요! 난 재능이 없어요."

아이는 다짜고짜 엄마의 제안을 거절했다. 엄마는 더 이상 아이에게 뭐라고 강요하지 않았다. 다만 옆에서 조용히 혼자 그림을 그리기 시작했다. 그리고 그림이 무척 재미있다는 듯 웃으며 혼잣말로 중얼거렸다.

"이 해님 할아버지는 뭐가 재미있는지 웃고 있네. 어라? 너무 웃어서 울려고 해. 주름도 있어!"

그러자 아이도 궁금했는지 슬며시 엄마 곁으로 다가왔다. 엄마는 넌지시 아이에게 색연필을 건넸다. 그러자 아이는 아무 말도 하지 않고 붉은 색연필로 스윽 색칠하기 시작했다. 색

| 아이의 마음을 움직이는 한마디 |

칠이 끝나자 엄마는 아이의 아빠에게 어떤 그림이 더 나은지 평가를 부탁했다. 이미 엄마의 의도를 파악한 아빠는 아이가 칠한 것이 예쁘다며 칭찬해주었다. 그림으로 처음 칭찬을 받은 아이는 어깨가 으쓱 올라갔다.

그 후 엄마는 여세를 몰아 아이와 매일 그림 시합을 하기로 약속했다. 그리고 엄마와 아이가 그린 그림 중에 제일 잘 그린 그림을 선택해 벽에 걸어두었다. 누가 되든 자신의 그림이 먼저 다섯 장이 걸리면 그 사람이 선물을 받기로 했다. 아이에게 그림에 대한 동기를 부여하자 아이는 점점 그림 그리기에 열정적으로 빠져들었다.

그러다 보니 어느새 아이는 그림 그리기를 좋아했고, 이제는 반에서 제일 잘 그리는 아이가 되어 있었다. 열등감도 사라져 스스로도 자신을 매우 총명한 아이라고 생각했다. 다른 일에도 매사 의욕적이고 활기찬 아이가 된 것은 두말할 나위가 없었다.

긍정적 피드백은 아이의 기를 살려준다
:

교육에 관한 명언 중에 이런 말이 있다.
'모든 아이에게 고개를 들고 길을 걷게 하라.'
아이라면 누구나 자신과 자신의 미래, 그리고 하고 싶어 하는 일에 대해 자신감을 가지고 있어야 한다는 뜻이다. 내 아이가 자신에 대해 정확하게 평가하고 잘못된 생각에서 벗어날 수 있도록 부모의 지도가 반드시 필요하다. 그러려면 부모 자신도 평소에 더 많은 공부를 해야 하며 아이의 일거수일투족을 주의 깊게 관찰해야 한다. 아이가 어려움을 만나서 앞으로 나아가지 못하고 멈춰있을 때 도움의 손길을 주어야 하기 때문이다. 이러한 부모의 작은 노력이 내 아이의 자신감을 살리는 숨결이 되는 것이다.

성에 관한 올바른 지식을
갖도록 교육한다

부모는 아이의 이성 친구를 서로의 정서적 성장과 학습에 도움을 주는 건전한 관계로 만날 수 있게 인정하고 지지해준다.

 아이가 사춘기에 들어서면 '성(性)'에 대한 호기심과 유혹을 느낀다. 그것은 매우 자연스러운 생리적인 현상이다. 이때 형성되는 성 의식은 성인이 되어서도 깊은 영향을 끼친다. 따라서 부모는 정확하고 건전한 지식으로 반드시 아이들의 성교육을 지도해야 한다.

 그러나 몇몇 어른들은 성교육을 말하면 '내 아이는 아직 어리다' '순진해서 모른다'는 핑계로 숨기거나 음란하고 저속한 것으로 받아들여 아예 입을 닫을 때도 있다. 하지만 안타깝게도 그것은 단지 부모의 착각일 뿐이다. 아이들은 우리가 생각하는 것보다 일찍이 성을 받아들일 준비가 되어있다.
요즘 아이들은 온라인과 오프라인 등의 다양한 방법을 통해 부정확한 성 지식을 접하고 있다. 어른으로부터 건강한 성 의식을 배우지 못한 아이들은 남몰래 성을 배우고 불건전한 관념을 자연스럽게 받아들인다. 이러한 불분명하고 부족한 성 의식 때문에 도리어 잘못된 길에 들어서는 경우도 있다.

청소년 성범죄, 어른들의 책임이 더 크다
:

한 소년원에 강간범으로 들어온 아이는 겨우 열다섯 살이었다. 그 아이의 범죄 동기는 매우 단순했다. 어느 날, 아이는 길거리의 한쪽 구석에서 겉표지도 없는 책을 파는 수상쩍은 노점상을 보았다. 노점상 주인은 끝내주는 책이 있다며 아이를 유혹했다. 호기심이 충만했던 아이는 기어이 그 책을 사서 집으로 돌아왔다. 책 속에는 온통 저질스럽고 난잡한 성 묘사들이 가득 차 있었는데 그것을 본 후 아이의 머릿속은 온통 성에 대한 욕구로 사로잡혔다.

그러던 중 하루는 이웃에 사는 여자아이가 물건을 빌리러 왔다. 소년은 여자아이의 아름다운 몸매를 보고 책에서 본 내용을 상상했다. 그리고 이성을 잃어 충동적으로 여자아이를 침실로 끌고 간 것이다. 그렇게 아이의 인생을 바꾼 일은 한 순간에 일어났다.

이 사건의 문제는 비단 아이만의 잘못이라고는 할 수 없다. 아이에 대한 사춘기 교육이나 도덕적 소양에 관한 교육을 소홀히 한 책임이 어른들에게도 있기 때문이다. 학교와 부모의 얕은 교육방식의 문제이자, 아이의 성에 관한 요구를 등한시한 결과인 셈이다. 무조건 성을 차단한다거나 외면하는 것은 아이의 성장발육에 있어 이로울 것이 전혀 없다.

잘못된 성을 접하게 된 아이는 절제하는 법도 배우지 못한다. 그러므로 어렸을 때부터 청소년이 건강한 성에 관해 올바르게 인식하도록 지도하는 것이 매우 중요하다.

성(性), 피하지 말고 똑똑하게 답변하기
:

물론 지금은 학교와 같은 공공기관에서 성교육을 실시하고 있다. 그럼에도 불구하고 심심치 않게 등장하는 청소년의 성범죄를 본다면 어느 한 곳에서의 책임으로만 두어서는 안 된다. 모든 어른들이 마땅히 아이의 성교육 선생님이 되어야 한다.

특히, 부모의 성 관념은 아이들에게 깊은 영향을 준다. 만약 부모가 성을 불결하다고 여겨 아이의 물음에 대충 얼버무리듯 부정확하게 대답하거나 야단을 치면, 아이는 자연스럽게 성을 무척 은밀하고 불결한 것이라고 느낀다. 이와 반대로 부모가 성이란 아름다운 것이며 자연스러운 것이라고 생각한다면, 아이는 성에 대한 올바른 개념을 갖게 된다. 따라서 부모가 먼저 올바른 성에 대해 공부하고 성교육에 대한 정확한 인식을 가져야 한다.

성교육을 시킬 때는 아이들의 성에 대한 각성에 따라 그에 맞는 지식과 도덕을 가르친다. 이때는 반드시 적절한 단어와 때를 선택하여 알려주는 것이 필요하다. 가령 2차 성징이 나타날 무렵에는 몸의 변화에 대해 분명히 설명하면 된다. '몸에 성호르몬이 증가하여 남자아이는 수염이 나고 목소리가 굵어지며, 음경과 고환이 커지고 몽정 등의 생리 변화가 일어난다. 여자아이는 가슴이 나오고 엉덩이가 커지며, 목소리가 가늘어지고 월경을 시작한다.'처럼 아이가 첫 몽정과 월경에 당황하지 않도록 정상적인 생리현상이며 청소년기로 들어가는 통과의례라고 말해준다.

 생물학적 관점에서 보면, 성의 성숙은 아동기가 완전히 끝났음을 상징한다. 그렇다고 성의 성숙이 곧 성행위의 욕구와 연결되는 것은 아니니 미리 염려할 필요는 없다. 청소년이 막 사랑에 눈을 뜨면 각자 정도의 차이는 있겠지만 이성에 대한 호기심과 환상이 풍부해진다. 이것을 단순히 성의 욕구로 간주해서는 안 된다. 그저 청소년의 가치관, 세계관, 인생관의 표현이라 할 수 있다.

 따라서 이때에는 성에 대해 걱정과 부정적인 시각으로 교육해서는 안 된다. 그들에게 올바르게 이성을 대하는 법을 가르쳐 이성에 대한 청소년의 갈망을 순수한 감정으로 승화시키도록 지도해야 한다. 부모는 아이의 이성 친구를 서로의 정서적 성장과 학습에 도움을 주는 건전한 관계로 만날 수 있게 인정하고 지지해준다. 만약 아이가 성적인 행위에 관심을 보인다면 떳떳하게 이야기를 나누며 의견을 교환하여 순화하는 과정을 함께 하자. 이때 부모도 자신의 경험담을 이야기해주면 아이는 성에 대해 좀 더 밝은 인식을 갖게 된다. 또한 스스로 자제하는 능력도 생겨 성범죄를 미연에 방지할 수 있다.

자신이 받은 사랑에 대해
보답하도록 한다

부모에 대한 보답은 결국 타인과 사회에 대한 보답으로 발전하며, 아이가 품위 있는 어른으로 성장하도록 도와준다.

부모의 지나친 사랑은 종종 아이를 망치기도 한다. 늘 아이에게 한없이 원칙 없는 사랑을 퍼붓는다면 아이는 부모의 사랑에 감사함을 느끼지 못한다.

실제로 어떤 젊은 부부는 네 살짜리 아들에게 뭐든지 아낌없이 다 해주었다. 평소에는 무척 검소하게 생활했지만 아이에 대한 투자는 물불을 가리지 않았다. 그러다가 그것이 잘못됐음을 깨닫는 사건이 하나 벌어졌다.

하루는 엄마가 아이를 데리고 외출을 나갔다. 더운 날씨 탓에 아이는 음료를 사달라고 말했고 엄마는 흔쾌히 사주었다. 아이는 음료를 몇 모금 마시더니 이내 별로 먹고 싶지 않다며 엄마에게 넘겨버렸다. 때마침 갈증이 났던 엄마는 아이가 남긴 음료를 마시려고 했다. 그러자 아이가 갑자기 큰소리치며 음료를 밀쳐버렸다.

"이거 내꺼야! 엄마는 마시지 마!"

엄마의 손에서 떨어져 나간 음료는 바닥을 흥건히 적셨다. 엄마는 그 모습을 넋 놓고 보고 있었고 아이는 별일 아니라는 듯 가던 길을 걸었다. 그런 아들의 모습에 엄마는 몹시 섭섭한 마음이 들었다. 그도 그럴 것이 자신을 아껴준 부모에게 이토록 무례한 행동을 하면 어느 부모가 슬프지 않을 수 있을까⋯.

하지만 부모에게는 미안하지만, 이것은 비단 아이만의 잘못이라고는 할 수 없다. 부모의 무조건적인 사랑이 빚은 결과였기 때문이다.

남에게 보답할 줄 아는 아이로 키우기
:

아이에 대한 부모의 사랑은 무조건적이며 어떠한 보답도 바라지 않는다. 그러나 그런 사랑에는 교육성이 결여되어 있다. 그래서 일부 아이들이 부모에게 무관심하고 극단적인 이기심을 보이면서 다른 사람들은 안중에도 없는 이기적인 사람으로 자라게 된다. 따라서 위의 엄마의 사례처럼 아이를 키우지 않으려면 부모의 사랑은 정신적으로나 물질적으로 보답을 받을 필요가 있다. 아이가 보답할 줄 알아야 비로소 부모의 사랑에 긍정적인 의미가 생기는 법이다. 즉, 우리 아이가 사랑스러울수록 분별 있게 말하고 행동하며, 남에게 보답할 줄 아는 아이가 되도록 가르쳐야 한다.

그렇다면 어떻게 부모에게 보답하는 법을 가르쳐줄까?

첫째, 아이에게 수시로 요구하면 된다. 예를 들면 부모가 피곤하면 아이에게 차를 나르게 하고, 아이와 함께 쇼핑을 하러 갔을 때에는 아이가 들 수 있을 만큼의 물건을 책임지도록 하는 것이다. 그러면서 아이에게 부모도 사랑의 보답이 필요하다고 정확히 말해주어야 한다.

둘째, 아이에게 나눔을 가르쳐준다. 아이에게 맛있는 것을 사줄 때면 부모는 종종 "우린 그런 거 별로 안 좋아해."라며 아이 혼자 먹게 놔둔다. 하지만 그럴 때는 "우리도 그거 좋아하는데…."라고 말해서 아이가 부모에게 일부분을 나눠줄 수 있도록 가르쳐야 한다.

셋째, 아이의 보답에 대해 행복하다고 충분히 표현해준다. 아이가 부모의 말과 사소한 행동에 관심을 가진다면 부모로서 무척 기쁠 것이다.

넷째, 아이에게 자기 능력껏 보답하면 된다고 부담 없이 일러주면 된다.

부모에게 베풀 줄 아는 아이
:

궈(郭) 씨는 며칠 전에 친구 집을 방문했다가 친구가 아이와 초콜릿을 두고 실랑이하는 모습을 보았다. 친구는 아이에게 '맛있는 음식은 서로 나눠 먹어야 한다'며 올바른 도리에 대해 설명하면서 '자신에게도 조금 줄 것'을 요구했다. 하지만 아이는 못마땅한 표정으로 나눠주기를 머뭇거렸다. 그러자 친구는 삐지기라도 한 듯 토라지는 시늉을 보였다. 그랬더니 아이는 생각을 바꿔 아빠에게도 초콜릿의 반을 떼어 주었다.

궈 씨는 친구의 행동이 도무지 이해되지 않았다. 그는 평소 초콜릿을 좋아하지 않거니와, 어린아이의 초콜릿을 굳이 뺏어 먹으려는 것이 어른답지 않아 보였다. 더군다나 초콜릿을 다시 살 수 없을 만큼 가난한 친구도 아니었다. 궈 씨는 친구에게 아이의 초콜릿을 뺏어 먹은 이유를 묻자 그는 이렇게 말해주었다.

"네 말대로 난 초콜릿을 좋아하지 않아. 하지만 아이가 어렸을 때부터 자기 것만 챙길 줄 알면 안 된다고 생각해. 아무리 어려도 다른 사람과 함께 나누고 은혜에 보답할 줄도 알아야지."

남의 호의나 은혜에 보답할 줄 아는 마음은 아이의 성장에 상당히 중요하다. 부모에 대한 보답은 결국 타인과 사회에 대한 보답으로 발전하며, 아이가 품위 있는 어른으로 성장하도록 도와준다. 결국 이타적인 아이가 되는 것은 '부모에게 어떻게 베푸느냐'에서 출발한다는 점을 잊어서는 안 된다.

혼자 있는 아이에게
친구를 만들어줘라

아이에게 진실 되게 사람과 어울리는 법을 가르치기 전에 부모가 먼저 어떻게 주변인과 우정을 키워나가는지 보여주자.

요즘 시대에 성공한 사람들에게는 두 가지 중요한 특징이 있다. 그들은 대개 '최고의 인간관계와 최강의 업무능력'을 고루 갖췄다는 사실이다. 우리는 이 모두가 단순히 책에서 배워지는 것이 아니라는 사실을 잘 알고 있다. 사람과 사람이 소통하며 길러지는 유대감과 처세술이 밑바탕이 되어야지만 가능한 일이다. 그러므로 아이의 사교성을 길러주는 것을 결코 가볍게 넘겨서는 안 된다. 또래 친구들 간의 교류는 아이의 건강한 성장과 발전에 빠져서는 안 되는 필수요소이다.

친구와의 갈등, 화해의 방법을 함께 고민해 준다
:
어느 날, 한 아이의 아버지는 아들의 교우관계에 문제가 생겼음을 직감했다. 학교에서 돌아온 아들은 혼자 방에 틀어박혀 밥도 먹지 않고 씩씩거리고만 있었다. 아버지의 긴 설득이 있은 후에야 아이는 겨우 입을 열었다.

"친구가 이유도 없이 갑자기 나한테 주먹을 날렸어요."

아들은 친구에게 맞았다는 것에 배신감과 수치심을 느꼈다고 말했다. 그리고 그때 주먹을 되받아치지 못한 게 생각할수록 화가 난다고 했다. 아버지는 아들이 화난 이유를 충분히 이해할 수 있었다.

"제일 친한 친구가 그랬다니 나도 별로 기분이 좋지 않구나."

자신의 감정에 대해 아버지가 공감을 표하자 아들의 화가 조금 누그러지는 게 보였다. 아버지는 그 순간을 놓치지 않고 진지하게 이야기를 꺼냈다.

"그런데 말이야. 그 친구에게 때린 이유를 물어봤니? 당장 그를 미워하기보다는 왜 그랬는지 물어보렴."

아들은 여전히 고개를 숙인 채 무언가 곰곰이 생각하는 것 같았다. 다음날 오후, 아버지는 아들에게 그 친구와 이야기를 해보았냐고 물었다. 아들은 고개를 저으며 이내 마음속 고민을 털어놓았다.

"맞기는 제가 맞았는데 먼저 말을 걸면 애들이 저를 만만하게 보지 않겠어요? 그럼 앞으로 더 함부로 저를 괴롭힐 것 같아요."

아버지는 잠시 생각하더니 차분하게 아이를 설득했다.

"걔는 네 친구잖니. 네가 그 친구를 이해해주는 거라고 생각하면 안 될까? 네가 먼저 친구를 이해하는데도 정말 너를 더 괴롭힐까?"

아들은 잠시 생각해보더니 가볍게 고개를 저었다.

"그래도 다른 친구들이 널 얕잡아보는 건 싫은 거지? 그러면 좋은 방법이 있어."

아버지는 종이와 펜을 가지고 와서 아들의 등에 대고 뭔가를 쓴 뒤, 그 종이를 편지 봉투에 넣어 아들에게 건넸다.

"이 편지를 가지고 가서 다른 애들 몰래 네 친구에게 전해주렴. 어떠니?"

아들은 흔쾌히 아버지의 뜻에 따랐다. 그날 저녁, 아들은 환한 미소를 지으며 친구와 함께 집으로 돌아왔다. 친구는 아버지의 초대를 받아 손님으로 찾아온 것이었다. 아버지는 아들의 친구를 중요한 손님으로 대하며 화기애애한 분위기 속에 이야기를 나누었다. 그러던 중 그날의 속사정을 친구로부터 듣게 되었다.

"사실 저는 이번 중간고사를 완전히 망쳤어요. 그런데 그날 얘가 다른 친구와 함께 시험이 쉬웠다고 빈정대는 거예요. 그 말을 듣고 홧김에 화풀이한 거였어요. 정말 못난 짓이었어요."

친구는 그날의 일을 아들에게 정중히 사과했다. 아들도 친구의 마음을 살피지 못했던 점에 대해 반성하고 지난 일은 서로 잊기로 약속했다. 아버지가 화해의 장을 마련해준 덕분에 아들과 친구는 예전의 단짝으로 돌아갈 수 있었다.

사실 아이들은 자신의 자존심을 우선시하기 때문에 상황을 다방면으로 파악하고 이해하려는 포용력이 좁다. 따라서 감정적으로 처리하여 교우관계를 악화시키는 경우도 많다. 이럴 때 부모는 아이가 친구들과 잘 지내도록 최대한 격려하고 원만한 해결방법을 제시하며 아이의 사고력과 포용력을 넓혀주어야 한다.

우정으로 싹트는 사교성과 친화력
:

심리학자인 토마스 홀트베른트(Thomas Holtbernd)는 '아이는 친구들과 함께 있어야 비로소 우정을 키워나갈 수 있다. 그렇기 때문에 부모는 아이의 교제를 위해 중간에서 다리를 놓아주어야 한다.'고 조언한다. 아이들은 사람을 사귀는 데에 한계가 있기 때문에 아이가 각종 활동에 참가하여 새로운 흥미를 발견하거나, 광범위하게 흥미를 가질 수 있도록 부모가 도와줘야 한다.

아이의 사교성을 높이려면 또래 아이들이 하는 사회활동에 참가시키면 좀 더 수월하게 우정을 쌓아갈 수 있다. 또한 아이와 함께 개별적인 모임이나 친목 활동 등에 참가해도 좋고, 친척 집이나 친구의 집을 방문하는 것이 좋다. 이웃에 사는 친구를 집으로 초대하는 것도 좋은 방법이다. 이처럼 집에 손님이 찾아온 경우에는, 부모가 아이를 소개시켜주고 서로 잘 지내도록 격려해준다. 아이에게 주인으로서 손님을 대접하는 법도 배우게 하면 타인을 배려하고 존중하는 기본 도리도 자연스럽게 배워나갈 수 있다.

 마지막으로 부모가 반드시 새겨야 할 것은 부모 자신이 그런 사람이 되어야 한다는 점이다. 결국 부모가 자신의 말과 행동을 통해 몸소 아이에게 보여주는 것만큼 훌륭한 교육은 없는 것이다. 아이에게 사람과 어울리는 법을 가르치기 전에 부모가 먼저 어떻게 주변 사람들과 우정을 키워나가는지 보여주자.

아이도 거짓말로
사회생활을 한다

**어떤 식의 거짓말도 '양심 앞에서는 아무런 이익이 없다는 것'
을 알게 되면 아이는 자연스럽게 거짓말을 하지 않는다.**

흔히 부모들은 천진난만하고 순수한 어린아이가 거짓말을 하리라고는 생각하지 않는다. 이런 막연한 믿음 때문에 만약 '아이가 거짓말을 했다는 것'과 '그것에 대해 별다른 죄의식을 느끼지 못하고, 쉽사리 알아차리지 못하게 정교하다'는 사실을 알게 되면 꽤나 괴로워하는 경우가 많다. 우연한 기회에 아들의 거짓말을 알게 된 류차오 부모의 예도 마찬가지였다.

평소 류차오(劉超)는 반에서 소문난 악동으로 선생님의 골칫거리였다. 그러나 불과 한 달 사이에 그는 모든 선생님과 아이들의 동정을 받는 불쌍한 아이로 전락해버렸다. 그 이유는 류차오의 부모님이 이혼을 하여 어머니가 집을 나갔고, 아버지는 항상 늦게 들어오신다는 것이 알려졌기 때문이다. 학부모 모임에도 류차오는 부모님이 그러한 이유로 참석하지 못한다고 통보했던 것이다.

선생님은 류차오를 안타깝게 여겨 이후로도 학부모 모임을 자제하고 그를 특별히 아껴주었다. 그런데 얼마 뒤 그의 말이 전부 거짓말이었다는 것을 알고는 경악을 금치 못했다.

담임선생님이 우연히 학교 교문에서 류차오를 데리러 온 아버지를 만났다. 이런저런 이야기를 나누다가 류차오가 한 달 동안 거짓으로 모두를 속였다는 것을 알게 되었다. 아버지 말에 따르면 그들 부부는 이혼을 하지 않았으며 결코 아내가 집을 나가는 일은 없었다고 한다. 아들은 매일 엄마가 정성스럽게 차려주는 밥을 먹고 학교에 다녔다는 것이다. 그런데도 류차오가 별다른 미안함이나 반성 없이 많은 어른들을 지금껏 감쪽같이 속였다는 사실에 놀라지 않을 수 없었다.

거짓말은 아이들의 잘못된 사회 적응기
:

이러한 거짓말의 사례는 류차오에게만 있는 것이 아니다. 아이의 거짓말은 허술하지만 뜻밖에 지능적일 때도 많다. 초등학교 2학년인 샤오이(小易)는 수학 숙제에 적힌 아빠의 사인을 베껴 결석계를 작성한 적도 있었다. 그리고는 선생님께 "고향에 계신 할머니가 몸이 편찮으셔서 가족들이 모두 그곳에 가야 해요."라고 터무니없는 거짓말을 했다. 하루 종일 인터넷 게임을 실컷 하고 싶다는 이유에서였다. 샤오이의 이런 일상은 아버지가 아이의 성적 문제로 선생님께 상담 전화를 걸기까지 무려 한 달이나 지속되었다.

모 학교 선생님으로 재직 중인 웨이(韋) 선생님은, 학급 반장인 샤오친(小勤)을 다시 보게 된 사건이 있었다고 한다. 그때는 일주일간 병가를 내고 학교로 다시 출근한 날이었다. 건강을 회복한 선생님을 보자 샤오친은 몹시 반가워하며 이렇게 말했었다.

"선생님이 안 계시는 동안 얼마나 보고 싶었는지 몰라요."

웨이 선생님은 샤오친의 말에 무척 감동받았고 그에게 깊은 신뢰를 느꼈다. 그런데 얼마 후 웨이 선생님은 샤오친이 모든 선생님에게 한결같이 "선생님, 정말 보고 싶었어요!"라고 말한다는 것을 알았다. 그리고 우연히 자신의 동생에게 학교생활 노하우를 전하는 것도 듣게 되었다.

"선생님들에게는 이 방법이 최고야. 네가 정말로 선생님을 좋아하지 않아도 돼. 단지 선생님과 사이좋게 지낼 수 있다면 그 정도 거짓말은 해줘야 해!"

웨이 선생님은 이러한 아이의 행동을 '거짓 성숙, 거짓 사회화'라고 소개했다. '착한 아이'들이 매우 '총명하게' 일반 사회의 관습을 자신의 생활(학교)에 활용하는 경우이다. 그들의 거짓말은 상당히 '진실 되게 보이고' 흔적이 남지 않아서 질책을 받는 경우가 드물다. 또한 그들은 항상 선생님의 '총애'를 받기 때문에 설령 '자신의 말과 생각이 다르다'는 사실이 들켜도 선생님이 크게 개의치 않는다는 것을 파악하고 있다. 어찌 보면 영악하게 사회에 적응하는 것처럼 보이지만 실제로 이런 결점 때문에 요행을 바라고 임기응변만 늘게 될 가능성이 높다. 그것이 결코 바람직한 성장이라고는 할 수 없다. 따라서 어떤 경우라도 아이의 거짓말을 용납해서는 안 된다.

거짓말로 아이의 진심을 들여다보기
:

일반적으로 아이는 다음 몇 가지 경우에 거짓말을 한다.

(1) 무의식적으로 어른을 모방한 경우

(2) 일부러 어른을 속이기 위해서

(3) 꾸중이나 벌을 피하기 위해서

(4) 어른을 기쁘게 해주고 싶어서

(5) 간절히 원했던 일을 이미 일어난 일처럼 말할 때

아이의 거짓말은 아마 아이의 진심을 다르게 표현하는 방식일지도 모른다. 하지만 좀 더 옳은 방법을 배우기 위해 거짓말하는 습관은 처음부터 고칠 필요가 있다. 위에서처럼 아이가 거짓말을 할 때 아래의 방법을 선택하면 된다.

우선 좋은 말로 아이를 타이르자. 잠자고 싶지 않거나 원치 않는 일을 시키면 아이는 종종 거짓말로 그 상황을 벗어나려고 한다. 이때 부모는 아이에게 '거짓말은 나쁜 행동이며 다시

는 그런 행동은 하지 마라고 경고'한다. 그리고 동시에 '왜 그래야만 하는지 올바른 도리도 설명'해준다. 예컨대 TV를 더 보려고 핑계를 대면, "잠을 자지 않으면 내일 졸려서 친구와 신나게 놀 수 없어"라고 말하는 것이다. 이때 동화내용이나 또래 친구들의 예를 들어 설명해주면 더욱 효과적이다.

또 하나의 방법은 문제점을 분석하고 구체적 상황에 맞게 해결방법을 마련하는 것이다. 아이가 '무엇 때문에 거짓말을 하는지 그 이유를 찾은 다음 해결책을 제시'하면 된다. 만약에 아이가 잘못을 했더라도 정직하게 말을 하면 이 부분을 확실히 칭찬해주어야 한다.

거짓말을 고백한 아이에게 칭찬을 곁들이는 것은 이를 고치는데 매우 중요한 포인트이다. 오히려 아이가 잘못했다고 심하게 야단을 치고 벌을 주면 아이는 그 후로도 더 큰 거짓말로 자신을 보호하려 든다. 그러므로 아이와 허심탄회하게 이야기하고 아이의 거짓말을 멈추게 하기 위해서는 서로 간의 신뢰관계를 세워야 한다. 이를 통해 아이는 거짓말을 하지 않아도 부모가 나의 이야기를 들어준다는 믿음을 갖고 올바른 길로 나아간다.

그러나 이 모든 방법보다 우선시 되어야 하는 것은 부모 자신도 '거짓말을 하고 있지 않나' 돌이켜보는 것이다. 아이는 부모의 거울이라고 하지 않던가. 아주 사소한 경우라도 아이 보는 앞에서 거짓으로 상황을 모면한 적이 있다면 깊이 반성하고 아이에게 합리적으로 해명해야 한다. 어떤 식의 거짓말도 '양심 앞에서는 아무런 이익이 없다는 것'을 알게 되면 아이는 자연스럽게 거짓말을 하지 않는다.

이유 없이 학교와 공부를 거부하지 않는다

존중, 이해, 관심을 주제로 아이와 많이 소통하고, 이겨내는 과정의 소중함을 설명하는 것도 중요하다.

학교와 공부에 싫증을 느끼는 가장 흔한 원인은 학업 스트레스이다. 일부 아이들은 목적이 분명하지 않은 공부에 금방 싫증을 느낀다. 이 시기 아이들이 일반적으로 관심을 갖기 시작하는 인생의 고민은 '나는 무엇 때문에 공부하는가? 앞으로 어떠한 사람이 되려고 하는가?'이다. 이런 질문에 대해 부모들은 공부 외에는 전혀 신경 쓸 필요가 없다는 식으로 아이에게 공감이 될 만한 답을 제시하지 못한다. 그래서 아이들은 자기 스스로 열심히 공부해야겠다는 의지와 목표를 찾지 못한다.

또 한편으로는 부모가 아이를 지나치게 보호하는 경우에도 공부에 싫증을 느낄 수 있다. 사사건건 아이를 보호하려들면 아이는 힘든 시련을 겪고 단련할 기회조차 얻지 못하고 자신감도 잃어버리기 쉽다. 자신감이 결여된 아이는 스스로를 보호하지 못할 뿐만 아니라 단체생활에서도 자기의 자리를 찾지 못한다. 그래서 학교 다니는 것이 두렵고 공부가 싫어질 수 있다.

이런 시기에는 아이에게 좀 더 긍정적인 평가를 해주는 것이 중요하다. 이렇게 아이가 자신감을 갖도록 도와주는 일은 학습에 대한 싫증을 극복하는 열쇠가 된다.

이유 있는 아이의 싫증, 원인을 파악하는 것이 먼저다
:

초등학교 3학년생의 사연이다. 아이는 원래 매우 발랄하고 친절한 성격이었다. 그런데 3학년에 올라가자마자 사소한 문제를 일으켰다. 개학 이후 예전과 다르게 학교에 가는 것을 몹시 싫어하기 시작한 것이다.

등교문제로 아침마다 부모는 전쟁을 치르는 것 같았다. 학교에 보내기 위해 갖가지 방법으로 설득하고 위로했다. 그런데도 아이는 학교 얘기만 나오면 한순간에 난폭해져서 부모의 혼을 빼놓기 일쑤였다. 그러나 학교에 가지 않는 주말에는 짜증이나 이상행동이 감쪽같이 사라져 예전 같이 사랑스러운 소녀로 변했다. 이토록 감정변화가 날이 갈수록 심해지는 딸을 지켜보던 부모는 결국 병원에 도움을 청할 수밖에 없었.

한 아동병원의 정신과를 찾은 아이와 부모는 의사와 상담을 시작했다. 의외로 아이는 의사선생님 앞에서 전혀 주눅 들지 않고 편하게 웃고 떠들며 이야기했다. 아이는 의사에게 모든 사실을 털어놓았다. 그동안 아이가 학교에 가지 않으려 한 이유는 담임선생님이 무서웠기 때문이었다.

어릴 때부터 온 가족의 사랑을 독차지하며 자유롭게 커온 아이는 단체생활과 선생님의 지시에 따를 마음의 준비가 제대로 되어 있지 않았다. 그런 상태로 초등학교에 입학하여 비교적 엄격하고 제약이 많은 환경에 처하다 보니 남보다 쉽게 적응하지 못했던 것이다. 그나마 1, 2학년 때는 견딜 만했는데 3학년에 올라가 새로운 담임선생님을 만나면서 문제가 발생했다.

이번 담임선생님은 나이도 많고 무척 꼼꼼하고 엄격해서 자신의 질문에 정확하게 대답하지 못하면 혼을 많이 냈다. 아이는 그것이 몹시 두려워 선생님을 무섭게 느꼈고, 심지어 학교 건물만 봐도 겁이 나서 들어가고 싶지 않았던 것이다. 상황이 이렇다 보니 아이의 두려움을 극복하는 데 누구보다 담임선생님의 도움이 절실했다.

의사는 곧장 담임선생님에게 연락해 아이의 치료를 도와달라고 부탁했다. 담임선생님도 사정을 알고 나서는 아이에 대한 교육방식과 태도를 바꾸어나갔다. 선생님은 평소보다 더 많이 아이에게 관심을 쏟았고, 그녀가 자신감을 갖도록 반장으로 임명해 대표의 역할을 맡게 했다. 그렇게 한 달여의 시간이 지나자 아이는 다시 예전의 밝고 활기찬 모습으로 돌아왔고, 학교도 제일 먼저 등교하는 학생이 되었다.

믿음으로 아이의 마음에 '용기' 심어주기
:

부모는 아이에게 먼저 심리적인 안정을 주도록 노력해야 한다. '다른 사람이 할 수 있으면, 나도 할 수 있다'는 신념을 아이에게 심어주고, 현재 자신에게 닥친 어려움을 끊임없이 극복하는 힘과 용기를 이끌어내야 한다. 그러기 위해서 다음 방법들을 충분히 활용하는 것이 좋다.

첫째, 아이가 스스로를 격려하도록 아이를 격려해주자. 우선 아이가 자신을 격려할 수 있는 나름의 목표를 세우도록 도와준다. 그런 다음 항상 자신에게 "난 반드시 해낼 수 있어"라는 식의 자기암시를 하게끔 한다. 만약 아이 스스로 자신을 격려하고 동기를 부여할 수 있다면 학업에 대한 두려움이나 실패를 피할 수 있다.

둘째, 아이가 소극적인 감정에서 벗어날 수 있도록 해주자. 아이가 학교의 생활환경을 두려워한다면, 원인을 파악하고 지혜롭게 해결책을 제시하는 것이 좋다. 좀 더 세심하게 관심과 격려, 지도, 단련 등을 도와주고, 아이가 대범하고 용감한 사람으로 성장할 수 있음을 확신시켜 준다. 이러한 믿음이 계속되면 아이도 스스로를 그런 사람으로 인식하고 두려움과 나약함을 극복하게 된다. 이런 교육과정은 빠르면 빠를수록 좋다.

셋째, **적절한 좌절을 겪는 것도 아이에게는 좋은 교육이다.** 요즘 아이들은 대부분 외동아이여서 부모의 사랑을 한 몸에 받으며 자란다. 그렇기 때문에 혼자 좌절에 부딪칠 기회가 적어 어려움을 만나면 자포자기하기 쉽다. 그러므로 부모가 미리 어느 정도 아이에게 좌절을 경험하게 하고 그것을 이겨내는 능력을 키워줘야 한다.

또한 존중, 이해, 관심을 주제로 아이와 많이 소통하고, 이겨내는 과정의 소중함을 설명하는 것도 중요하다. 모든 배우는 과정에는 어려움이 존재하고 이를 피해갈 수도 없다. 하지만 '포기하지 않고 극복하려 노력한다면 반드시 한 단계 발전한다'는 진실을 아이가 깨우치도록 알려주자.

아이의 비교습관을
달리 지적하라

아이가 물질적인 것만 보고 판단하지 않고 그 이면까지 생각할 수 있도록 사고의 영역을 넓혀주어야 한다.

 비교심리는 아이에게서 흔히 보이는 현상이다. 아이는 어른보다 합리적인 사고와 자제력이 부족하여 더 많이 비교하고 표현도 직설적이다. 또한 비교의 대상도 확연히 차이가 있다. 전에는 고작 군것질거리, 학용품, 성적이 주된 비교 대상이었다면 요즘은 누가 용돈이 많고, 누구의 집이 잘 사는지, 부모의 직업은 무엇인지 등의 가정환경이 주된 화두라고 한다.
 비록 대상이 무엇이건 간에 남과 비교하는 심리와 행위는 바람직하지 않다.
 그렇다면 이러한 아이의 버릇은 어떻게 지도해야 바람직할까?

비교하는 버릇을 다른 비교로 고친다

:

 아이들에게는 종종 제약이 필요하다. 아이는 자신이 누리는 모든 것이 남보다 앞서길 바라며 최상의 것을 탐낸다. 그러한 심리와 행동이 즉흥적이고 감정적이라서 잠시 이성적 판단을 흐리게 한다. 그럴 때는 일정한 조건의 제약으로 아이에게 모든 욕구를 만족시킬 수 없다는 사실을 인지시켜야 한다. 그래서 부모는 아이의 비교 방향을 위에서 아래로 조정할 필요가 있다. 이러한 것을 '하향비교'라고 한다.

 하향비교는 속도나 통제가 느리다. 따라서 무조건 아이를 꾸짖거나 강제로 따르게 할 수 없다. 그러므로 다음 두 가지 원칙을 반드시 지켜야 한다.

 하나의 원칙은 아이가 자주 비교하는 물품을 가지고 비교하는 것이다. 예를 들어 아이가 다른 사람이 가진 장난감을 원한다면, 부모도 다른 장난감으로 비교하여 아이에게 명확한 판단지점을 알려주는 것이다. 가령, "네가 가진 장난감을 다른 사람이 모두 가지고 있지 않듯 다른 사람이 가진 장난감도 우리에게 없을 수 있어."라고 이야기한다. 이때 아이의 주변 친구와 비교하면 아이는 좀 더 쉽게 이해하고 받아들이게 된다. 그러나 주의해야 할 점은 부모 세대의 어린 시절과 비교하면 아이의 공감을 불러일으킬 수 없다. 그러므로 부모 자신의 어린 시절과 빗대어 설득하는 일은 없어야 한다.

또 하나의 원칙은 비교 포인트를 바꾸는 방법이다. 한 어머니는 선생님께 전화를 걸어 이러한 고민을 털어놓았다.

"저희 딸은 남과 비교를 잘하는 편입니다. 친구들의 옷차림이나 액세서리뿐만 아니라 친구 아버지의 고급 차까지 부러워합니다. 아이가 매번 이런 이야기를 할 때마다 뭐라 대답해야 할지 무척 곤란해요. 아이에게 왠지 미안하기도 하고, 걱정입니다."

이 어머니는 아이의 이런 비교가 적절하지 못하다는 것을 충분히 알고 있다. 선생님은 엄마의 고충을 듣고 난 후에 다음과 같은 말로 딸을 지도하라고 제안했다.

"너는 네 아버지가 얼마나 많이 고생하고 힘들게 노력해서 성공했는지 아니? 만약 열심히 공부하고 노력하지 않았다면 절대 불가능했을 거야."

아이가 물질적인 것만 보지 않고 그 이면까지 생각할 수 있도록 사고의 영역을 넓혀주라는 것이다. 이렇게 집에서 엄마가 아이를 지도하는 동안 선생님도 학교에서 따로 아이들을 지도하기로 했다. 우선 선생님은 모범생이나 반장선발, 칭찬, 실기대회 등 학급 일을 할 때 '외모'나 '옷'으로 학생을 가리지 않았다. 유난히 외모를 지향하는 아이에게는 웃어주지도 않고 학급 활동에서 제외시키기도 했다. 그러면서 선생님과 친하게 지내려면 도덕을 지키고 친구들을 존중하는 마음, 편견을 버려야 한다는 사실을 아이들에게 인식시켜 주었다. 더불어 그와 관련된 주제로 학급 회의도 열고, 주변의 대표적인 사람과 사례를 통해 여론을 이끌어나갔다.

비교 포인트의 전환, 아이의 호기심을 자극한다
:

실제로 비교 포인트의 전환으로 긍정적인 효과를 얻은 아버지가 있다. 초등학교 4학년 아들을 둔 아버지는 새 장난감 차를 사달라는 아이와 진솔한 대화를 나눴다. 아이는 친구의 비싼 장난감 자동차가 성능이 좋아서 자신이 매번 자동차 경주에서 진다고 투덜거렸다. 그러고는 자기도 친구를 이기고 싶다며 비싼 고급 장난감 차를 사달라고 졸랐다. 아빠는 아이의 말을 주의 깊게 듣고 이렇게 말했다.

"네가 그렇게 자동차에 열광하니까 아빠도 차 내부가 어떤지 궁금해지는걸."

그러면서 아빠는 조심스럽게 장난감 자동차를 분해해보았다. 아이는 아빠의 행동을 유심히 살피며 자신도 차츰 자동차 구조에 호기심을 가지기 시작했다. 수시로 관련 자료를 찾아보거나 직접 새 차도 조립하고 싶어 했다. 얼마 후 아빠는 아들이 교내 경주용 모형 비행기 동아리에 가입하여 활동할 수 있도록 적극 지지해주었다.

여기서 아빠는 매우 번뜩이는 기지로 아이의 비교습관을 고치게 했다. 아이가 자동차의 화려한 외관이나 가격을 비교하며 값비싼 차에 관심을 보일 때, 아빠는 아들이 얼마나 자동차에 관심이 많은지를 눈여겨본 것이다.

이런 방법으로 아이의 비교 행위를 바꾸려면 적절한 결합점을 찾을 필요가 있다. 즉, 아이가 흥미를 보이는 아이템을 파악하고 다른 시각으로 바라보게 유도하는 것이다. 그래야 아이의 비교 행위를 관찰력과 탐구심을 기르는 좋은 습관으로 바꿀 수 있다.

규칙을 무시하는 아이에게는
스토리텔링으로 전달한다

"네 글자도 한번 보렴. 가시가 잔뜩 있는데 뱉지도 않고 계속 음식만 넣고 있잖아. 그럼 네 글자들이 목에 걸리지 않겠니? 한 번 봐봐." 엄마의 말에 그제야 아이는 자신이 쓴 글씨를 유심히 살펴보았다.

 말을 잘 듣지 않고 말썽을 피우는 아이는 자기 주관이 뚜렷하고 사물에 대한 분석력이 매우 강하다. 이런 아이에게 단순히 훈계만 하면 자칫 뻔한 설교가 되어 반항심만 커지게 된다. 그럴 때는 잘못된 행동을 직접 비난하기보다 예를 들어 비유적으로 설명해야 한다. 가령 사물을 의인화한다던가, 행위에 대해 의미를 부여해 아이와 일종의 '심리 게임'을 벌이는 것이다.

 이같이 부모가 함축적이고 간접적인 방법으로 아이의 심리와 행동을 지도해주면, 아이 스스로 잘못을 인식하고 바로 잡을 수 있다. 또한 아이의 자존심이나 독립심을 건드리지 않아 부모와 대립하는 상황도 피해서 좋다. 이런 방법은 특히 공개적인 상황에서의 직접적인 교육보다 더 큰 효과가 있다. 따라서 아래의 몇 가지를 사례를 참고하여, 각 부모만의 현명하고 지혜로운 방법을 찾아보도록 하자.

아이가 이해하기 쉬운 방식으로 소통한다
:

첫 번째 사례는 양치질을 거부하는 아이의 이야기이다. 평소 양치질을 시킬 때마다 힘이 들었던 엄마는 어느 날 아이에게 한 가지 제의를 했다.

"우리 시합하자. 누가 먼저 세수하고 양치질을 끝내는지 말이야."

하지만 아이는 씻는 것에 전혀 흥미를 보이지 않았다. 엄마의 예상대로 처음에 아이는 "난 시합하기 싫어!"라며 새침하게 말했다. 그러자 엄마는 또다시 이렇게 이야기했다.

"엄마는 네가 왜 시합하기 싫은지 알지!"

그제야 아이는 TV 소리를 줄이더니 슬그머니 엄마의 말에 관심을 갖기 시작했다. 엄마는 그것을 눈치채고는 계속해서 말했다.

"네가 지는 게 싫어서 그러지? 하긴 엄마도 지는 건 싫어. 네가 시합하지 않으면 엄마가 무조건 이기는 거네."

그러자 아이는 갑자기 벌떡 일어나 욕실의 슬리퍼를 주섬주섬 신었다. 신이 난 엄마는 더욱더 활기차게 이야기하며 아이의 승부욕을 자극했다.

"사실 엄마는 정말 너랑 시합하는 게 두려워. 너랑 시합 안 하는 것이 훨씬 좋아."

그런데 이 말이 끝나기도 전에 아이는 이미 양치질을 하기 시작했고, 양치가 끝난 후에는 노래를 흥얼거리며 욕실을 나왔다. 이때까지도 엄마는 아이가 승리의 기쁨을 만끽하도록 계속해서 말을 걸었다.

"거봐. 그렇게 동작이 빠르니 엄마가 무슨 수로 이기겠니? 아직 불 끄면 안 돼. 그러면 엄마가 완전히 지는 거니까!"

아이는 곧바로 '툭' 하는 소리와 함께 방의 불을 껐다.

엄마는 아이의 지기 싫어하는 천성을 잘 활용해 자기 전 양치하는 규칙을 지키도록 유도했다. 이 방법에는 경쟁에서 이겼다는 성취감까지 함께 만들어줘 아이의 자긍심도 높여주었다. 우리도 그녀처럼 아이가 눈치채지 못하게 조금씩 양보하면서 지시를 따르도록 해보자. 더불어 아이의 노력에 승리의 경험을 주면 아이는 신이 나서 다음에도 부모의 지시를 받아들일 것이다.

두 번째는 건성으로 일을 처리하는 아이의 경우이다. 이 아이는 엄청 빠른 속도로 숙제를 끝내지만 정작 그것을 살펴보면 글자가 엉망진창이라 알아보기 힘들었다. 부모가 자세히 보니 아이는 틀린 글자를 썼을 때 제대로 지우지 않고 연필로 획수를 추가하거나 글자를 늘렸다. 또 반듯하지 못한 글자 위에는 다시 반듯하게 글자를 겹쳐 썼다. 엄마는 딸의 문제를 고치기 위해 직접적으로 야단치지 않고 넌지시 돌려 말했다.

"밥을 먹는데 입안에 있는 음식에 가시가 있으면 너는 어떻게 할래?"

아이는 곧바로 "뱉어버릴 거예요!"라고 대답했다. 엄마는 또 "왜 뱉을 거야? 입안에 다른 음식을 더 넣지 않고?"라고 이상한 질문을 했다. 그러자 아이는 엄마를 빤히 쳐다보며 말했.

"그게 말이 돼요?! 가시를 뱉지도 않고 다른 걸 더 집어넣으면 분명 가시가 목구멍에 걸리고 말 거예요!"

"잘 알고 있네. 그럼 네 글자도 한번 보렴. 가시가 잔뜩 있는데 제대로 뱉지도 않고 새로운 음식만 넣어주고 있잖아. 그럼 네 글자들이 목에 걸리지 않겠니? 한 번 봐봐."

엄마의 말에 그제야 아이는 자신이 쓴 글씨를 살펴보았다. 그리고는 잘못을 깨닫고 틀리게 쓴 부분이나 반듯하지 못한 글자를 지워 다시 단정하게 글씨를 써 내려갔다.

엄마는 아이가 이해할 수 있는 인지능력의 범위 안에서 약간의 암시를 줌으로써 상황을 이해시켰다. 이처럼 아이가 충분히 납득 가능한 상황을 비유하여 잘못을 지적하고 강조하면 이상적인 지도 효과를 기대할 수 있다. 특히 이 방법은 아이에게 조금은 복잡한 도리를 이해시키는 데에 탁월하다.

아이의 자아 가치를
함부로 깎지 마라

아이를 폄하하는 일이 반복되다 보면 제아무리 강직한 아이라도 진취성과 자존심을 잃어버리게 된다.

어느 날 오후, 수업을 마친 아이는 혼자 숲속으로 놀러 갔다. 한창 정신없이 노느라 아이는 숲이 금방 어두워진다는 사실을 까맣게 잊고 있었다. 이미 숲에는 어둠이 찾아왔고 겁에 질린 아이는 오도 가도 못하는 신세가 되고 말았다. 아이는 혹시라도 산짐승의 습격을 받을까 봐 일단 커다란 나무 위로 올라가 몸을 숨겼다.

한편, 아들이 늦게까지 집에 돌아오지 않자 걱정이 된 아버지는 아들을 찾아 나섰다. 아이의 등하굣길을 따라 걷다가, 숲에서 희미한 별빛에 의지해 나무 위에 숨어있는 아들을 겨우 발견할 수 있었다. 그러나 아버지는 곧바로 아들을 부르며 나무에서 내려오라고 하지 않았다. 대신 아직 아들을 발견하지 못한 것처럼 일부러 휘파람을 불며 그 근처를 서성거렸다. 그러자 아버지의 휘파람 소리를 들은 아들은 구세주라도 만난 것처럼 반가워 얼른 나무 위에서 내려왔다. 그리고 놀란 표정으로 물었다.

"아빠, 제가 여기 있는 걸 어떻게 아셨어요?"

그때 아버지는 이렇게 대답했다.

"난 그냥 산책하고 있었어. 여기서 널 만나게 될 줄은 몰랐구나."

아버지가 그렇게 행동한 이유는, 바로 아들의 '자존심'을 지켜주기 위해서였다.

아이에게 자존심과 자신감은 성장의 밑거름이다. '나무는 뿌리가 상할 것을 두려워하고, 사람은 마음이 다칠 것을 두려워한다.'는 말이 있듯이 자존심과 자신감은 아이의 뿌리인 셈이다. 따라서 아이의 자존심과 자신감만큼은 부모가 반드시 보호하고 존중해주어야 한다.

어떤 상황에서도 우선시할 것은 '아이의 자존심과 자신감에 상처를 입히지 않는가?' 고민하는 것이다. 비록 어린아이라고 할지라도 아이를 비난하고 무시하는 행위는 가장 어리석은 짓이다. 사실 아이들에게 있어 자존심과 자신감은 그들의 전부이기 때문이다.

가치를 인정받지 못하면
아이는 진취성과 자존심을 잃어버린다

여섯 살의 샤오동(小東)은 엄마에게 자존심이 상해 마음을 닫은 아이였다. 그것은 매우 사소한 계기에서 시작됐다. 하루는 엄마와 쇼핑을 다녀온 샤오동이 구매한 주방용품을 하나둘 씩 옮겨다 놓았다. 하지만 엄마는 아슬아슬하게 유리병을 옮기는 샤오동이 무척 걱정되어 한마디 했다.

"얘야, 그건 한꺼번에 들고 가면 안 돼. 그러다 깨질라."

하지만 샤오동은 자신만만하게 말했다.

"괜찮아요. 지난번에도 이 정도는 들었어요."

샤오동은 엄마의 충고를 듣지 않고 그대로 유리병을 들고 주방으로 걸어갔다. 그러다가 그만 유리병을 손에서 놓치고 말았다. 새로 산 유리병은 산산조각이 났고 거실은 순식간에 유리 파편으로 엉망이 되었다.

"도대체 왜 엄마 말을 듣지 않니! 이것 좀 봐. 완전 엉망이 되어버렸잖아."

엄마는 화가 머리끝까지 났다. 깨진 유리병을 치우며 쉬지 않고 샤오동을 나무랐다. 가뜩이나 부끄럽고 미안했던 샤오동은 거듭되는 엄마의 질타에 자신도 화가 났다. 그 후로 샤오동은 다시는 엄마의 일을 거들지 않았고 엄마와의 관계도 점차 멀어졌다.

샤오동과 같은 시기의 아이들은 자존감이 굉장히 강한 때이다. 그래서 자신의 판단을 믿고 행동하려는 성향이 높고 그만큼 시행착오도 많다. 이러한 과정을 겪으며 아이는 차츰차츰 실수를 줄여간다. 이때 아이가 실수하면 야단치고 무안하게 만들기보다 더 격려해서 스스로 깨닫게 하는 것이 현명하다. 그런데 샤오동의 엄마처럼 한다면, 아이는 다른 사람의 의견을 받아들이는 습관을 들이지 못하고 앞으로 어떠한 일이든 스스로 결정하지 못한다.

어떤 부모들은 아이들이 일을 잘 해내지 못하면 종종 '왜 그렇게 바보 같니!'라고 핀잔을 주거나 놀리기도 한다. 가령, 시험 성적이 나쁘면 '정말 한심하다!'라고 무시하고, 남 앞에서 작은 실수라도 하면 '어쩜 그렇게 부모 망신을 시키니?'라고 원망한다. 어떤 부모들은 별 이유도 없이 자기 마음이 언짢다고 아이를 혼내기도 한다. 이렇게 아이를 폄하하는 일이 반복되다 보면 제아무리 강직한 아이라도 진취성과 자존심을 잃어버리게 된다.

우기는 아이의 감정을
먼저 읽어라

"네가 이기고 싶은 만큼 다른 친구들도 이기고 싶을 거야. 만약에 친구들이 질 때마다 너에게 '이건 안 한 셈 치고 다시 해!'라며 우기고, 네가 이기는 걸 방해한다면 누가 그런 친구랑 놀고 싶겠어?"

어릴 때부터 영리해서 무엇이든 배우기를 좋아하는 여자아이가 있었다. 그녀는 학교에서 열리는 각종 대회마다 참가해 여러 번 우승을 차지했다. 그런 까닭에 선생님과 친구들 사이에서도 인기가 무척 많았고, 부모 역시 딸을 무척 자랑스러워했다.

그러던 어느 날 저녁이었다. 숙제를 끝낸 딸이 부모에게 콩 던지기 게임을 하자고 제안했다. 게임 규칙은 매우 간단했다. 콩 하나를 일정한 위치에 놓아둔 뒤에 한 사람당 10개의 콩을 던져서 누가 더 많이 맞추는지를 겨루는 게임이었다. 딸은 "생각보다 쉽지 않겠네요!" 하더니 제일 먼저 콩을 던졌다. 그 결과 10개의 콩 중 단지 2개가 맞았다.

이어서 엄마와 아빠는 각각 5개와 6개씩 콩을 맞췄다. 그러자 아이는 결과에 승복하지 않고 다시 한 판 더 하자고 우겼다. 두 번째 도전에서 딸은 10개 중 4개를 맞췄다. 하지만 엄마 아빠는 또다시 아이보다 더 많이 맞춰 게임에서 승리했다. 그러자 딸이 화가 나서 소리쳤다.

"다시 해요, 다시 하자고요! 엄마 아빠에게 지다니! 도저히 믿을 수 없어요!"

하지만 세 번째 도전에서도 딸은 최선을 다했지만 또 꼴찌를 하고 말았다. 게임에서 이긴 아빠가 "이겼다! 이겼어!" 하며 두 손을 번쩍 들고 환호했다. 그러자 딸은 표정이 완전히 일그러지더니 급기야 눈물을 흘리기 시작했다.

"안 해! 이건 속임수야. 엄마 아빠랑 다시는 같이 안 놀 거야!"

딸은 격한 반응을 보이더니 자기 방으로 들어가 문을 쾅 닫아버렸다. 엄마와 아빠는 그제야 사태의 심각성을 깨달았다. 자신들의 자랑거리였던 딸은 그동안 온갖 칭찬 때문에 우쭐해서 버릇이 없어졌고, 지는 것을 참지 못했다.

이렇게 된 데에는 부모의 잘못도 있었다. 어렸을 때부터 아이의 부모는 딸의 흥미를 불러일으키기 위해서 일부러 게임을 져준 적이 많았다고 한다. 이처럼 불공평한 게임에 익숙해져 버린 아이는 승리만 받아들이고 패배를 참지 못하게 된 것이다. 그리하여 좌절을 어떻게 받아들여야 할지 모르는 아이가 되어버렸다.

이 부부는 아이를 어떻게 지도해야 좋을지 몰라 전전긍긍했다. 그래서 다음과 같이 상담을 요청했다.

"승부에 집착하고 패배를 인정하지 않는 아이는 어떻게 해야 하나요?"

표현이 서투른 아이는 경청과 이해로 다독인다
:

그 또래 아이들은 자기중심적 단계에 있어 승부욕이 강하고 자기 위주의 편향적인 사고를 갖는다. 이때의 교육이 중요한 것은 바로 이러한 이기적이고 개인적인 성향을 잘 다듬어 이타성을 기르는 길목에 있기 때문이다. 아이의 사회화 과정 중에는 아이 스스로 알아서 헤쳐나가는 일도 있지만 이것처럼 부모나 주위 어른들이 올바로 지도해야 하는 일도 있다. 이때의 아이들을 대할 때에는 다음과 같은 일정한 방법이 있다.

원래 아이들은 능력에 한계가 있고 좌절을 견뎌내는 힘이 부족하다. 그래서 원하지 않는 일이 발생하면 종종 남의 탓으로 잘못을 돌린다. 그 순간이 찾아오면 부모가 아이의 감정정리를 도와주는 것이 필요하다.

우선 부모는 아이의 말을 경청하고 아이가 느낄 감정을 충분히 이해해준다. "게임에서 이기면 기쁘고 자랑스럽지. 그래서 항상 이기고 싶은 걸 거야. 사실 엄마도 이기는 게 좋거든." 그런 다음 타이르듯 "하지만 네가 이기고 싶은 만큼 다른 친구들도 이기고 싶을 거야. 너만큼 그들도 이기는 기쁨이 필요해. 그런데 만약에 친구들이 질 때마다 너에게 '이건 안 한 셈 치고 다시 해!'라며 우기고, 네가 이기는 걸 방해한다면 너 역시 화가 나지 않겠어? 누가 그런 친구랑 놀고 싶겠어?"라고 말해 준다. 이런 방식으로 아이와 소통하면서 아이 스스로 무엇을 잘못했는지 반성할 기회를 주면 된다. 입장을 바꿔 생각하는 방법으로 아이의 문제를 처리하면, 아이가 자신의 잘못을 비교적 수월하게 깨달을 수 있다.

사람은 누구나 동료와 크고 작은 갈등을 겪으면서 경험을 쌓고 '타인과 어울려 지내는 법'을 배우게 된다. 그렇기 때문에 친구들과의 경쟁은 문제가 안 되지만 부모가 아이의 승리와 성공만을 강조하는 것은 문제가 된다. 아이가 지기 싫어하며 억지를 부린다고 불평할 때, 부모는 아이의 승리와 성공만 격려하고 '실패에 대한 경험에는 소홀히 했는지' 되돌아보아야 한다.

아이의 실패를 인정하고 격려할 때도 배우는 것이 많다. 실패는 인간의 부족함을 보여주는 것이기도 하지만 '겸손과 순종'을 배우게도 한다. 만약 아이가 실패의 진정한 의미를 깨달을 수 있다면 자신의 감정을 다스릴 수 있고, 좌절을 받아들이는 능력도 자연히 자라게 된다.

아이에게
책임감을 심어준다

"하지만 전 고작 열한 살인걸요. 저에게는 그만한 돈이 없어요." "그럼 내가 12.5달러를 너에게 빌려줄게. 대신 1년 후에는 반드시 갚아야 해."

　책임감의 유무는 사람 됨됨이를 따지는 중요한 기준이 된다. 사회생활을 하면서 우리는 다양한 사람들을 만난다. 그 중 똑똑하고 능력은 있지만 일을 할 때 기대에 못 미치거나 실수투성이인 사람도 있다. 우리는 그런 부류의 사람을 가리켜 '책임감이 부족하다'고 이야기한다. 반면에 뛰어난 재능은 없지만 뚜렷한 목표를 갖고 뚝심 있게 끝까지 일을 해내는 사람도 있다. 그들은 일의 결과를 두려워하지 않으며 그저 현재의 시간에 최선을 다한다. 이러한 사람들은 대체로 자기가 하는 일을 성공적으로 이끌고, 주위 사람들로부터 좋은 평판과 신뢰를 받는다. 우리는 그들을 '책임감이 확실한 사람'으로 기억한다. 즉, 책임감은 한 사람의 건강한 인격을 보여주는 징표이자 성공을 위해 반드시 갖춰야 할 조건인 셈이다.

따라서 어릴 때부터 책임감을 기르는 것은 자녀의 올바른 성장을 위해 빠져서는 안 될 덕목이다. 아이에게 자기 능력에 맞는 일을 스스로 하도록 지도하여 부모에게 의존하는 성향을 조금씩 줄여가게끔 하자. 아이가 독립적인 생활을 할 수 있게 터전을 마련하면서 차츰 책임감을 키워주는 것이 좋다.

실수는 책임감을 배울 수 있는 좋은 기회이다
:

아이의 책임감을 길러주는 방법은 의외로 간단하다. 예를 들어 아이가 다른 사람의 물건을 빌리면 제때 돌려주게 하고, 사소한 약속도 반드시 지키도록 지도하면 된다. 또한 남의 것을 망가뜨리면 그 손해를 갚게 하는 것이다. 이때 아이의 잘못에 대한 부모의 대처법은 각별히 주의를 기울여야 한다. 아이를 윽박지르거나 질타한다면 아이는 부모에게 자신의 잘못을 숨기고 회피할 것이다. 그러므로 아이의 잘못을 알았을 때 잘못에 집중하여 이야기하기보다는 '어떻게 해결하고 책임져야 하는지' 차분하게 설득하는 것이 좋다. 그러면 아이가 자신의 잘못을 용감하게 인정하고 책임감 있게 문제를 해결하게 된다. 이러한 경험은 아이가 장차 사회에 나가서도 자신의 몫을 충분히 해내는 원동력이 되어준다.

1920년, 미국의 어느 한 소년이 축구를 하다가 그만 실수로 이웃집 유리창을 깨뜨렸다. 이웃집 주인은 유리창 값으로 12.5달러를 내놓으라고 했다. 곤란해진 소년은 얼른 아버지에게 자신의 잘못을 털어놓고 도움을 요청했다. 그러자 아버지는 소년에게 네 잘못이니 스스로 책임을 지라고 이야기했다. 소년은 무척 난감한 표정으로 대답했다.

"하지만 전 고작 열한 살인걸요. 그만한 돈이 없어요."

그러자 아버지가 말했다.

"그럼 내가 12.5달러를 너에게 빌려줄게. 대신 1년 후에는 반드시 갚아야 해."

그때부터 소년은 열심히 아르바이트를 시작했다. 그리고 6개월간의 노력 끝에 그 돈을 아버지에게 돌려드릴 수 있었다. 그 소년은 바로 미국의 제40대 대통령인 로널드 레이건(Ronald Reagan)이었다. 그는 그때 일을 통해 자신의 실수를 스스로 책임지면서 책임이란 무엇인지를 확실히 깨달았다고 회상했다.

로널드 레이건의 예처럼 무언가를 책임지는 값진 경험은 오래도록 기억된다. 특히 자신이 실수했을 때가 그것을 깨닫고 책임감을 기를 수 있는 좋은 타이밍이다. 부모는 이 순간을 놓쳐서는 안 된다. 왜냐하면 실수로 인한 죄책감이나 불안감 때문에 도움을 요청하는 아이는 책임에 대한 가치를 확실히 마음에 새기기 때문이다.

물론 그때 부모는 냉정함을 잃지 않아야 한다. 큰소리로 야단을 쳐서는 안 되며, 실수를 더욱 부풀려서 아이에게 겁을 주어서도 안 된다. 오로지 사실에 근거하여 아이에게 올바른 도리를 설명해주고 실패를 만회할 방법을 가르쳐 주면 된다.

아이들은 '실수를 어떻게 처리하느냐'에 따라 상황이 크게 달라진다. 만약 실수를 제대로 처리하지 못하면, 아이는 아마 앞으로도 책임감을 느끼지 못하거나 책임지는 것을 두려워할 수 있다. 하지만 실수를 제대로 처리한다면, 실수한 만큼 현명해질 것이며 좀 더 책임감 있는 어른으로 성장해나갈 것이다.

아이의 삶의 질에 대해 점검한다

"엄마 아빠, 학교 다녀왔습니다!"
"어서 와, 오늘 하루도 즐거웠니?"

 우리는 아이를 만나면 어떤 말을 먼저 꺼내고 있을까? 혹시 이런 말은 아닐까 싶다.
 "너 학교에서 공부는 잘하니? 반에서 인기는 많아?"
 대개 아이의 학습과 건강에 관련하여 많은 관심을 표한다. 그러나 '아이가 행복한지', '하루하루 즐겁게 생활하고 있는지'에 대해서는 궁금해하지 않는다. 아이가 행복한 삶을 살길 바라는 것이 부모의 바람이라면서 어째서 정작 아이가 어떤 마음으로 하루를 보내는지에 대해서는 물어보지 않는 걸까?

내 아이가 행복한 순간은 언제일까?

 스(史) 부인의 아이는 무척 발랄하고 명랑한 아이였다. 아이가 학교에서 돌아오면 기분 좋게 "엄마 아빠, 학교 다녀왔습니다."라고 큰 목소리로 인사했다. 하지만 스 부인과 남편은 그저 무뚝뚝한 얼굴로 습관처럼 아이에게 이렇게 묻기만 했다.

"오늘 공부는 어땠어? 숙제는 많니? 시험은 잘 쳤니?"

그들이 그렇게 속사포처럼 꼬치꼬치 캐물으면, 조금 전까지 즐거웠던 아이의 마음은 순식간에 가라앉고 위축되어 버렸다. 그러면 아이는 묻는 말에 답하고는 책가방을 들고 자기 방에 들어가 버렸다. 이런 날들이 계속 되자 어느 순간부터 아이와 스 부부 사이가 조금씩 벌어지기 시작했다. 아이는 수업을 마치고 돌아와도 더 이상 예전처럼 기분 좋게 인사하지 않았고, 조용히 자기 방으로 들어간 후 방문을 굳게 닫았다. 심지어 어떤 날은 부모를 피하려는 것처럼 방문을 걸어 잠그기도 했다. 그럴 때면 스 부인은 밖에서 노크하며 물어보았다.

"너 방문 잠그고 뭐하니? 이번 시험은 어땠어?"

아이가 중학교에 들어간 후에도 스 부인은 아이의 학습 분량을 따지기에 바빴고, 밥을 먹을 때도 꼬박꼬박 잔소리를 잊지 않았다. 아이는 늘 아무런 대꾸도 하지 않고 묵묵히 듣고만 있었다. 그래서 스 부인와 남편은 자신의 아이가 부모의 말을 잘 듣는 착한 아이라고 생각했다.

시험이 점점 다가올수록 아이는 매일 밤늦게까지 공부를 했다. 그런 딸의 뒷모습을 보다 어느 날 문득 스 부인은 아이의 말수가 눈에 띄게 줄어들었다는 사실을 깨달았다. 그래서 가만히 생각해보니 아이의 얼굴이 늘 침울해 보인 것이 떠올랐다. 또 어떤 때는 아침부터 눈물을 훔치는 것을 본 적도 있었다. 하지만 왜 그러냐고 아무리 물어보아도 아이는 대답을 하지 않았다. 비로소 무언가 잘못됐다고 느낀 스 부인은 서둘러 아이의 담임선생님을 찾아뵙고 상황을 물어보았다. 선생님은 부인에게 이렇게 말했다.

"아무래도 스트레스가 너무 심한 것 같습니다. 날마다 한 마디 말없이 공부만 하는데, 성격도 예전 같지 않고 성적도 뚝뚝 떨어지고 있어요. 저 역시 무슨 일이 있는지 여쭤볼 생각이었어요."

그제야 스 부부는 심각성을 깨닫고 아이를 정신과 의사에게 데려갔다. 의사는 부부에게 이렇게 말했다.

"아이가 우울증 증세를 보입니다. 아무래도 지나친 학업 스트레스가 가장 큰 원인인 것 같네요. 오늘부터라도 아이에게 스트레스를 주지 말고 무엇이든 아이가 즐거워할 수 있는 일들을 찾아서 해보세요. 만약 아이가 이대로 더 심한 우울증에 빠진다면 치료도 힘들 겁니다."

집으로 돌아온 부부는 지난날들에 대한 후회가 밀려왔다. 그들은 이제야 아이와 허심탄회하게 대화를 나눌 수 있었다. 그리고 아이에게 심리적으로 큰 부담을 준 것에 대해 진심으로 사과했다. 스 부인은 아이가 다시 예전처럼 즐겁게 생활하고 공부하길 바랐다. 그래서 이제는 아이가 학교에서 돌아오면

"오늘도 학교에서 재미있게 보냈니?"라고 먼저 물었다. 또 아이가 공부 때문에 지쳐 보이면 함께 산책을 나가거나 가볍게 공놀이를 했다. 그뿐만 아니라 부부는 아이와 동등한 입장에서 소통하려고 노력했고, 잔소리 대신 가볍고 유쾌한 대화를 주고받았다. 그러자 얼마 후 아이는 예전처럼 하루하루를 즐겁게 보냈다. 집에는 또다시 아이의 기분 좋은 인사가 울려 퍼졌다.

"엄마 아빠, 학교 다녀왔습니다!"
"어서 와, 오늘 하루도 즐거웠니?"
스 부부도 미소를 지으며 반갑게 맞이했다. 아이가 학교에서 즐거웠다고 대답하면 그들도 함께 기뻐했다. 혹시라도 아이가 별로 즐겁지 않았다고 대답하면 스 부인은 우선 그 이유를 물어보고 아이의 마음이 풀릴 때까지 친구처럼 위로와 충고를 해주었다. 왜냐하면 아이가 행복을 느끼는 것이 온 가족의 진정한 행복이기 때문이었다.

행복한 어린 시절이 행복한 어른을 만든다
:

행복과 즐거움은 삶의 질을 결정하는 중요한 요소다. 아동 심리학자의 연구에 따르면, 밝고 명랑한 성격의 아이일수록 행복감을 느낀다고 한다. 또한 스스로 행복감을 찾고 만들어 나가는 데도 주저함이 없다고 한다. 즉, 밝고 명랑한 성격이 삶의 질을 높이는 결정적인 역할을 하는 것이다. 아이에게 이러한 성격을 길러주는 것이 건강한 성장과 행복한 삶을 꾸리는 데 대단히 이로운 일이다.

그러므로 우리는 아이가 하루를 유쾌하게 보낼 수 있도록 즐거운 상황과 분위기를 조성해줘야 한다. 아이가 정말 필요한 것이 무언인지 세심하게 살펴 원하는 것을 충족시킬 수 있어야 한다. 어린 시절에 즐거움과 행복을 충분히 느끼게 해주면, 훗날에도 그때를 추억하며 행복해할 것이다.

사춘기 아이의
영역을 인정한다

"너의 사생활이 외부에 유출되지 않도록 각별히 조심해야 해! 몸가짐에도 신경 써야 한단다. 사람들은 남의 말을 하기 좋아하거든."

 영유아기의 아이는 부모에게 모든 것을 의존한다. 아동기에는 부모를 모방하며 생활방식을 배우고 사춘기에 들어서면 자기만의 방식을 찾아간다. 심리적으로 부모로부터 떨어져 독립하는 시기여서 이때를 '제2의 탄생기'라고도 부른다. 물론 자아 인식이 강한 때라 이 시기에 부모와 마찰도 잦아 흔히 '반항기'라고도 한다. 하지만 사실은 성인으로서 존중받고 사고하려는 성장의 통과의례로 정서적인 열정기로 보는 것이 옳다. 즉, 이들은 이런 격동기를 거쳐 자신의 정체성, '자아'를 찾아가게 되는 것이다.

 이 시기 아이들의 행동 특성은 부모에게 시시콜콜 자신의 이야기를 하지 않는다는 것이다. 혼자만의 시간이 많아지고 비밀이 하나둘 생겨나게 된다. 이렇게 아이들이 사적인 영역을 넓혀 가면 부모는 아이에게 무슨 일이 있는 것은 아닌지 슬슬 걱정되기 시작한다. 그래서 결코 해서는 안 되는 행동들을 할 때도 있다. 아이가 없는 틈에 몰래 아이의 사생활을 훔쳐보는 일이다. 만약 그런 일을 아이가 알게 되면 부모와의 갈등은 증폭되고 아이는 더욱더 자신의 이야기를 숨기게 된다.

소중하게 보호되어야 할 아이들의 사생활
:

한 학부모는 딸의 변화를 매우 자연스럽고 당연한 일로 받아들였다. 딸이 초등학교 5학년이 되면서 자기만의 작은 비밀들을 가지기 시작하자 부모는 매우 기뻤다고 한다.

부모는 딸이 자신의 속마음을 숨김없이 다 이야기하는 바보가 아닌 것이 다행이었다. 그래서 자기만의 영역을 가지려는 딸을 위해 잠금장치가 없던 책상 서랍에 자물쇠를 달아주어 사생활을 지킬 수 있게 해주었다. 그리고 "너의 사생활이 외부에 유출되지 않도록 각별히 조심해야 해! 몸가짐에도 신경 써야 한단다. 사람들은 남의 말하길 좋아하거든."처럼 건전하고 바른 행동거지에 대해서도 알려주었다. 이렇게 아이의 사생활을 존중하고 당부한 덕분에 그들은 사춘기 딸로 인해 골치 아픈 문제를 겪은 적이 없었다고 한다.

이와 반대로 아이의 사생활을 무시한 부모의 사례도 있다. 5

학년 여학생을 둔 이 엄마는 딸을 항상 철부지 어린애로 보았다. 그녀는 딸이 이성이나 미디어에는 전혀 관심이 없고 오로지 공부밖에 모른다고 생각했다. 다른 아이보다 순진하고 순수해서 도리어 밖에서 나쁜 것에 물들지나 않을까 전전긍긍했다. 그러던 어느 날, 그녀의 착각이 산산조각 깨져버리는 일이 발생하고 말았다.

그날 엄마는 우연히 딸이 보물처럼 가지고 다녔던 책상 서랍의 열쇠를 발견하고 지체 없이 서랍을 열었다. 민낯이 드러난 그곳에는 그녀가 생각지도 못한 가수나 영화배우의 사진이 많았고, 이성 친구와 주고받은 편지가 들어있었다. 엄마는 딸에게 심한 배신감이 들었다. 딸이 학교에서 돌아오자 엄마는 책상 서랍을 내보이며 그녀를 혼냈다. 자신의 소중한 공간이 낱낱이 공개되자 딸은 분노에 찬 목소리로 소리쳤다.

"엄마가 내 사생활을 침범했어!"

딸은 펑펑 울며 다시는 엄마와 얘기하지 않을 거라고 선포했다. 그 순간 엄마는 이것이 단순한 문제가 아님을 깨달았다고 한다. 단지 아이에게 공부에 조금 더 신경 써달라고 부탁하려던 것이 커다란 갈등으로 번진 것이다.

사생활이 파헤쳐지며 인격을 무시당한 아이에게 훈계가 귀에 들어올 리 만무하다. 부모가 아이를 하나의 인격체로서 자신만의 사생활을 가질 권리를 인정한다면, 그렇게 면전에서 모든 것을 밝혀서는 안 된다. '사생활은 소중하고 보호돼야' 하기 때문이다.

아이의 사생활을 알게 되더라도 부모는 일부러 모른 척 넘어가는 기지도 필요하다.

비록 아이의 사생활에 별로 좋지 않은 일이 있더라도 직접적으로 말하는 것은 삼가야 한다. 대신 주변인의 말인 것처럼 혹은 TV에 나온 이야기처럼 비슷한 사례를 무심한 듯 들려주어 스스로 깨닫도록 지도해주는 것이 좋다. 이처럼 부모가 좀 더 현명하게 아이를 보살핀다면 건전하고 성숙하게 사춘기를 보낼 수 있다.

아이의 사소한 고민도
진지하게 들어준다

어른들의 눈에 별일 아닌 일도 아이 눈에는 크고 중요할 수 있다.

'경청'과 '공감'을 잘하는 사람은 어른들 세계에서도 환영받는다. 특히 나의 고민을 진지하게 들어주고 진정성 있는 조언을 건네는 사람에게 우리는 깊은 신뢰를 보낸다. 내가 존중받는다는 느낌을 강하게 받기 때문이다.

이러한 배려는 아이들이 더 강하게 느끼고 반응한다. 부모가 이런 태도로 아이를 대한다면 어떨까?

그런데 어떤 부모는 어린애가 무슨 고민이 있겠느냐고 반문하기도 한다. 부모가 다 알아서 해주니 걱정할 것이 없다면서 말이다. 하지만 아이들의 마음은 섬세하고 여려서 의외로 걱정을 많이 하고 그것 때문에 쉽게 상처 입기도 한다. 그래서 답답한 일이나 지나친 걱정거리가 생기면 누군가와 고민을 나누고 절실히 도움을 받길 원한다. 그 대상은 부모인 경우가 많다.

연령과는 상관없이 모든 아이들은 부모에게 마음을 털어놓고 그들의 지지와 격려를 얻길 원한다. 그러므로 부모는 아이에게 고민이 없을 거라 단정 짓지 말고, 아이의 행동을 세심히 관찰하고 고민을 진지하게 들어주는 것이 바람직하다.

세심한 관찰로 아이의 고민 나누기

아이가 고민이 생기면 평소와 다른 행동을 할 때가 많다. 한 아이의 엄마도 전과 다른 딸의 행동을 수상히 여겨 문제를 해결한 적이 있었다. 아이는 별 탈 없이 학교에 잘 다니다가 어느 날부터 배가 아프다며 학교 가기를 싫어했다. 평소와 다른 아이의 행동을 이상히 여긴 엄마는 아이 몰래 담임선생님을 찾아가 의논했다.

"우리 아이가 벌써 몇 주째 계속 배가 아프다고 하는데 다른 이야기는 전혀 하지 않네요. 혹시 학교에서 무슨 일이 있는 건 아닌지… 선생님은 왜 그러는지 아세요?"

그러자 선생님이 대답했다.

"아마 어울려 다니는 친구들 때문에 그런가 봐요. 그 친구들이 유행에 좀 민감하고 말썽을 피우기도 하거든요. 최근에 샤오윈(小雲)이라는 친구와도 다툰 것 같더라고요."

엄마는 선생님을 통해 대강의 상황을 전해 들을 수 있었다. 물론 확실한 사실은 아니더라도 어느 정도 딸이 갖고 있을 고민은 짐작되었다. 그날 밤 엄마는 아이가 잠자리에 들려고 할 때 넌지시 친구 관계에 대해 물어보았다.

"너 샤오윈을 어떻게 생각하니?"

"모르겠어요."

"최근에 그 애랑 말한 적 있니?"

"아니요. 이제 그 애랑은 다니지 않을 거예요."

"무슨 일 있었니?"

"그 애는 정말 나빠요."

"요즘 걔는 매일 다른 친구랑 붙어 다니면서 제 욕을 해요. 저랑은 말도 하지 않아요!"

딸의 이야기를 듣고 난 엄마는 샤오윈과의 관계가 틀어지게 된 이유가 무엇인지 물었다. 그리고 또 앞으로 어떻게 할 것인지 딸이 생각을 정리할 수 있도록 도와주었다. 그런 다음 친구들과 어떻게 하면 잘 지낼 수 있는지도 조언해주었다. 엄마의 이야기를 묵묵히 듣고 있던 딸은 엄마의 말대로 해보겠노라고 대답했다. 이후로도 두 사람은 딸의 친구들 이야기를 함께 나누며 원만한 관계를 이끌어가는 방법들을 익혀나갔다.

부모가 아이와 대화를 나누는 동시에 아이의 의견을 물어보는 것은 좋은 자세이다. 일의 전후 사정을 파악하는 데 도움이 될 뿐만 아니라, 아이가 스스로 문제를 해결할 수 있는 능력도 키울 수 있기 때문이다. 더욱이 부모에게 고민을 털어놓음으로써 아이는 자신의 감정과 상황을 객관적으로 볼 수 있고, 합리적인 판단과 감정을 다스리는 법도 배워간다.

사실 아이들은 각자 고민을 받아들이는 정도가 다르다. 어떤 아이는 작은 걱정거리를 지나치게 부풀려서 고민하는가 하면, 또 어떤 아이는 고민해야 할 문제도 대수롭지 않게 넘겨 자성하는 법을 잊기도 한다. 아직 사고영역이 무르익지 않은 아이에게 때론 부모가 나서서 진지하게 고민을 들어주고 도움을 줘야 한다.

어른들의 눈에 별일 아닌 일도 아이 눈에는 크고 중요할 수 있다. 부모가 아이에게 따뜻하고 다정한 구원의 손길을 내밀어 아이가 문제를 분석하고 해결하게 함으로써 다시금 행복해질 수 있도록 지도해주자.

아이의 속상한 감정에
동화되지 마라

아이의 감정에 동화되지 않고 침착하게 반응한다면, 아이도 시간이 지나면 별일 아닌 것처럼 자연스럽게 느끼게 된다.

할로윈을 앞둔 어느 날이었다. 스티브는 여느 아이들처럼 엄마가 사준 할로윈 복장을 한 모습을 상상하며 잔뜩 기대에 부풀었다. 마침내 기다리던 할로윈 날이 되었을 때, 갑자기 하늘에서 비가 내리기 시작했다. 스티브는 창문에 기대어 시무룩한 표정으로 엄마에게 말했다.

"엄마, 비가 그칠까요?"

"조금만 더 기다려보자. 아마도 그치겠지."

스티브의 실망감을 엄마는 충분히 이해하고 있었다. 그녀 역시 비가 그쳐주기만을 바랐다. 그러나 저녁을 먹은 후에도 비는 그칠 기미가 없었다. 오히려 더 굵게 떨어져 스티브의 가슴을 아프게 했다. 이내 스티브는 울음을 터트렸다.

"많이 속상하지? 근데 별다른 방법이 없구나. 그래도 할로윈은 매년 있으니까, 우리 내년을 기약하자! 어때?"

"내년이요? 아직 1년이나 남았잖아요!"

"그래, 알아. 근데 비가 오는 건 어쩔 수 없잖니."

그러자 스티브는 제멋대로 짜증을 내기 시작했다. 결국 엄마는 속상해하는 아들을 달래려고 이렇게 약속했다.

"스티브, 내일 엄마랑 장난감 가게에 가자! 네가 원하는 장난감 하나 사줄게. 어떤 것이든 괜찮아."

엄마의 말에 울던 아이는 이내 눈물을 멈추고 슬며시 미소를 지었다.

지나친 동정심은 아이를 나약하게 만든다
:

위의 이야기에서 보더라도 아이들이 얼마나 감정에 쉽게 반응하는지 잘 알 수 있다. 감정에 따른 아이의 변화는 감정조절 능력이 미성숙한 데에 따른 것이다.

아이는 부모가 자신을 동정하고 걱정한다고 느끼면 그것을 권력으로 이용한다. 그래서 더 감정을 드러내고 성질을 부리게 되는 것이다. 이러한 상황이 반복되면 아이가 살아가면서 실망하거나 실패를 느낄 때마다 남에게 기대고 동정받기를 원한다. 만약 뜻대로 되지 않으면 분노를 폭발하기도 한다. 이러한 아이는 훗날 스스로 감정을 해결하지 못하는 감정 장애를 겪을 가능성이 높다.

더욱 우려되는 건, 스티브 엄마가 아이를 달래려고 제시한 보상의 방법이다. 이는 아이가 앞으로 또다시 실망스러운 일이 생기면 '내가 실망한 것에 대해 보상을 받아야 한다'는 잘못된 개념을 심어주기 때문이다. 이는 자신이 감당해야 할 감정의 몫을 타인에게 떠넘기는 것이다. 그런 아이는 자기의 능력으로 일을 해결하지 않고 남에게 의지하려고만 한다.

이런 까닭에 우리는 아이의 감정조절 능력을 단련시킬 필요가 있다. 부모가 자신을 위로해주길 기다리게 하지 말고, 그런 감정을 받아들이고 스스로 풀어나가도록 가르쳐야 한다. 어쩌면 스티브의 엄마는 그 정도의 실망감을 아이가 받아들이지 못할 거라고 과소평가했는지도 모른다. 그런데 사실 엄마의 이러한 태도는 아이를 존중하지 않는데서 비롯된다. 엄마는 아이가 속상한 현실에 대응할 힘조차 없다고 무시한 셈이다. 그러면 아이도 자기 자신을 평가할 때 자신이 약하고 무능력하다고 여기게 되는 것이다.

따라서 부모는 아이 앞에서 지나치게 속상한 감정이나 동정심을 드러내지 않도록 주의해야 한다. 감정은 그렇지 않더라도 실망스러운 현실에 대해 차분한 태도로 냉정하게 대응하는 것이 좋다. 아이의 감정에 동화되지 않고 침착하게 반응한다면, 아이도 시간이 지나면 별일 아닌 것처럼 자연스럽게 느끼게 된다. 그리고 현실을 어떻게 받아들여야 할지 스스로 깨우치게 된다.

소심한 아이를
두려움과 맞서게 하는 방법

아이의 소심한 태도는 두려움을 제대로 극복하지 못하는 데서 기인한다.

아이들 중에는 유난히 겁이 많고 소심한 아이도 있다. 이런 아이는 한 번도 용기 있게 자신의 목소리를 내는 경우가 없다. 자기보다 어린 친구에게 괴롭힘을 당해도 큰소리로 따지거나 반항하지 못하고 참고 있다가 마음의 병이 생기기도 한다. 그래서 그들에게 바깥 세상은 설레고 모험이 가득한 곳이 아니라 무섭고 위험한 공간으로 인식되기 쉽다.

그렇다고 이 아이들이 집에서 마음을 편히 놓는 것도 아니다. 간혹 혼자 있기라도 하면 공포에 떨며 불안해하는데 정작 무엇이 무서운지 물으면 그 실체를 정확하게 말하지 못한다. 그냥 아이는 겁이 많은 탓에 매사 불안과 초조를 습관처럼 느끼고 있는 것이다. 부모가 아이의 이러한 공포증을 떨쳐내도록 지도해야 아이가 분명하게 자신의 의사를 표현하며 씩씩하게 살아갈 수 있다.

겁이 많은 아이, 야단보다 연습이 필요하다
:

 겁 많은 아들을 둔 한 엄마는 아들이 '겁먹은 대상과 마주하도록' 하는 방법으로 극복했다고 한다. 평소 아들은 어둠을 무서워했다. 그래서 날이 조금만 어두워지면 혼자서는 아무 데도 가지 못했다. 심지어 화장실도 못 가서 엄마를 여간 피곤하게 구는 것이 아니었다. 이 때문에 엄마는 고민 끝에 아이의 담력을 키워주기로 결심했다.

 하루는 엄마와 함께 TV를 보던 아들이 화장실을 같이 가자며 조르기 시작했다. 그러자 엄마는 화장실 불을 먼저 켜 놓은 뒤에 아들에게 말했다.

"이제부터는 혼자서 가봐!"

 그러자 아들은 엄마가 농담하는 줄 알고 혼자서는 절대 가지 않으려고 했다. 오히려 엄마 옆에 찰싹 달라붙어 함께 가자고 마구 졸랐다. 그래도 엄마는 아랑곳하지 않고 그저 아들이 얼른 화장실에 가기만을 기다렸다. 엄마가 단호하게 말했다.

"오늘부터는 너랑 함께 화장실에 가지 않을 거라니깐. 지금 네가 화장실을 가지 않으면 넌 바지에 오줌을 싸게 될 거야!"

 아들은 울면서 애원했지만 모질게 마음먹은 엄마는 꿈쩍도 하지 않았다. 결국 겁쟁이보다 오줌싸개가 되고 싶지 않았던

| 아이의 마음을 움직이는 한마디 |

아들은 더 이상 참지 못하고 혼자 화장실로 달려갔다. 아들이 볼일을 끝내고 거실로 돌아오자 엄마는 크게 기뻐하며 아들을 칭찬했다.

"우리 아들, 정말 용감하네! 이제 혼자서 화장실도 다녀오고 말이야."

엄마의 칭찬에 으쓱해진 아들은 화가 누그러졌는지 슬그머니 엄마 곁으로 다가갔다. 엄마는 다시 한번 아들의 머리를 쓰다듬으며 용기 있는 행동을 추켜세워 주었다.

"거봐, 혼자 화장실 가도 별로 안 무섭지?"

아들은 고개를 끄덕이면서 수줍은 듯 웃었다. 엄마는 조금 더 확실한 성과를 얻기 위해서 아들에게 "앞으로도 계속 혼자서 화장실에 갈 수 있겠지?"라며 격려했다. 그러자 아들도 씩씩하게 "네, 할 수 있어요!"라고 대답했다.

다음날 아들은 화장실에 혼자 가기가 여전히 겁났지만 티를 내지 않으려고 노력했다. 엄마도 아들의 그런 마음을 알고 있었지만 일부러 모른 척하며 그를 격려했다.

"어젯밤에도 혼자 갔는데 지금은 하나도 안 무섭겠네. 그렇지?"

그 말을 듣고 아들은 아무렇지도 않다는 듯 가슴을 툭툭 치더니 곧바로 화장실로 쪼르르 달려갔다. 그날 이후 아들은 어두워도 주변에 달라지는 것은 없다고 확실히 깨달았다. 그리고 차츰 어둠에 적응해나가기 시작했다. 한번은 저녁에 친구와 숙제를 같이 하겠다며 친구의 집에 혼자 다녀온 적도 있었다. 그날 아들은 계단에서 흥분한 목소리로 말했다.

"엄마, 저 다녀왔어요!"

엄마는 두 팔을 벌려 아들을 따뜻하게 맞아주고 그 용기를 아낌없이 칭찬했다. 엄마의 훈련 덕분에 아들은 더 이상 어둠을 무서워하지 않게 되었다. 자신의 공포가 괜한 환상이라는 것을 알게 됐기 때문이다.

상상력이 풍부한 아이들은 이런 환상 때문에 종종 두려움에 사로잡히는 경우가 많다. 이러한 아이의 심리를 잘 파악하면 소심한 아이의 문제도 충분히 고칠 수 있다. 아이의 소심한 태도는 두려움을 제대로 극복하지 못하는 데서 기인한다. 부모가 이 점을 분명히 인식하여 아이가 두려워하는 대상을 이겨낼 수 있도록 지도해야 한다.

먼저 '아이가 겁이 많은 것은 잘못이 아니므로 그것 때문에 고민할 필요가 없다'고 안심을 시킨 다음, 아이를 변화시킬 수 있는 '구체적인 계획을 세워' 아이에게 용기를 심어주고 격려해주면 된다. 말 몇 마디로 겁 많은 아이가 금방 씩씩하고 용감하게 바뀌는 것은 아니다. 오랜 시간 부모가 꾸준히 아이의 인식이 바뀌도록 용기 있는 행동을 보여줘야 한다.

용서가 힘든 아이에게
타인의 마음을 더 알게 한다

"친구의 마음을 이해하고 잘못을 너그럽게 용서해주면 어떨까?"

유치원을 같이 다니며 단짝 친구로 지낸 두 친구가 있었다. 두 아이는 마치 한 몸처럼 매일 같이 놀고, 밥도 동시에 먹었다. 아이들 덕분에 돈독해진 양쪽 집의 부모들은 두 아이를 번갈아 가며 유치원에 데려다주곤 했다.

그런데 어느 날이었다. 하루는 두 아이가 만나도 서로 말을 하지 않고 심지어 상대방을 쳐다보지도 않았다. 한 아이의 엄마는 둘 사이의 이상한 기류를 느끼고 아들에게 이유를 물어봤다. 그러자 아들이 인상을 찌푸리며 친구를 강하게 비판했다.

"샤오량은 의리가 없어요! 거짓말도 하고요. 앞으로 걔랑 친구 하지 않을 거예요."

아들은 어제의 일을 엄마에게 소상히 풀어놓았다.

어제 샤오량은 유치원에서 축구를 하다가 다른 친구를 밀어 넘어뜨렸다고 한다. 두 아이 사이에 싸움이 벌어졌는데 그때 아들은 샤오량의 편을 들어주었다. 그 과정에서 상대편 친구의 다리에 상처가 나고 말았다는 것이다. 이 사실을 알고 난 선생님은 샤오량과 아들을 꾸짖었다. 그러자 샤오량이 대뜸 아들을 가리키고는 "쟤가 상처를 입혔어요! 전 모르는 일이었어요."라며 거짓말을 했다. 결국 선생님에게 혼난 아들은 비겁한 샤오량이 미워졌다. 그는 아직도 분하다는 듯 씩씩거리며 엄마에게 말했다.

"분명 샤오량이 먼저 그래놓고선 저에게 덮어씌웠어요. 그런 애랑은 다시는 놀지 않을 거예요!"

엄마는 아들이 왜 샤오량에게 화가 났는지 이해할 수 있었다. 잠시 엄마는 깊은 고민에 빠졌다. 그리고는 이내 아들을 끌어당겨 눈을 보며 부드럽게 말했다.

"친구와의 일은 그렇게 감정적으로 해결하면 안 돼. 참고 양보할 줄도 알고, 용서할 줄도 알아야 한단다. 물론 샤오량이 거짓말을 한 건 분명 잘못된 행동이야. 그렇지만 그때 샤오량은 자기 때문에 친구가 다치니까 많이 놀라고 겁이 났을 거야. 친구의 마음을 이해하고 잘못을 너그럽게 용서해주면 어떨까?"

엄마의 설득에 아들의 화는 조금 누그러지는 것 같았다. 그리고 다음날 두 아이는 평소처럼 함께 유치원에 갔다. 가는 길에 샤오량은 아들에게 사과의 말을 건넸다.

"그땐 엄마한테 혼날까 봐 무서워서 그랬어. 근데 생각해보니 네가 나랑 안 놀아주는 게 더 무섭지 뭐야. 너에게 정말 미안하고 부끄러워… 앞으로 다시는 그러지 않을게!"

그러자 아들도 이렇게 대답해주었다.

"괜찮아! 우린 친구잖아. 이제 싸우지 말고 사이좋게 지내자!"

두 친구는 여전히 학교를 같이 다니며 잘 지내고 있다고 한다.

또래 친구는 아이의 사회적 지지원

아동기에 친구는 매우 중요하다. 가족 중심의 관계에서 벗어나 의미 있는 사회적 관계망을 형성하게 되는 첫 번째 타인이 바로 '또래'이다. 또래는 사회 적응과 발달에 중요한 영향을 미치는 발판이 된다. 자신의 생각이나 감정 또는 경험이나 문제를 함께 공유하면서 부모 이외에 사회적 지지원으로 아이의 자존감을 키워주는 인물이기 때문이다. 이러한 또래와의 상호작용을 통해 아이는 생활에 대한 적응, 자아개념 및 성격의 발달, 학업성취, 자아실현 등의 부분에서 상당 부분 영향을 받는다. 그뿐만 아니라 성인이 되어서도 대인관계 형성에 폭넓게 관여한다. 따라서 아이의 친구 관계는 주의 깊게 살피고 올바로 지도해야 할 영역이다.

그런 면에서 위 사례의 엄마는 지혜롭게 아들의 문제를 해결해주었다. 아이가 억울한 누명을 쓰고 누군가에게 혼이 났다면 부모 역시 분명히 화가 날 것이다. 어쩌면 욱하는 마음에 아이 대신 복수하고 싶은 마음이 생길지도 모른다. 실제로 이런 경우 때문에 '아이 싸움이 어른 싸움 된다'는 말까지 나왔을 테니까 말이다. 하지만 부모가 감정만 앞세운다면 그것을 보고 아이가 배워 좋을 게 없다. 부모도 감정을 잘 다스려 아이에게 '용서하는 법'과 '상대방의 입장을 고려하는 법'을 가르친다면, 아이의 시각은 한층 더 넓어지고 원만한 대인관계를 형성해나갈 것이다.

함께 나누는 습관을 길러
소유욕을 줄인다

"둘 다 정말 멋진 장난감을 가지고 있으니 같이 놀면서 어떻게 아기 토끼와 놀아줄 건지 생각해보자!"

요즘은 타인과 무엇을 나눈다는 것에 대한 개념이 예전보다는 적어졌다. 대다수 가정의 아이들은 다른 사람과 나눠 쓰는 경험을 해보지 못해 혼자 독식하려는 경향이 높다. 물론 이 시기의 아이들이 소유욕이 강하고 자기중심적인 모습이 있어서이기도 할 것이다. 하지만 그렇다고 해서 이런 심리를 부모가 소홀히 생각해서는 안 된다. 이 같은 습관이 훗날 아이의 성격을 이기적으로 만들고 인간관계 형성에도 악영향을 주기 때문이다. 그러므로 아이에게 공공의 물건을 인식시키고, 나눔을 기르게 하는 지혜가 필요하다.

사실 어린아이들에게는 다른 사람과 자신의 것을 나누는 일에 익숙하지 않다. 그렇기 때문에 부모가 윽박지르며 "친구도 줘라!", "친구에게도 나눠줘야 착한 사람이야"라고 강요하면 오히려 역효과를 낼 수 있다. 간접적인 이야기를 통해 아이에게 함께 나누는 의미를 이해시키고, 그 속에서 즐거움을 느끼게 지도하는 것이 바람직하다.

칭찬받고 싶은 아이의 마음을 이용해서 지도한다
:

어느 날, 한 아이가 친구 집에 놀러 갔다. 친구는 아이를 보자 자기가 가장 좋아하는 곰인형을 들고나왔고, 이 아이도 자기가 좋아하는 작은 고무공을 가져왔다. 두 아이는 그렇게 얼마 동안 자신의 물건에 대해 설명하며 사이좋게 놀았다. 그러다 잠시 뒤에 싸움이 벌어졌다.

아이들은 흥분하며 "쟤가 내 고무공을 뺏어가려고 했어!", "아니, 네가 먼저 내 곰인형을 달라고 했잖아!"라며 서로를 헐뜯었다. 사정을 들어보니 곰인형을 가지고 놀고 싶었던 아이는 친구에게 잠시만 빌려달라고 했다. 그러나 친구는 빌려주지 않았고, 아이도 자신의 고무공을 친구에게 주지 않으려다가 실랑이가 벌어지게 된 것이다.

엄마들은 일단 아이들의 잘못을 야단치지 않았다. 그들은 잠시 서로 이 문제에 대해 상의했다. 그리고 아이들을 모아 다음과 같은 이야기를 들려주었다.

"너희들 혹시 숲에서 온 아기 토끼와 놀고 싶지 않니?"

| 아이의 마음을 움직이는 한마디 |

아이들은 '아기 토끼'라는 말에 흥미를 보이며 "놀고 싶어요. 우리가 어떻게 하면 돼요?"라고 목청껏 소리쳤다. 그러자 아이의 엄마가 대답했다.

"아기 토끼는 숲에서 혼자 외롭게 지냈어. 장난감을 주면 무척 좋아할 것 같은데 어떻게 할까?"

아이들은 그 말을 듣자마자 조금도 주저하지 않고 자신들의 장난감을 내밀었다. 엄마는 이 순간을 놓치지 않고 미소를 지으며 이렇게 말했다.

"둘 다 정말 멋진 장난감을 가지고 있으니 같이 놀면서 어떻게 아기 토끼와 놀아줄 건지 생각해보자!"

아이들은 방금 전 싸웠던 일을 새까맣게 잊은 채 서로의 장난감을 만지며 장난치기 시작했다. 그리고 얼마 뒤 아이들은 장난감을 함께 가지고 노는 것이 혼자 놀 때보다 재미있다는 사실을 깨닫게 되었다.

이 이야기에서 두 엄마의 지혜는 다른 사람과 함께 나눌 때 느낄 수 있는 즐거움을 기발한 방법으로 아이들에게 가르쳐주었다. 아이를 기르다 보면 부모들은 이와 비슷한 상황을 자주 겪게 된다. 그럴 때는 아이들의 속성을 잘 파악하여 지도하면 효과가 좋다.

어린아이들은 대개 어른들에게 사랑받고 싶어서 서로 다투기도 하고 더 많은 칭찬을 들으려고 애쓰는 경향이 있다. 아이들의 이 같은 특징을 적절히 활용할 수도 있다. 아이가 나눔에 대해 고민하는 모습이 엿보이면 "우와! 그거 친구와 나누어 먹으려고? 우리 딸 정말 마음이 넓고 착하구나!"처럼 먼저 적극적으로 격려하면 아이는 엄마의 칭찬에 격양되어 선뜻 아량을 베풀게 된다.

나눔 스티커를 활용해도 좋다. 아이가 친구와 잘 어울리면 나눔 스티커를 주어 채우는 재미를 준다. 이때에도 아이의 행동에 대한 칭찬을 잊어서는 안 된다. 그리고 평소 나눔 장터나 봉사를 통해 부모 역시 함께 나누는 즐거움을 몸소 보여주는 것도 더할 나위 없이 좋은 방법이다. 이렇게 나눔을 교육한다면 대부분의 아이들은 5~6세에 접어들면서 자연스럽게 친구들과 어울려 즐거움을 나누는 법을 익히게 된다.

안 되는 이유를
논리적으로 설명한다

타당한 설명과 논리가 있어야 아이도 수긍한다.

한 아버지는 길거리에서 난처한 상황을 맞았다. 아직 성년이 되지 않은 아이들이 '미성년자 관람 불가' 영화를 보고 싶다고 떼를 썼기 때문이다. 자신들이 제일 좋아하는 배우가 주인공으로 나온다며 그들은 연신 벽에 붙은 포스터를 보고 애원했다. 그 영화는 작품성이 뛰어나 극찬을 받은 예술영화로 아버지 역시 보고 싶은 것이었다. 그러나 영화에 잠깐 등장하는 일부 폭력적인 장면이 '미성년자 관람 불가' 등급을 받게 해 아버지로서도 매우 안타까웠다. 하지만 그렇다고 해서 아이들의 요구를 들어줄 수는 없는 노릇이었다. 아버지는 도리에 어긋나는 일이라며 아이들에게 "안 돼!"라고 단호하게 말했다.

집에 돌아온 아이들은 연신 툴툴대며 심통을 부렸다. 아버지는 아이들의 눈치를 살피다 얼마 뒤 조심스럽게 아이들에게 이렇게 말했다.

"아빠가 파이를 만들었는데 한번 먹어볼래?"

그는 그러면서 아이들이 가장 좋아하는 재료로 파이의 소를 만들었노라고 으쓱댔다. 몇 가지 새로운 재료도 추가해서 "너희들이 여태껏 맛보지 못한 새로운 맛일 거야!"라고 말했다. 그러자 아이들은 파이에 흥미를 가지며 새로 추가한 재료가 무엇이냐고 물었다. 그때 아버지는 모두가 깜짝 놀랄만한 대답을 했다.

"바로 파리야."

아이들은 모두 아연실색했다. 아버지는 서둘러 아이들을 안심시켰다. 파이에 들어간 것은 아주 작은 파리에 불과하며, 다른 재료들은 모두 지극히 신선하고 우수한 품질이라고 태연하게 말했다. 또한 불의 세기와 시간도 최적으로 맞춰 파이 맛이 끝내줄 것이며, 절대로 파리 맛은 느끼지 못할 것이라고 거듭 강조했다. 하지만 아버지가 아무리 파이를 극찬해도 아이들은 그것을 먹고 싶지 않았다. 아버지의 설명이 끝난 뒤에 아이들은 너무나도 단호한 태도를 보이며 오직 이 말만 되풀이했다.

"윽! 징그러! 싫어요, 싫어!"

그러자 아버지가 의미심장한 표정으로 말했다.

"아까 그 영화도 마찬가지야. 선정적이고 폭력적인 장면은 아무리 짧게 등장하더라도 아직 어린 너희들에게는 파이 속의 작은 파리와 같아. 영화 주인공이 누구든 간에 '파리'의 존재는 결코 부인할 수 없단다."

아이들은 그제야 아버지에게 심통을 부린 것을 정중히 사과했다.

타당한 설명과 논리가 있어야 아이도 수긍한다
:

지금 만약 내 아이가 해서는 안 되는 일을 하거나 보아서는 안 되는 것을 보고 싶어 한다면, 이처럼 특별한 파이를 먹어보라고 물어봐도 좋다. 적절한 비유를 통해 '해서는 안 되는 이유'를 타당하게 이야기해주는 것이다. 그러면 아이들은 혀를 내두르며 더 이상 자신의 요구를 밀어붙이지 못하게 된다.

부모는 아이를 교육하는 동시에 스스로도 배움을 채워가야 한다. 어른들과 마찬가지로 아이들을 설득할 수 있는 힘은 논리에서 나온다는 것을 항상 염두에 두길 바란다.

공부 습관은
작은 것부터 요구한다

"너도 무언가에 집중하고 배움의 즐거움을 깨달았을 거야. 이제는 너를 감독할 필요가 전혀 없겠는 걸. 앞으로도 스스로 알아서 꾸준히 하렴!"

 중국의 우수 대학교를 나온 판진즈(潘金志)라는 청년은 공부 잘하는 법에 대해 이렇게 이야기했다.
"배움의 즐거움을 깨닫도록 해주세요!"
 그는 마냥 공부하는 것이 중요한 것이 아니라 공부의 즐거움을 깨닫고 습관을 들이는 것이 중요하다고 전했다. 판진즈가 맨 처음 공부하는 습관을 기른 것도 바로 이처럼 교육시킨 아버지의 덕이 컸다는 것이다. 실제로 그의 아버지는 공부와는 무관해 보이는 아주 간단한 요구로 그를 우등생으로 만들어 놓았다.
 당시 열두 살이던 판진즈는 여느 아이들처럼 놀기를 좋아해서 성적은 늘 중하위에 머물러 있었다. 어느 날 아들의 성적표를 받아 본 아버지는 특단의 조치를 취해야겠다고 마음먹었다. 그는 아들을 불러 성적표를 종합적으로 분석했다. 그러자 아들은 형편없는 자신의 시험 결과에 부끄러운 기색이 역력했다. 아버지는 아들에게 이렇게 얘기했다.

"굳이 잔소리를 할 필요는 없겠구나. 이미 네 스스로 열심히 공부해야겠다는 걸 깨달았을 테니까 말이야. 그래서 아빠가 너에게 아주 간단한 부탁을 하나 할까 해! 오늘부터 매일 자기 전 20분 동안 책을 읽는 게 어떠니? 그게 무슨 책이라도 상관없어. 교과서도 좋고, 내 책장에 있는 책을 꺼내서 읽어도 좋아. 일단 책을 읽는 습관만 기르면 된단다."

아들은 아버지의 요구가 그리 어려운 것이 아니라고 생각했다. 그래서 아버지의 뜻에 따라 매일 밤 책을 펼쳐놓았다. 그는 20분 동안 교과서는 물론 다양한 책을 읽는 데 사용했다. 그런데 평소 안 하던 것을 하려니 처음에는 20분 동안 책을 읽는 것도 집중할 수 없었다. 하지만 아버지의 철저한 감독하에 그는 꾹 참아가며 약속을 지켜냈다.

그것이 익숙해지자 20분을 훌쩍 넘겨서까지 책을 읽게 됐다. 그리고 더욱더 책을 펼쳐놓는 시간이 길어졌다. 그는 서서히 책 읽는 즐거움에 빠져든 것이다. 어쩌다가 자신의 임무를 다하지 못한 밤에는 왠지 모를 허전함에 다시 잠자리에서 일어나 책을 읽기도 했다. 그의 책 읽는 습관이 완벽히 자리 잡고 난 얼마 후에 놀라운 일이 벌어졌다.

새 학기 성적표가 집에 날아온 날이었다. 아버지는 놀랍도록 향상된 아들의 성적을 보며 들뜬 마음으로 말했다.

"아빠의 요구가 효과를 보고 있구나! 너도 무언가에 집중하고 배움의 즐거움을 깨달았을 거야. 이제는 너를 감독할 필요가 전혀 없겠는 걸. 앞으로도 스스로 알아서 꾸준히 하렴!"

판진즈는 이후로도 잠자기 전 책 읽는 습관을 이어갔으며, 지금도 이러한 습관을 유지하고 있다고 한다.

학습능률을 높여주는 간단한 실천
:

이처럼 그의 인생이 긍정적인 방향으로 바뀐 것은 아버지의 간단한 요구에서 비롯됐다. 처음부터 아버지가 두 시간의 시간을 주고 책을 읽으라고 했다면 그는 꾸준히 그 요구를 들었을까? 예전에 한 어머니가 늘 아이에게 잔소리했던 이야기가 자연스럽게 떠오른다. 그녀는 열 살 남짓 되는 아들을 심하게 야단치며 거침없는 요구를 늘어놓았었다.

"앞으로 틀린 숙제는 20번씩 다시 해. 또 집에 돌아오면 국어책에 나오는 단어들을 베껴 써야 한다! 주말에는 집에서 영단어를 읽고 외워야 해. 그리고 매일 한 시간씩 영어듣기도 하고 또…"

엄마의 주문은 끝이 없었다. 과연 이렇게 아이를 몰아붙인다고 해서 그 아이가 이를 즐겁게 해낼 수 있을까? 해낸다 하더라도 얼마나 오랜 시간 유지되고, 학습한 내용이 얼마만큼 머릿속에 남아 있을까 의문이다.

아이들은 받아들이는 데에도 분명한 한계점이 있다. 부모가 아이에게 이런저런 요구를 하지 않을 수는 없지만 요구가 너무 많으면 좋은 효과를 거두기 어렵다. 복잡한 요구일수록 아이가 따르기 어렵다는 것을 부모가 반드시 명심해야 한다. 현명한 부모는 아이에게 아주 간단한 요구부터 시도한다.

멈춰야 할 때를
일러줘라

"만약 지금 네가 고집부리지 않고 원래 계획대로 집에 가서 점심을 먹으면 다음 주에 꼭 햄버거가게에서 어린이세트를 사줄게! 그러면 장난감도 받을 수 있어."

자아통제(self-control)는 인간의 성장 과정에서 매우 중요한 성품 중 하나다. 한 개인의 발전성과를 가장 구체적으로 드러내는 것은 아마 자아통제일 것이다. 그것은 자신과 주위 환경에 대한 통찰, 자기적응 능력에 대한 평가, 자신의 약점에 대한 성찰을 대표하기 때문이다. 또한 자신의 요구를 환경에 적응함으로써 적극적으로 대책을 강구하고 소통을 진행할 수 있음을 의미한다. 그리하여 자아통제는 스스로가 '자기 삶의 통치자'가 되어서 삶의 욕구와 만족을 조화롭게 이루어나가는 것이다.

자아 통제 능력은 어릴 때부터 길러주어야 한다. 아이의 연령이 낮으면 자아통제는 무척 어려운 일처럼 보인다. 그러나 모든 사람은 타고난 제어능력을 가지고 있다. 다만 어떤 때는 제어하고 싶지 않거나 강력한 지지를 얻지 못해서 안 하는 것뿐이다. 아이들은 아직 어려서 어떤 순간에 어디서부터 자신을 제어해야 할지 모른다.

아이 스스로 새로운 대안을 찾을 수 있도록 해주자

자아 통제 능력을 길러주려면 적절한 때를 잘 포착해야 한다. 아무 때나 참고 견디라고 강요하는 것이 아니라 아이가 요구하는 순간이 약속에 어긋날 때, 혹은 지나치게 자기중심적일 때 조절해주는 것이 좋다.

네 살 아이를 둔 엄마는 그 순간을 잘 이용해 아이가 자신의 욕구를 조절하는 법을 배우게 했다. 어느 주말 아이와 마트에서 쇼핑을 마치고 집에 돌아가려던 순간이었다. 아이는 마트 1층에 있는 햄버거 가게를 쳐다보며 발걸음을 옮기지 않고 뭉그적거리기만 했다. 그 모습을 보고 엄마가 말했다.

"우리 얼른 집에 가서 점심 먹기로 했잖아!"

"난 저기 햄버거가 먹고 싶어. 안 사주면 밥 안 먹을 거야!"

"그렇게 갑자기 떼를 쓰면 어떡하니? 음... 만약 지금 고집부리지 않고 원래 계획대로 집에 가서 점심을 먹으면 다음 주에 꼭 햄버거 가게에서 어린이 세트를 사줄게! 그러면 장난감도 받을 수 있어."

아이는 엄마의 말을 듣고 깊은 고민에 빠졌다. 그러다 이내 큰 결심이라도 한 듯 아이는 곧이어 엄마의 뒤를 따랐다. 그리고 여러 번 "정말 그때 꼭 사줄 거지? 꼭이다! 꼭!"하며 엄마의 다짐을 받았다. 아이는 엄마와의 약속대로 다음 주말 햄버거와 장난감을 얻게 되었다. 그날 아이는 참고 기다림으로써 좀 더 나은 것을 얻을 수 있다는 사실을 확실히 깨달았다. 아이의 엄마는 의도적으로 아이에게 자신을 통제하도록 유도했다. 그리고 다음에 이에 대한 보상을 약속하며 아이의 기대감과 만족감을 한층 높였다.

이렇게 부모가 아이에게 자아 통제 능력을 길러주면, 아이는 순간의 유혹을 뿌리치고 더욱 큰 목표를 향해 나아갈 수 있다. 이때 길러지는 자아통제는 화내는 성격을 다스리거나 의존심을 버리는 것, 공부에 대한 두려움을 극복하는 방법에도 유용하게 쓰인다.

아이가 반성할 수 있는 기회를 준다

"지금 네 행동이 옳은지 아닌지를 곰곰이 생각해보렴. 만약 생각이 끝나면 엄마한테 말해줘."

이웃집에는 네 살짜리 아이가 산다. 그 아이는 때때로 잘못을 하고도 반성은커녕 오히려 더 짜증을 내며 울 때가 많다. 한번은 장난감을 바닥에 던지고 땅바닥에 드러누워 악을 쓰는 모습도 봤다. 그럴 때면 아이의 엄마는 아들을 큰소리로 야단치지 않고 우는 아이를 달래주지도 않았다. 대신에 냉정한 태도를 유지하며 이렇게 말했다.

"지금 네 행동이 옳은지 아닌지를 곰곰이 생각해보렴. 만약 생각이 끝나면 엄마한테 말해줘."

엄마는 그렇게 말한 뒤 아들 옆에 가만히 앉아서 반응을 살폈다. 그러면 얼마 후 아이는 얌전히 바닥에서 일어나서 엄마에게 다가가 수줍은 듯 말했다.

"엄마, 방금은 제가 잘못했어요. 앞으로는 착한 어린이가 될

게요."

 그제야 엄마는 진심으로 뉘우치는 아이를 다정하게 안아주며 토닥여줬다. 그런 다음 방금 전 아이가 한 잘못들에 대해 차근차근 알려주었다. 무엇을 어떻게 잘못했으며, 그것을 해결하기 위해서 어떤 행동을 해야 하는지 넌지시 일러주면 아이는 엄마의 말이 끝나기도 전에 재빨리 몸을 움직였다. 바닥에 어질러진 장난감을 치워 다시 한번 엄마에게 미소를 지었다.

 나는 그녀의 훈육에 내심 감탄했다. 아이의 엄마는 아이를 지도하면서 마음 내키는 대로 아이를 때리거나 야단치지 않았다. 게다가 그와 정반대로 맹목적으로 참거나 봐주지도 않았다. 다만 아이에게 자기 스스로 잘못을 반성할 기회를 주면서 적절하고 현명한 조치를 취했다.

반성하는 시간은 아이의 연령에 맞게 준다
:

 심리학적인 관점에서 보면, 반성은 어떤 문제에서 야기되는 긴장을 풀어주고 상대방에게 갖는 적개심을 약화시킨다. 자기반성을 통해 우리는 기대하는 만큼의 인성교육 효과를 거둘 수 있다. 부모가 직접적으로 관여하여 훈육할 때도 있지만 아이에게 스스로 반성할 기회를 주는 간접적인 훈육도 적절하게 사용할 줄 알아야 한다.

아이에게 반성의 기회를 줄 때에는 아이의 연령적 특성과 개별적 성향, 문제의 원인 등 실제적인 상황을 우선 고려해야 한다. 부모가 전반적인 상황을 신속하게 파악하며, 사건 직후 아이의 심리적 변화와 행동을 주의 깊게 관찰하여 가장 적절한 시기에 도움을 주고 교육을 진행하면 된다. 가령 아이가 진심으로 잘못을 뉘우치고 그것을 고치겠다는 태도를 보여주면, 부모는 아이의 사과를 받아들인 후 잘못에 대한 분석과 개선 방향에 대해 이야기하면 된다.

이를 토대로 아이에게 반성할 기회를 줄 때 시간을 너무 길게 끌어서는 안 된다. 통상적으로 아이들은 집약적으로 사고하는 시간이 매우 짧다. 그렇기 때문에 시간이 갈수록 아이는 잘못을 금방 잊어버리고 아무렇지 않은 태도를 보이기 쉽다. 그러면 오히려 제멋대로 굴거나 고집을 부리는 등 나쁜 습관만 길러지게 되니 주의가 필요하다. 따라서 반성할 기회를 주는 것은 후하되, 반성하는 시간은 아이의 연령에 맞게 합리적인 시간을 주도록 하자.

아이의 꿈에 관심을 갖고 지켜준다

"그 꿈이 사실이라면 너는 운이 좋은 거란다! 이루기 어려운 일을 꿈에서 보여주는 건 네가 그 꿈을 이룰 수 있도록 신이 도와준다는 뜻이거든."

 아이들의 세계는 끝이 없고 다채롭다. 그들은 마치 창작을 기다리는 캔버스 같아서 가장 멋진 그림을 그리는 상상을 하며 자신의 이야기를 펼쳐나간다. 알록달록한 색으로 온 대지를 물들이는 상상을 하는가 하면, 떠오른 해처럼 이 세상을 환하게 빛으로 채우는 상상을 하기도 한다. 그들에게 상상하고 꿈꾸는 것은 하나의 놀이이자 성장이다.

 아이는 꿈으로서 자신의 미래를 그려나간다. 비록 아이의 꿈이 어른들의 눈에는 비현실적이고 터무니없어 보일지라도 그 꿈이 건전하고 긍정적이라면 구태여 꿈꾸는 것을 막을 이유가 없다. 꿈이 있는 아이는 희망을 품은 새싹이기에 무엇으로 피어날지는 아무도 모를 일이기 때문이다.

런던의 한 신문사는 아주 흥미로운 광고를 실었다. 50년 전 자신의 꿈을 적은 아이들을 찾는 광고로, 이 계획은 한 교사로부터 시작되었다. 그 교사는 우연히 자신의 다락방을 정리하다 한 묶음의 노트를 발견하고 이일에 착수했다. 그것은 아주 오래전, 31명의 유치원생들이 <미래의 나>라는 주제를 가지고 쓴 글짓기 노트였다.

교사는 반가운 마음에 노트 몇 권을 골라 읽었다. 그리고 이내 아이들의 천진난만하고 다양한 미래의 꿈에 푹 빠져들었다. '로드'라는 아이는 해군 장교를 꿈꾸었다. 바다에서 수영을 하다 3리터나 되는 물을 먹었지만 죽지 않았다는 이유에서였다. 또 어떤 아이는 대통령이 될 것이라고 썼는데 그 이유는, 같은 반 또래들이 7개 정도밖에 못 외우는 도시 이름을 자신은 무려 25개나 외울 수 있다는 자부심 때문이었다.

그 외에도 아이들이 써놓은 꿈은 매우 다양해서 안 나온 직업이 없을 정도였다. 그중에 특히 교사의 눈길을 끈 것은 앞을 보지 못하는 한 아이의 꿈이었다. 아이는 시각장애라는 어려움을 갖고도 큰 병원에서 수술을 집도하는 의사가 되겠다고 했다. 시각장애인 의사는 본 적이 없다는 어른들의 말에 일종의 반항심과 스스로에 대한 도전인 셈이었다.

한참 글을 읽던 교사는 문득 이런 생각이 들었다고 한다. '이 노트들을 그때의 아이들에게 보내어 50년 전의 꿈을 이루었는지 되돌아보게 하는 것은 어떨까?' 하고. 교사의 계획에 흥미를 느낀 한 신문사가 광고를 내어준 것이다.

광고 후 며칠이 지나지 않아 각지에서 편지가 도착했다. 대부분 평범한 어른이 되었고 사업가, 학자, 정부 관리 등 다양한 직업을 갖고 있었다. 모두들 자신의 꿈의 노트를 돌려받길 희망했고, 교사는 편지에 적힌 주소로 각자의 노트를 보내주었다. 그렇게 1년 뒤, 교사에게 남겨진 글짓기 노트는 앞을 보지 못하는 아이의 것만 남게 되었다. 교사는 그의 편지를 기다렸으나 이내 포기하고 다시 보관함에 넣어두기로 했다.

그러던 어느 날 한 병원의 병원장으로부터 아주 특별한 편지 한 통이 배달되었다.

'당신은 앞을 보지 못하던 아이를 기억합니까? 그 아이가 바로 접니다. 우리들의 어린 시절 꿈을 간직하고 있어 줘서 정말 고맙습니다. 하지만 저는 그 노트가 필요 없습니다. 왜냐하면 그때의 꿈을 아직도 분명히 기억하고 있기 때문입니다. 저는 단 하루도 그 꿈을 잊은 적이 없습니다. 그리고 50년이 지난 지금 이미 그 꿈을 이뤘다고 말할 수 있습니다. 비록 수술을 집도하는 의사는 되지 못했지만 큰 병원의 원장이 되었으니까요. 저는 친구들에게 말하고 싶습니다. 언제까지나 어린 시절의 아름다운 꿈을 잃어버리지 않는다면 성공은 반드시 자신 앞에 나타난다는 것을 말입니다.'

이 감동적인 편지는 훗날 런던의 「선(The Sun)」지를 통해 공개됐다. 그는 그 나라 최초의 시각장애인 병원장이 되어 모든 이에게 희망을 선사했고, 꿈을 간직하고 노력하면 이루어 진다는 진리를 일깨워주었다.

부모의 믿음과 함께 이루어지는 아이의 꿈
:

어느 목재상의 아들은 약간 멍청하게 생긴 데다 실제로도 바보라고 놀림을 받았다. 그는 아홉 살까지도 '너츠(nuts 속어로 대가리, 미치광이란 뜻-역주)'라는 별명을 달고 살았다. 그런 아이가 어느 날, 자신이 쓴 작품이 노벨의 칭찬을 듣고 국왕에게 상을 받는 꿈을 꾸게 되었다. 이 신기한 꿈을 자랑하고 싶었지만 괜히 놀림받을까 봐 그는 입을 꾹 다물었다. 대신 엄마한테만 살짝 이야기해주었다.

"그 꿈이 사실이라면 너는 운이 좋은 거란다! 이루기 어려운 일을 꿈에서 보여주는 건 네가 그 꿈을 이룰 수 있도록 신이 도와준다는 뜻이거든."

그러자 아이는 자신이 세상에서 가장 행복한 사람이라고 생각했다. 이 넓은 세상에서 신의 선택을 받았다고 굳게 믿었기 때문이다. 아이는 신의 기대를 저버리지 않기 위해 매일 글쓰기에 몰입했고 그것은 아이에게 매우 즐거운 일이 되었다.

그는 많은 시간을 글 쓰는 데 할애했고, 성인이 되어 1965년 자신의 첫 번째 소설인 《운명》(원제 : SORSTALANSAG)을 완성했다. 그리고 1975년에는 두 번째 소설인 《좌절》을 완성하고 이후로도 계속해서 작품을 써 내려갔다. 그러나 꿈처럼 쉽게 상은 주어지지 않았다. 그가 더 이상 신의 뜻을 기다리지 않게 되었을 무렵, 불현듯 신의 장난 같은 일이 찾아왔다. 2002년 스웨덴 예술원에서 그가 노벨문학상을 받게 된 것이다. 그는 수많은 작가들이 평생도록 바라는 꿈을 마침내 이루었으며, 그의 조국에 커다란 영광을 안겨주었다. 그의 이름은 임레 케르테스(Imre Kertesz), 헝가리가 자랑하는 유명작가였다.

사람들은 노벨문학상을 받은 케르테스를 보고 행운아라고 말한다. 하지만 그가 진짜 행운아인 사실은 명예로운 상을 받아서가 아니라 훌륭한 어머니를 두어서가 아닐까 싶다. 그의 어머니는 비웃음을 살만한 아이의 황당한 꿈에 멋진 날개를 달아주고 아이가 꿈꾸게 도와주었기 때문이다.

부모는 만약 내 아이에게 꿈이 있다면 그것을 목표로 날아갈 수 있도록 날개를 달아주어야 한다. 설령 아이의 꿈이 현실과 거리가 멀고 유치하더라도, 실현 불가능한 꿈이라고 비웃어서는 안 된다. 오히려 그 꿈을 잃지 않도록 관심을 갖고 지켜주며 격려해야 한다. 노력하면 불가능한 일은 없다고 용기와 믿음을 주는 것이 부모가 해야 할 몫이다.

많은 시간을
함께 지내라

'미소 한 번, 격려의 말 두 마디, 피크닉 세 번. 피크닉은 반드시 햇살 가득한 풀밭이나 강가에서 온 가족이 모여서 할 것!'

요즘 부모와 아이가 함께 보내는 시간이 갈수록 줄어들고 있다. 그도 그럴 것이 맞벌이 부부가 대다수인데다가 정신없이 일에 쫓기다 보면 아이에게 내어주는 시간을 고민하게 된다. 바쁘다는 핑계로 아이와 함께하는 시간을 필수로 여기기보다는 선택을 하게 되는 것이다.

하지만 아이에게는 선택이란 없다. 그들은 온전히 부모와 함께 하길 원하며 모든 순간을 함께 나누길 원한다. 이 같은 부모와의 교감을 통해 유대감이 쌓이고 심리적 안정감을 느끼며 가족을 소중히 여기는 마음과 부모를 공경하는 법도 자연스럽게 배우게 된다.

더 나아가서는 아이의 사회성 발달에 커다란 영향을 끼친다. 부모와 아이의 시간은 아이가 갖는 첫 번째 사회적 경험이기 때문이다. 따라서 아무리 바쁜 부모라도 아이를 선택의 목록에 두어서는 안 된다. 단순히 아이에게 시간을 내어주는 것만으로도 아이가 부모의 사랑을 느끼기에 충분한 표현 방법이다.

부모와 함께 하는 시간이 아이의 성격을 결정짓는다
:

어느 날, 한 남자아이가 아빠를 졸라대며 집 근처 공원으로 놀러가자고 말했다. 그러자 아빠는 귀찮다는 표정으로 대답했다.
"아빠가 너무 피곤해서 너랑 놀아줄 시간이 없단다."
잔뜩 실망한 아이는 이렇게 물었다.
"아빠는 하루에 얼마나 벌어요?"
그러자 아빠는 "30위안 정도 되지."라고 말했고 아이는 알 수 없는 표정으로 고개를 끄덕이며 돌아섰다. 그리고 한 달 뒤, 어느 토요일 아침에 아이는 집을 나서는 아빠를 붙잡고 말했다.
"아빠, 오늘 하루 아빠를 '사고' 싶은데, 그래도 돼요?"
아빠는 무슨 영문인지 몰라 고개를 갸우뚱거렸다. 그러는 사이 아이는 자신의 주머니에서 주섬주섬 지폐를 꺼내 아빠의 손에 쥐어 주었다.
"제가 그동안 모은 돈이에요. 그러니 오늘 하루는 저랑 함께 있어주세요!"

알고 보니 아이는 한 달 내내 자신의 점심값을 아껴서 40위안 가량을 모았던 것이다. 그런 아들의 행동을 보자 아빠는 커다란 충격을 받았다. 아들에 대한 미안함과 부끄러움에 아빠는 이렇게 말했다.

"아이의 어린 시절은 평생 단 한 번뿐인데 돈 조금 더 벌겠다고 그 소중한 시간을 흘려보내다니 정말로 후회가 되네요."

아이들은 매순간 부모의 사랑과 관심을 필요로 하며 소통을 원한다. 하지만 여러 이유로 그러지 못하는 부모들도 많다. 이 한 쌍의 젊은 부부 역시 그랬다.

부부는 자신의 아이가 미련하고 두뇌회전이 느리며 심리적으로도 문제가 있는 것 같다고 생각했다. 그래서 전문가를 찾아가 상담을 받고 다음과 같은 처방전을 받았다.

'미소 한 번, 격려의 말 두 마디, 피크닉 세 번. 피크닉은 반드시 햇살 가득한 풀밭이나 강가에서 온 가족이 모여서 할 것!'

부부 입장에서 황당하기 그지없는 처방이었다. 하지만 전문가가 이렇게 처방을 내린 데에는 그만한 이유가 있어서였다. 전문가가 들은 아이의 속마음은 이랬다.

"하루하루가 너무 지루해요. 아침에 밥을 먹고 나면 학교에 가고요, 수업을 마치고 집에 오면 밥을 먹고 나서 숙제하고 잠을 자요. 토요일에는 보충수업을 들어야 하고, 또 짬을 내서 클라리넷도 연습해야 해요. 가끔 엄마 아빠랑 놀러 가기로 약속한 날이면 아빠는 어김없이 급한 일이 생겼다고 말씀하세요. 전 그냥 실컷 놀고 싶을 뿐이에요."

그러면서 아이는 나지막이 속삭였다.

"엄마 아빠는 집에 돌아오면 텔레비전을 켜고 주식 같은 걸 보느라 저는 쳐다보지도 않으세요. 사실 나도 만화영화 엄청 보고 싶은데…. 쉿! 이건 비밀이에요."

전문가는 아이와 대화를 나누면서 그가 누구보다 똑똑하고 예민하다는 것을 알았다. 그리고 이같이 결론을 내린 것이다.

'아이에게 관심을 보여줄 것!'

잠시라도 아이와 눈을 맞추고, 아이와 함께 시간을 보내도록 하자. 부모와 함께하는 양질의 시간만큼 아이의 성격과 사회성 형성에 큰 영향을 주는 것은 없다.

아이의 양육에
부모가 함께 참여하라

자녀양육은 부부가 함께 짊어지고 나가야 하는 것이지 어느 한쪽이 도맡아 하는 것은 바람직하지 않다.

오늘날은 한 가정에 한 명의 자녀를 두는 경우가 적지 않다. 이때 사이좋은 부부의 자녀라면 누구보다 좋은 성장환경을 갖게 된다. 또한 부부가 함께 육아에 참여하면 아이는 자신이 소중한 존재임을 느끼며 밝고 건강하게 성장할 수 있다.

그러나 반대로 부부 사이가 나빠 어느 한쪽 부모만 육아에 힘쓴다면 아이는 기형적으로 성장하기 쉽다. 간혹 일부 아이들에게서 보이는 엘렉트라콤플렉스(딸이 아버지에게 애정을 품고 어머니를 경쟁자로 인식하여 반감을 갖는 경향을 가리키는 정신분석학 용어-역주)라던가 학업에 대한 염증 등은 한쪽 부모의 치우친 훈육의 결과로 나타나기도 한다. 옌옌(燕燕)이라는 열다섯 소녀의 증상이 바로 이런 사례였다.

한쪽으로 치우친 육아, 불안에 떠는 아이

:

 예전의 옌옌은 내성적이기는 했으나 선생님과 친구들 모두 그녀를 좋아할 만큼 사랑스러운 아이였다. 그런 그녀가 어느 순간 사람들과 어울리려 하지 않고 자기 자존심만 내세우며 완벽함을 요구하는 아이로 변해갔다. 때때로 옌옌은 시도 때도 없이 손을 씻는 이상행동을 보였고, 주위 환경에 적응하는 것도 날로 힘들어했다. 그래서 그녀는 중학교도 마치지 못하고 휴학을 해야 했다.

 하지만 온종일 집에만 있는데도 그녀의 정서불안은 더욱 심해져서 항상 불평을 늘어놓았고 심지어 부모를 원망하며 욕을 하기도 했다. 나날이 날카로워지는 옌옌을 보며 부모는 하는 수 없이 정신과 의사를 찾았다. 그들은 상담을 받으며 옌옌에 대해 중요한 사실을 알아냈다. 그녀의 성격이 점점 어둡고 거칠게 변한 시점이 부부 사이가 나빠진 이후라는 점이었다.

 옌옌의 아버지는 일중독으로 평소에 집에 있는 경우가 드물었다. 집안일은 모조리 아내에게 떠맡겼고 아이의 양육문제 역시 관심 밖이었다. 옌옌의 어머니는 그런 남편의 무관심을 항상 원망했고, 생활에 필요한 기본적인 것 외에 아이의 심리적인 문제에 대해서는 거의 등한시했다. 감정기복이 심하고 적응력이 부족한 옌옌이 전학가기를 원했지만 이 역시 받아들여지지 않았다.

  결국 옌옌의 성적은 갈수록 떨어졌고 시험에 대해 공포를 느끼며 학교를 자주 빼먹었다. 그녀는 4개 과목에서 낙제를 받은 후에야 어쩔 수 없이 휴학을 할 수밖에 없었다.
상담을 끝낸 정신과 의사는 옌옌의 증상을 부부 갈등과 편협적인 육아문제에 원인이 있다고 보았다. 부부가 갈등을 겪으면서 방치된 아이의 마음에도 커다란 상처가 생겨난 것이다. 그 후 부부는 정신과 의사의 조언에 따라 아이가 아닌 자신들의 행동부터 바꾸기로 결심했다.

  옌옌의 아버지는 집에 돌아오면 항상 아이의 생각에 관심을 보였다. 그리고 적극적으로 아이에게 애정을 표현하면서 아버지의 사랑을 느낄 수 있도록 노력했다. 더불어 자신의 직업과 사회활동에 대해서도 이야기하며 남자의 강인한 생활태도를 보여주었다. 옌옌의 어머니는 먼저 남편에 대한 불평불만을 줄이고 아이에 대한 나쁜 교육 방식을 고쳐나갔다. 세심하고 다정하게 아이를 보살핌으로써 모성을 충분히 느끼게 해주었다. 그들은 옌옌의 일에 있어서만큼은 함께 상의하며 책임감을 가졌다.

  이 같은 부모의 변화는 옌옌의 정서에 본질적인 변화를 일으켰다. 그녀는 더 이상 부모를 원망하지 않았고 혼자서 의기소침해하지도 않았다. 점점 부모와 대화를 늘려가며 웃음도 되찾았고 얼마 후, 다시 학교로 돌아가고 싶어 했다. 다행히 옌옌의 부모가 너무 늦지 않게 자신들의 잘못을 바로 잡았기 때문에 가능한 일이었다.

아이를 키우고 교육하는 일은 가정에서 부부가 함께 책임져야 할 의무이다. 자녀양육은 부부가 함께 짊어지고 나가야 하는 것이지 어느 한쪽이 도맡아 하는 것은 바람직하지 않다. 아버지의 사랑은 산과 같고, 어머니의 사랑은 바다와 같다고 하지 않던가! 부부가 함께 호흡을 맞춰 적극적으로 아이를 양육한다면 최상의 교육 효과를 얻을 수 있다.

인내심을 가지고
귀를 기울여라

아이의 이야기를 들을 때에는 화를 가라앉히고 인내심을 가지도록 하자.

 아이가 잘못하면 자신의 화를 이기지 못하고 큰소리부터 치는 부모가 많다. 그러나 이처럼 지나친 감정적 대응은 아이의 훈육과는 무관한 부모의 화풀이가 될 뿐이다. 만약 아이 앞에서 감정이 앞서는 부모라면 조금 더 냉정해질 필요가 있다. 자신의 마음을 앞세우기보다 먼저 아이의 속마음에 귀를 기울여보도록 하자. 비록 아이가 잘못했더라도 아이 먼저 생각한다면 너그럽게 이해하지 못할 행동은 없다.

아이의 마음을 닫는 부모의 '화'

 우(吳) 부인과 아들의 사연은 이를 보여주는 좋은 예이다. 평소 친구처럼 스스럼없이 지내는 모자는 언제 어디서나 이야기꽃을 피웠다. 주위 사람들도 두 사람을 보면 부러운 시선을 보냈다. 그들은 아이의 마음을 활짝 열게 만드는 우 부인의 지혜를 몹시 궁금해 했다. 하지만 그것은 의외로 간단한 일이었다. 우 부인은 자신의 감정보다 아이의 말을 먼저 들었던 것이다.

하루는 아이가 학교를 마치고 돌아와 우 부인에게 다음과 같이 말했다.

"오늘 오후 국어시간에 너무 졸려서 잤지 뭐예요."

아이는 자신의 불성실한 수업태도를 너무 태연하게 말하는 것이었다. 사실 이런 이야기를 들으면 대부분의 부모들은 황당함에 화를 버럭 낼지도 모른다. 우 부인 역시 당황스럽긴 마찬가지였다. 하지만 그녀는 자신의 화난 감정을 뒤로하고 심호흡을 한 후 마음속으로 이렇게 되풀이했다.

'어차피 벌어진 일이야! 지금 내가 화를 내봤자 아무런 도움이 안 돼.'

자신도 모르게 화난 표정을 지으면 아이가 더 이상 학교에서 있었던 일을 말하지 않을까 걱정해서였다. 그녀는 아이와 똑같이 아무렇지 않은 듯 물었다.

"그래서 선생님께 야단을 맞았니?"

"아뇨, 선생님은 제가 잔 줄 모르시는 것 같더라고요. 아무도 제게 뭐라 하지 않았어요."

아이와 우 부인은 그 이후로도 자연스럽게 대화를 이어나갔

| 아이의 마음을 움직이는 한마디 |

다.

"너 선생님이 가르쳐주시는 것은 다 들었니?"

"네! 전부 들었어요. 선생님의 진도도 잘 따라갔고 숙제도 빠짐없이 적었어요."

아이의 표정은 무척 당당했다. 하지만 딱 부러지는 대답과는 달리 아이의 학업성과와 숙제의 완성도는 자신의 기대만큼 완벽하지 못했다. 숙제할 때마다 종종 어려운 문제에 가로막혀 애를 먹기 일쑤였다. 그때 우 부인이 아이에게 물었다.

"혹시 네가 숙제를 어려워하는 건 수업 시간에 자느라 제대로 못 들어서가 아닐까?"

그러자 아이는 인정한다는 듯 기가 죽은 말투로 대답했다.

"그럴지도 몰라요. 수업을 잘 듣고 있다고 생각했는데 알고 보니 놓친 부분이 꽤 많았어요. 앞으로는 수업시간에 절대 졸지 말아야겠어요!"

아이는 스스로 자신의 문제를 해결하는 방법을 찾아냈다. 이는 우 부인의 대화법이 긍정적인 효과를 불러왔기 때문에 가능한 일이었다.

어른이 아이의 잘못을 알고 난 후 화난 감정을 억누르고 냉정하게 해결하기란 결코 쉬운 일이 아니다. 하지만 그럴수록 감정 다스리기는 필수이다. 어른이 자제력을 잃고 감정대로 한다는 것은 곧 대화 중단을 의미하기 때문이다. 아이의 입장에서 생각해보자. 자신이 저지른 행동에 대해 부모가 자기 생각만을 늘어놓고 나무라기만 한다면 어떤 아이가 속마음을 털어놓을 수 있을까?

실제로 모든 아이들은 어른을 실망시키고 싶어 하지 않는다. 따라서 어른이 자신에게 엄청난 실망감과 우려를 보인다면 오히려 아이의 상처만 깊어질 뿐이다. 아이의 이야기를 들을 때에는 화를 가라앉히고 인내심을 가지도록 하자. 아이가 자연스럽게 마음속 고민을 털어놓을 수 있게 하는 것이 가장 중요하다.

권위있는 요구가
아이의 반항을 잠재운다

아이에게 나름대로 제한을 두면서 스스로 책임을 질 수 있는 자유를 부여하는 부모가 아이에게 끼치는 영향력은 매우 크다.

아이와 문제가 발생하면 그것이 원칙에 크게 어긋나지 않는 선에서는 가만히 지켜보는 것도 좋다. 설령 부모의 눈에는 공정하지 못하다고 해도 조금만 양보해주면 대개 문제는 즉시 해결된다.

하지만 양보만으로 다루기 어려운 시기도 있다. 특히 사춘기 시절 아이의 고집과 독선은 부모를 수차례 시험에 빠져들게 만든다. 자신의 개성을 찾고 보여주기를 우선으로 삼는 시기라 이러한 과정에서 부모와 부딪혀 갈등의 원인을 제공한다. 남에게 자신을 특별한 존재로 인식시키려고 잘못된 행동을 표현할 때도 있기 때문이다. 그렇다면 부모는 반항적이고 제멋대로인 아이를 어떻게 교육해야 할까?

자유와 제약을 함께 주는
권위적인 부모 되기
:

아이가 처음으로 독단적인 행동을 보일 때 무턱대고 엄격한 태도를 보이지 말자. 사춘기에 접어든 아이를 지나치게 꾸짖고 훈계하면 아이는 더욱더 자기 생각을 고집한다. 그러면 갈등은 증폭되고 그만큼 훈육은 더욱 힘들어진다.

가령, 열세 살 아이가 토요일에 친구의 생일 파티에 간다고 일방적으로 통보했다고 치자. 어떤 부모는 "좋아. 대신 너무 늦게 오면 안 돼."라고 시원하게 허락했다면, 심리학자는 이런 부모들이 아이에게 별로 관심이 없거나 그들의 비위를 맞추기 위한 방임태도라고 설명한다. 반면에 "안 돼! 혼자서 파티에 참가하기에 너는 아직 너무 어려. 다시는 얘기도 꺼내지 마."라며 아이의 요구를 거절하는 독단적인 부모도 있다. 이런 부모들은 습관적으로 명령하듯 아이를 무조건 가로막는다.

위의 두 경우라면 아이는 부모에 대해 혼란스러운 감정을 가질 수밖에 없다. 부모의 역할과 사랑을 의심하고 자신의 존재감에 대해 고민하게 된다. 결국 생기지 않아도 될 갈등이 시작되게 되는 것이다.

하지만 앞의 두 경우와 달리 '권위 있는 부모'는 아이의 요구에 대해 이렇게 말한다. "너도 우리 가족만의 규칙이 있다는 걸 잘 알지? 주말 밤에는 10시에 잠자리에 들어야 해. 만약 밤

10시 전까지 집에 돌아올 수 있다면 그 파티에 가도 좋아!"라고. 자유와 제약을 함께 주어 아이가 부모의 말에 수긍하고 지키도록 약속을 받을 수 있다.

이처럼 아이들은 의외로 부모의 권위적인 요구를 좋아한다. 그런 요구는 아이들을 엄격하게 제한하는 동시에 활동의 여지도 주기 때문이다. 아이에게 나름대로 제한을 두면서 스스로 책임을 질 수 있는 자유를 부여하는 부모가 아이에게 끼치는 영향력은 매우 크다. 이런 부모는 아이의 모든 일에 사사건건 지적하는 것이 아니라 결정적으로 중요한 부분만 일깨운다. 그렇기 때문에 지긋지긋한 잔소리로 아이의 반감을 사는 경우를 피할 수 있다.

미국의 어느 한 가정에는 다음과 같은 가풍을 이어갔다. 매주 일요일 오전 9시마다 온 가족이 함께 예배를 드린 뒤 아침 식사를 하는 것이다. 그런데 한번은 열여섯 살 된 아이가 이를 무시하고 9시까지 일어나지 않았다. 식탁에서 기다리던 부모는 아이를 깨우러 갈 수밖에 없었다.

"도저히 일어나지 못하겠어요. 조금 더 자고 싶어요!"

아이는 좀체 침대에서 일어날 생각을 안했다. 부모는 가풍을 존중하지 않은 아이를 정당하게 꾸짖어도 되었다. 하지만 그들은 그렇게 하지 않았고 대신 더 자고 싶은 이유를 먼저 물었다. 그러자 아이는 "그저께 학교에서 늦게까지 신문 원고를 썼는데 아직 피로가 다 풀리지 않았어요. 그래서 주말에 조금 늦잠을 자고 싶은 것뿐이에요."라고 대답했다.

부모는 아이의 말을 듣고 상황을 충분히 이해했다. 그들은 가풍보다 먼저 아이를 존중해주기로 결정하고 예배 시간을 오전 11시로 미루기로 했다.

아무 이유 없이 힘들어하는 청소년은 없다. 훈육을 핑계로 강요만 하지 말고 한발 물러서 아이를 믿고 그들의 목소리를 들어주는 것이 중요하다. 부모가 좀 더 넓은 시각으로 외적 조건을 만들어준다면 아이들은 분명히 부모가 기대하는 방향으로 높이 날아갈 것이다.

3부

부모와 아이가 행복해지는 작은 실천

아이의 시간에 맞춰라

부모 스스로 아이를 남들과 비교하며 빠른 성과를 바라고 있지는 않은지 자신을 점검해보는 것이 먼저다.

맹자(孟子) 공손추(孔孫醜)편에 나오는 「알묘조장(揠苗助長)」에 관한 이야기다. 송(宋) 나라의 한 농부가 벼 이삭이 너무 더디게 자라는 것을 못마땅하게 여겨 하루 속히 자라도록 벼의 순을 조금씩 잡아당겼다. 그는 그렇게 하면 싹이 더 잘 자랄 것이라고 여겨 생장을 도와준 것이라며 스스로 만족해했다. 그러나 이것이 오히려 싹이 자라는 것을 해쳐 논에 갔을 때에는 이미 말라죽어가더라는 내용이다. 즉, 곡식을 얼른 수확하고 싶은 조급증에 농부는 아무것도 얻지 못했다는 교훈이다.

요즘에도 이런 어리석은 농부가 있을까? 아닌 척해도 더러는 이러한 실수를 저지르는 부모가 있다. 내 아이의 출발선이 뒤처질까 걱정하는 부모들…. 다른 집 아이가 조기교육을 하는 것을 보면 놀이터에서 마냥 노는 내 아이는 왠지 시간낭비하는 것 같이 생각된다. 그래서 아이의 연령에 맞지 않는 선행학습을 감행하는 경우도 적지 않다. 하지만 부모가 그렇게 밀어붙인다고 해서 아이가 이를 제대로 받아들일지는 의문이다.

중국 내 100명의 조기교육 경험이 있는 초등학생을 대상으로 조사한 바에 따르면, 그들 중 수업이나 숙제에 흥미를 느끼는 경우는 18%였다. 반에서 높은 성적을 차지하는 학생은 불과 2%에 지나지 않았으며, 반대로 성적이 만족스럽지 못한 경우는 56%에 달했다. 이 결과를 보더라도 조기교육의 효과는 미미하다. 오히려 그 때문에 아이들이 교육에 재미를 못 느끼고 있다는 설명이 가능하다.

취학연령 이전의 아동은 대뇌의 자아 억제 기능이 강하지 않아서 자제력이 부족하다. 그러므로 수업과 과외 공부에 대한 스트레스를 제대로 견디지 못한다. 이들의 정신적인 성장을 고려하면 부모는 아이의 놀 권리를 너무 일찍 빼앗아서는 안 된다. 부모의 조급한 시간에 맞추려는 것은 오히려 아이의 성장을 방해하는 것이다. 내 아이가 순리대로 성장해나갈 수 있도록 부모에게도 여유가 필요하다.

아이의 성장은
속도전이 아니라 바라봄이다
:

미국의 교육을 1년간 체험해 본 중국의 한 부인의 이야기이다. 당시 마(馬) 부인의 가족이 미국으로 갔을 때 그들의 아이는 여섯 살 무렵이었다. 아들은 공립학교의 부설 유치원에 반 배정을 받아 입학을 준비했다. 하지만 낯선 곳에서 아이 혼자 잘 해낼 수 있을지 엄마는 이만저만 걱정이 아니었다. '아직 영어도 잘 모르는데…. 선생님이 너무 심하게 영어 공부를 시키면 어쩌지?' '친구들이 따돌리거나 약을 올리면?' 걱정이 꼬리에 꼬리를 물었다.

그런데 신기하게도 아들은 낯선 유치원을 두려워하지 않았다. 오히려 날마다 즐거운 마음으로 다녀 그녀의 걱정을 한시름 덜어주었다. 그리고 한편으로는 어떻게 그렇게 빨리 적응할 수 있었는지가 궁금해졌다. 아마도 선생님의 세심한 배려가 있었을 것이라 생각했다.

그러다 어느 날, 마 부인은 유치원 야외활동 수업에 참관하게 되었다. 그녀는 유심히 자기 아들을 관찰하다 지극히 당연한 이치를 발견했다. 그것은 내 아이가 특별한 대우 없이 다른 아이들과 똑같이 활동한다는 점이었다. 선생님은 모든 아이들에게 이래라저래라 요구하지 않았고, 아이들끼리 어울려 자신들이 좋아하는 놀이를 했다. 아들이 영어를 모르는데도 별다른 문제를 느끼지 못했던 것은 아마도 이 같은 자유로운 교육방식 때문이라고 생각했다.

아이가 영어를 하든 못하든 선생님은 지적을 하지 않았다.

그저 아이들과 마음을 열고 어울리는 공간만 제공할 뿐이었다. 또래와 눈빛을 주고받으며 교감을 한 아이는 영어에 대해 특별히 가르침을 받지 않아도 서서히 말하는 법을 익혀갔다. 그렇게 시간이 흘러 아들은 어느새 영어를 읽고 쓸 수 있게 되었다.

그 당시 마 부인이 중요하게 느낀 점은, 아이에게 굳이 공부를 강요하거나 규칙을 강조하지 않아도 된다는 사실이었다. 아이는 하루하루 자연스럽게 성장해가고, 자신만의 규칙도 만들어갔다. 우리가 눈앞의 성과에 급급해하지 않으면 아이는 그들의 순리대로 잘 성장해나가는 것이다.

혹자는 그곳의 환경이 우리의 교육환경과 다르다 주장할 수도 있다. 하지만 단순히 교육환경만을 탓할 수는 없지 않은가! 부모 스스로도 아이를 남들과 비교하며 빠른 성과를 바라고 있지는 않은지 자신을 점검해보는 것이 먼저다.

다양한 체험을 하게 하라

**'딸은 이미 다 컸는데 우리만 그녀를 어린아이로 보았던 거야!
앞으로 더 이상 딸에게 간섭을 할 필요가 없겠어.'**

한 아버지가 게임에 푹 빠져있는 아이에게 신선한 제안을 했다.
"네가 신문을 돌리고 모은 돈을 모두 가져도 좋아. 그걸로 네가 원하는 것은 마음껏 하렴."
아이는 그 돈으로 원하는 게임기를 사기 위해 기쁜 마음으로 아버지의 제안을 승낙했다. 아버지는 비교적 적은 양의 신문을 아이에게 돌리도록 했다. 하지만 아이는 그것도 힘에 겨워 해 하루 만에 포기를 선언했다. 그러자 이번에 아버지는 아들을 달래며 말했다.
"아빠가 도와줄게. 딱 한 달 만 채워서 그 돈은 네가 갖도록 해."
아이는 또 다시 아버지의 제안에 승낙하고 우여곡절 끝에 생애 첫 월급을 받게 됐다. 아버지는 아들에게 월급을 어떻게 쓸

거냐고 물었다. 그러자 아들이 대답했다.

"신문 돌리는 일은 무척 어려웠어요. 하지만 일을 잘 해낸 것 같아 정말 뿌듯해요. 이 돈은 정말 소중해서 함부로 못 쓸 것 같아요!"

아이는 아버지의 제안 덕분에 성취감도 느끼고 더불어 돈의 개념도 배우게 되었다. 이러한 체험활동은 아이의 후천적 성장에 가이드 역할을 한다. 아이가 수많은 사람들을 만나고 다양한 일을 경험하면서 일찍이 사회적응력도 키우고, 성실하고 근검절약하는 좋은 습관도 기르게 해주는 것이다.

또한 일을 해 본 아이들은 공부와 노동 중 어느 쪽이 더 힘든지 피부로 느끼게 된다. 그렇기 때문에 학생으로서 더욱더 열심히 공부해야겠다는 인식도 자연스럽게 생기게 된다.

경험한 만큼 자란다
:

하지만 이러한 경험의 지혜를 무시하고 어떤 부모들은 아이에게 아무것도 하지 말고 그저 공부만 열심히 하라고 말한다. 그러나 이것은 엄청난 착각이다. 아이가 훌륭한 인재로 자라려면 다방면의 재능이 필요하다. 그런데 단지 시험성적만 좋고 그 외에 아무것도 할 줄 모른다면 사회에서는 그다지 도움이 되지 못한다. 그런 아이는 부모에게만 모범생 아이일 뿐 부모를 떠나서는 아무것도 아닌 것이다.

사람이 아무것도 겪지 않으면 어떻게 경험할 수 있으며, 아무런 경험이 없으면 어떻게 재능을 키워갈 수 있겠는가! 부모는 품 안의 자식을 놓아주고 쓸데없는 걱정을 더는 연습을 해야만 한다.

한때 고등학생인 딸이 걱정돼 통금시간을 정하면서까지 지극히 보호했던 부모가 있었다. 그런 부모의 감시를 피해 딸은 방학동안 친구들과 몰래 여행을 다녀왔다. 당연히 부모는 깜짝 놀라며 그녀를 심하게 야단쳤지만 한편으로는 대견해하기도 했다. 부모가 걱정하던 일은 전혀 일어나지 않았던 것이다. 오히려 여행을 통해 많은 것을 경험한 그녀를 보며 부모는 이렇게 느꼈다.

'딸은 이미 다 컸는데 우리만 그녀를 어린아이로 보았던 거야! 앞으로 더 이상 딸에게 간섭을 할 필요가 없겠어.'
여행으로 자신의 능력을 입증한 딸은, 훗날 미국으로 건너가 1년간 공부할 예정이다. 그녀의 부모는 조금도 그녀를 걱정하지 않았다. 왜냐하면 자신의 딸은 분명히 잘 해낼 것이라고 굳게 믿었기 때문이다. 부모의 강한 믿음과 인정에 대해 딸은 이렇게 대답했다.

"부모님에게 말하지 않고 여행을 간 것은 잘못이지만 내가 만약 그런 경험을 하지 않았다면 우리 부모님은 틀림없이 '미국은 너무 위험해!'라며 나를 말렸을 것입니다. 그리고 앞으로 내가 무엇을 하려고 할 때마다 참견과 걱정을 늘어놓았겠죠.

이미 오래 전부터 난 스스로 해낼 수 있었는데도 말이에요."

그녀는 자신의 경험을 무척 자랑스러워했다. 그녀의 이런 도전과 자립심 덕분에 미국 학교에서도 입학을 최종 허락한 것이었다. 이는 다양한 경험으로 터득한 그녀의 '사교성'을 높이 평가했기 때문이다.

지금도 충분하다

그들은 아이에게 지나친 요구를 하지 않는 대신 "지금도 충분히 잘 하고 있어!"라고 확신에 찬 말투로 이야기 해주었다. 부모의 이러한 말 한마디는 딸에게 아주 큰 격려와 용기가 되었다.

초등학교 2학년 딸을 가진 부모가 있었다. 그들은 아이가 우등생이 되길 원했고 실제로 딸과 함께 '시험 만점 맞기' 계획에 돌입했다. 딸도 부모의 바람처럼 우등생이 되고 싶은 마음이 굴뚝같았다. 그래서 부모의 계획에 적극 동참했고, 그때까지만 해도 자신만 노력하면 별로 어려울 것이 없다고 생각했다. 하지만 마음과는 달리 성적은 이를 따라주지 않았다. 자신에 대한 부모의 실망감이 매우 클 거라 생각한 딸은 점점 의기소침해졌다.

"이번에도 만점을 받지 못했어요…. 너무 화가 나요."

시무룩한 딸의 모습을 보자 부모는 무척 놀랐다. 아이가 시험에서 만점을 못 받아서가 아니라 그것 때문에 딸이 자신감을 잃어간다는 것을 알았기 때문이다. 그래서 부모는 그날 이후 만점 계획을 그만두었다.

사실 부모가 만점계획을 세운 것은 딸의 공부의지를 돕고 격려하기 위함이지 완벽한 시험성적을 바란 것은 아니었다. 그래서 부모는 딸에게 시험결과로 보상을 약속하거나 벌을 주는 일 따위는 하지 않았다. 그럼에도 불구하고 아이가 만점에 대한 스트레스를 보이자 자신들의 지도 방식이 잘못됐음을 깨달은 것이다.

그래서 이번에는 방법을 달리하기로 했다. 그들은 아이에게 지나친 요구를 하지 않는 대신 "지금도 충분히 잘 하고 있어!"라고 확신에 찬 말투로 이야기 해주었다. 부모의 이러한 말 한마디는 딸에게 아주 큰 격려와 용기가 되었다. 아이는 다시 학업에 대한 자신감을 회복했다. 성적에 대한 부담을 덜고 편한 마음으로 시험을 쳤다. 그리고 드디어 목표하던 만점도 받게 되었다. 이후로도 그녀는 줄곧 우수한 성적과 품행을 유지하며 모든 이에게 '모범생'이라는 평가를 받았다.

강점을 칭찬하고 실현가능한 목표를 세우도록 격려하자
:

한때 열등감을 느꼈던 아이가 우등생으로 바뀌는 터닝포인트는 상황에 맞는 부모의 격려였다. 이때 중요한 것은 '부모가 격려해주려는 목표가 어느 정도 아이의 현실과 부합해야 한다'는 것이다. 그 아이만의 강점을 파악하여 칭찬하고 격려하여 용기를 심어주어야 한다.

또한 아이가 순차적으로 발전해나가는 만큼 부모가 격려해주려는 목표도 당연히 점진적이어야 한다. 낮은 수준에서 높은 수준으로, 쉬운 것에서 어려운 것으로, 조금씩 목표를 올려 아이를 응원해주는 것이 좋다.

가령, 아이가 학급에서 반장으로 뽑혔다고 해보자. 이럴 때 "우리 아들 정말 멋지다. 장래가 기대되는걸."과 같이 기쁨을 한껏 표현해주고 "반장이 되었으니 반장답게 모범을 보이고 여러 가지 면에서 훌륭한 리더 역할을 해야 한단다."라는 말을 덧붙이면 된다.

이러한 격려는 유쾌하고 화기애애한 분위기에서 이루어져야 한다. 그래야 신뢰관계가 형성되어 격려의 의도를 순수하게 받아들이게 되기 때문이다.

아이의 불안정한 감정도
따뜻하게 안아라

"네가 원하는 것을 찾았다면 이제 그만 돌아오렴. 우리 집 문은 언제나 널 위해 활짝 열려 있단다."

 아직 세상 경험이 부족한 청소년들은 여러 방면에서 인식이 턱없이 부족하다. 이 시기에는 모든 일을 스스로 결정하고 책임지려는 욕구가 강해진다. 그래서 다소 거칠게 어른들의 요구를 '거스르는' 반항적 행동을 보인다. 이는 사춘기에 접어든 아이의 지극히 정상적인 행동이며, 이 시기를 이른바 '심리적 이유기(心理的 离乳期)'라고도 한다.

 사춘기에 접어든 청소년은 좀체 어디로 튈지 모른다. 평소 별 문제없이 자란 아이도 갑자기 나쁜 짓을 해서 주위를 놀라게 한다. 아동 심리학자는 이러한 현상을 '사춘기 방종'이라고 한다. 이와 반대로 일부 청소년들은 '사춘기 금욕주의자'가 되기도 한다. 그들은 타인과 대화를 거부하고 조용히 자신만의 세계에 틀어박혀서 아무런 목표나 계획 없이 하루하루를 보낸다. 어느 날 방문을 걸어 잠그고 나오지 않는 은둔형 외톨이가 대표적인 예이기도 하다.

청소년들의 격렬한 감정 변화는 마치 트램펄린 위를 뛰는 것과 같다. 독일의 아동 심리학자인 로드 쉘은 그러한 과정을 겪는 아이들의 '부모의 역할은 트램펄린의 발판'에 비유했다. 청소년들이 자아를 찾고 한 발짝 도약하기 위해서는 반드시 자신과 연결되어 있는 존재를 한차례 흔들어야 한다. 자신이 다치지 않게 밑에서 받쳐주고 보호해주는 사람, 즉, 부모가 그 존재가 되는 셈이다. 따라서 부모는 청소년시기 아이의 감정 변화를 인정하고 기다리며 도와주는 역할을 해야 아이가 순조롭게 그 시기를 극복할 수 있다.

반항은 성숙으로 이어지는 다리
:

부모의 사랑을 받으며 말썽 한번 부린 적 없는 한 소년이 있었다. 그는 어느 날 갑자기 괜한 반항심에 가출해서 낯선 도시로 갔다. 그곳에는 선생님이나 부모님의 성가신 잔소리가 없는 대신 당연히 살뜰히 챙기는 보살핌도 없었다.

처음에 소년은 신기하고 볼거리가 많은 낯선 도시에서 보내는 것이 좋았다. 자기 마음대로 이것저것 하다 보니 며칠 사이에 돈을 모두 써버리고 말았다. 하루하루 얇아지는 지갑을 보면서 소년은 그만 포기하고 집으로 돌아갈까 생각했다. 하지만 이렇게 금방 돌아가면 비웃음만 살 것 같아서 하는 수 없이 눈물을 삼켰다.

그는 작은 가게에서 아르바이트를 시작했고, 하루 종일 힘들게 일을 해서 겨우 따뜻한 밥 한 그릇과 잠자리를 구할 수 있었다. 그것은 예전에 조금도 소중하게 여겨 본 적이 없는 것들이었다. 점점 돌이킬 수 없이 집과 멀어져 버린 곳에서 소년은 반항적인 성장기를 보내고 있었다.

그렇게 어느덧 일 년이 훌쩍 지나자 어린 소년의 두 손에도 단단한 굳은살이 박혔다. 그 손을 보며 소년은 부모님의 힘든 삶과 자신에게 베푼 사랑을 자연스럽게 떠올렸다. 마침내 그는 떨리는 손으로 익숙한 전화번호를 눌렀다.

수화기에서는 아버지의 격앙된 목소리와 어머니의 흐느낌이 들려왔다. 소년의 귀에 아버지의 목소리가 생생히 전해졌다.

"네가 원하는 것을 찾았다면 이제 그만 돌아오렴. 우리 집 문은 언제나 널 위해 활짝 열려 있단다."

전화를 끊고 나서 소년은 눈물범벅이 되었다. 얼마 후 소년은 집으로 돌아가는 기차에 몸을 실었다. 소년의 사춘기 여정은 그렇게 끝이 났다. 소년의 인생을 통틀어 그 시간은 짧은 기간이었겠지만, 그때의 경험은 평생의 자산이 될 것이다. 반항은 또 다른 소중한 가치를 상기시켜주는 역할도 톡톡히 하기 때문이다.

사춘기는 단순한 반항이 아니라 그들이 어른으로서 인정받기를 원하는 표현의 일부분이다. 아이들은 반항적인 행동을 통해서 자신이 이미 다 컸다는 것을 세상에 보여주고 싶어 한다. 그래서 일종의 본보기가 될 만한 대상을 찾는다. 또래 친구라던가 주변의 형이나 평소 동경했던 인물들을 보며 그들과 닮아가려 노력한다. 이때 반항과 충동을 느끼게 되는 것이다.

그러나 이러한 반항도 결국은 그들이 아직 어리고 미성숙하다는 사실을 반증하는 예이다. 즉, 반항은 그저 성장통인 셈이다. 충동적인 마음이 사라진 후에는 곧 성숙으로 이어진다. 따라서 부모는 인내심을 갖고 그들을 진심으로 이해하며 조심스럽게 보호해주는 아량을 베풀어야 한다.

새로운 사람과
어울리도록 한다

부모란 아이에게 더 많은 세상을 알려주고, 스스로 부딪혀 이치를 깨닫도록 하는 사람이다.

한 어머니가 이런 고민을 털어놓은 적이 있었다.

"일흔이 넘으신 할머니는 딸에게 항상 '낯선 사람이랑 말하면 절대 안 돼! 그들은 다 늑대야! 좋은 사람인 척하면서 아이들을 유괴한단다.'라고 말해요. 그런데 전 딸의 안전을 위해 그것이 정말 옳은 방법인지 모르겠어요."

요즘 같은 시대에 그녀의 혼란이 충분히 공감이 간다. 아이가 낯선 사람을 경계해야겠지만 사람과 교류하지 않으면 어떻게 사교성을 기르고, 사람 간의 신뢰를 쌓을 수 있을까? 마냥 사람을 두렵게만 여겨서는 안 될 노릇이다. 그렇다면 과연 우리는 안전과 신뢰 중 어떤 가치를 더 중점으로 두어야 하는 걸까?

낯선 것에 대한 거부는
아이의 사회적응력을 떨어뜨린다

:

 양샤오후이(楊小惠)라는 여성은 항상 되새기는 말이 있다.
 '남을 해치려는 마음이 없어야 하되, 자신을 지키려는 마음이 없어서도 안 된다!'
 그녀가 이런 말을 마음 깊이 새기게 된 데에는 어린 시절 대인관계의 영향이 컸다. 그녀의 부모도 다른 부모처럼 낯선 사람과 말하지 말라고 매번 신신당부했었다. 착한 딸이었던 그녀는 부모 말씀에 따라 늘 사람을 경계하고 기피했던 것이다. 이러한 성장 과정이 독이 되어 양샤오후이는 사회적 관계에 취약점을 보이며 오랜 시일 고통 받아야 했다.
사람들과 교류가 적은 탓에 그녀는 부끄럼을 많이 탔다. 회사 면접에서도 그저 묻는 말에만 짧게 대답할 뿐 자신을 어필할 줄 몰랐다. 그녀의 모습에서는 어떠한 열정과 적극성도 찾아볼 수 없었다. 당연히 취업에 어려움을 겪어야 했고 그럴수록 점점 더 의기소침해져 갔다.
 그녀는 자신의 성격에 심각한 문제를 느꼈다. 더 이상 가만히 두고 볼 수만은 없었던 그녀는, 자신의 부족한 사회성을 높이기 위해 다음과 같은 노력을 기울였다.
 우선 주말에는 무조건 사람이 많은 장소로 나가 그들 무리에 섞였다. 그리고 누구라도 옆에 앉으면 친근한 미소로 인사를 나누었다. 그러면 상대방도 별다른 악의 없이 인사를 하고, 서로 가벼운 이야기를 주고받기도 했다. 이렇게 시간을 두고 사람과 만나고 소통하는 법을 연습해나갔다. 그러던 중 그녀는 중요한 사실을 깨달았다. '낯설다고 해서 나쁘다고 생각해서는 절대 안 된다'는 것과 '낯선 사람에게 자신도 그저 낯선 사람일 뿐'이라는 것이다. 마침내 그녀는 오랜 시일 가져왔던 낯선 사람에 대한 편견을 깨게 되었다.

양샤오후이의 말처럼 우리는 모두 서로에게 낯선 존재일 뿐이다. 그러므로 서로 악의가 없다면 얼마든지 새로운 사람과 즐겁게 교류할 수 있다. 따라서 아이들에게 안전교육을 시킬 때 '낯선 사람은 위험하다'는 말을 해서는 안 된다. 그것은 마치 '모르는 사람은 모두 악의를 숨기고 접근하는 것이므로 색안경을 끼고 바라보라'고 주문하는 것과 같다. 그러면 사고력이 부족한 아이들은 '사회는 위험하며 사람들은 나쁜 의도를 숨기고 있다.'는 의미로 받아들여 사회적응력이 떨어질 수 있다.

부모란 아이에게 더 많은 세상을 알려주고, 스스로 부딪혀 이치를 깨닫도록 하는 사람이다. 아이가 새로운 사고를 조금씩 키워가는 모습을 보는 것은 양육의 큰 즐거움이다. 아이 또한 호기심을 느끼는 것에 대해 모르는 사람에게 스스럼없이 묻고, 처음 만난 또래와 재잘거리며 노는 것은 큰 즐거움이다. 단순히 '안전하지 않을 것이다'는 추측만으로 아이의 즐거움을 빼앗아서는 안 된다.

그러므로 무조건 부모의 울타리 안에만 가두려 하지 말자. 최대한 자신이 보호할 수 있는 범위에서 아이가 새로운 사람들과 자유롭게 교류할 수 있도록 공간을 마련해주는 것이 현명한 방법이다.

소박한 땀을 흘려
일하게 하라

일의 개념을 아는 아이가 성공DNA를 갖춘다.

"아직 어린아이가 뭘 알겠어요? 굳이 아이에게 벌써 고생을 가르칠 필요는 없을 것 같아요."

'아이에게 일을 시키느냐?'는 물음에 한 아이의 엄마는 노골적으로 반감을 표했다. 그녀는 '아이에게 노동의 가치를 깨닫게 해줘야 한다'라는 나의 말에 이렇게 응대했다.

"예전에 우리 부모도 어떻게 일해야 하는지를 우리에게 설명해주지 않았어요. 하지만 우리 세대가 전혀 일하지 않고 살았나요? 아니잖아요! 커가면서 천천히 알아갈 테니까요."

물론 그녀의 대답이 전혀 틀린 바는 아니다. 오늘날 도시에 사는 아이들은 일을 전혀 하지 않고, 일에 대한 개념이 예전과 많이 다르다. 그러한 데에는 다음과 같은 이유가 있다.

일의 개념을 아는 아이가 성공DNA를 갖춘다
:

우선 사회적으로 아이가 집이나 학교에서 일을 할 필요가 없어졌다. 요즘 학교에서는 대부분 외부 노동력을 고용하여 청소하는 경우가 많다. 가정에서도 마찬가지로 맞벌이 부부가 많다보니 가사도우미를 고용하는 가정도 늘어났다. 그렇지 않더라도 아이를 믿지 못하는 부모도 있어서이다. 아이의 행동이 느리고 완벽하지 못하다는 이유로 부모는 아이에게 노동의 가치를 배울 기회를 빼앗아버린 것이다.

또 하나는 노동에 대한 인식의 변화이다. 요즘 부모들은 노동을 직업으로 국한시켜 그 의미를 퇴색시켜버리고 있다. 일은 곧 직업이요, 좋은 직업을 가지려면 공부부터 해야 한다고 여기는 것이다. 그러므로 아이가 그 나이에 할 수 있는 일을 시키기보다 그 시간까지 쪼개어 공부에 집중하도록 몰아세우는 것이다.

그러나 역설적이게도 이 때문에 아이들의 고생은 더욱 심해졌다. 육체적 노동은 금하면서 정신적 노동은 몇 배로 부가시키고 있기 때문이다. 아이가 마땅히 쉬어야 할 시간에도 그들은 학원이나 보충수업, 동아리 활동에 시간을 쏟고 있는 것이 현실이다.

이처럼 많은 부모들이 착각하는 것은 '공부=성공'과 연관 짓는 잘못된 등식이다. 성공요소에서 빠질 수 없는 자질은 '실행

능력'이다. 그런데 보편적으로 일을 많이 해보지 못한 아이는 실행능력이 떨어진다. 설령 좋은 대학을 나왔다고 하더라도, 다른 실행능력이 부족하면 경쟁 사회에서 적응해나가기가 쉽지 않다. 교과서 밖의 일은 어디서부터 어떻게 해결해야 할지 난감해하는 것이다.

그런 점에서 볼 때 자신의 능력에 맞는 일을 해본 아이가 오히려 성공할 가능성이 크다. 어릴 적부터 아이의 능력에 맞게 일을 시키면 아이는 그 경험을 토대로 다양한 실행능력을 쌓으며 성취감도 맛보고 자신감을 얻어 도전 의식도 생겨나는 것이다. 그러므로 부모는 결코 아이에게 일을 시키는 것이 아이의 발전을 저해하는 것이라 속단해서는 안 된다. 일의 개념을 아는 아이가 성공 DNA를 갖춘다는 것을 잊지 말자.

아이의 연령과 능력에 맞게 집안일 시키기
:

아이에게 일에 대한 개념을 심어주는 것은 그리 어렵지 않다. 사소한 집안일에서부터 시작하면 된다. 조금만 신경 써서 보면 주위에 아이가 일할 기회는 얼마든지 많다. 가령 부모가 청소하는 동안 아이도 자신의 물건을 치우도록 시켜보자. 다 같이 근처 화단의 잡초를 뽑아보는 것도 좋다. 이렇게 조금씩 아이가 일하는 즐거움을 느끼게 얼마든지 기회를 찾아보아야 한다.

이외에 부모가 매주 일정한 시간을 정해두고 아이의 연령과 능력에 맞는 집안일을 가르쳐주는 것도 좋다. 예를 들어 3~4세 아이들은 수저를 챙기거나 음식을 나르는 등 작은 물건을 옮기는 일을 시킬 수 있다. 5~6세의 아이들은 옷을 개거나 신문지를 정리하고 간단한 물건을 사는 일을 할 수 있다. 좀 더 큰 아이들은 그에 맞게 복잡한 일을 시켜야 한다.

이렇게 아이가 작은 일이라도 잘 해냈을 때는 부모는 칭찬과 격려를 잊지 말아야 한다. 또한 아이가 어려운 일을 겁내면 약간의 도움을 줄 수도 있다. 이러한 과정에서 아이는 노동의 가치와 의미를 깨닫고 그에 대한 올바른 인식이 자리 잡게 된다.

아이와의 약속을
어기지 마라

"미안하네. 그날 딸아이와 선약이 있어. 나는 딸을 실망시키고 싶지 않아." 아버지는 딸과의 약속을 지켜 그녀에게 멋진 추억을 선물했다.

　유능한 사업가인 아버지가 있었다. 그는 늘 일 때문에 바빠서 딸과 잘 놀아줄 수 없었다. 그래서 한번은 큰마음먹고 딸과 여행을 겸해서 뉴욕으로 출장을 떠나기로 했다. 출장 전날 밤 딸은 아버지에게 한 가지 제안을 했다.
　"금요일부터 주말까지는 저와 뉴욕 관광을 해주세요!"
　아버지는 웃으며 딸의 귀여운 제안을 수락했다. 그런데 막상 일하다 보니 뜻밖의 변수가 생겼다. 갑자기 사업파트너가 금요일 저녁에 미국 부호들과 함께 어울리자며 그를 초대한 것이었다. 그것은 사업적으로도 매우 유리한 친목모임이었다. 아버지는 한참을 고심한 끝에 파트너의 초청을 완곡히 거절했다.

"미안하네. 그날 딸아이와 선약이 있어. 나는 딸을 실망시키고 싶지 않아."

아버지는 딸과의 약속을 지켜 그녀에게 멋진 추억을 선물했다. 훗날 딸은 자신이 가장 존경하는 인물로 '아버지'를 꼽았다. 비록 아버지가 바빠서 그녀와 많은 시간을 보낼 수는 없었지만 '자신과의 약속만큼은 절대 어기지 않아서'라고 이유를 말했다.

실제로 아이들은 부모와의 약속을 관계에 중요한 의미로 받아들인다. 부모가 약속을 지키는 사람이라면 '믿고 의지할 수 있는 보호자'로서의 인식이 강해진다. 그러나 약속을 지키지 않으면 아이는 '자신이 무시당했다'고 생각해 부모를 불신하고 미워하게 된다.

예컨대 평소 어떤 부모는 입버릇처럼 아이에게 거짓말을 하면 바늘로 입을 꿰매어버릴 거라고 으름장을 놓았다. 그러면 실제로 그 부모에게 "만약 아이가 거짓말을 하면 정말로 아이의 입을 꿰맬 거요?"라고 물으면 "그렇지 않다"고 대답한다. 부모는 아이의 교육을 위한 선의의 거짓말이라고 핑계를 댈 것이다. 하지만 아이는 결코 그것을 훈육으로 받아들이지 않고, 단지 부모가 거짓말을 했다는 사실만 인식한다. 따라서 거짓말로 아이에게 '거짓말을 하지 말라'고 가르치는 것은 무의미한 일이다.

또 어떤 부모는 아이를 지도하기 위해서 평소에 무엇이든 쉽게 약속을 했다가 곧잘 잊어버린다. 그러면 아이의 기대는 물거품이 되고 부모에게 속았다는 생각에 분할 것이다. 더욱이 '부모도 자신의 말에 책임지지 않으니 나 역시 약속을 지킬 필요가 없다'라고 판단할 수 있다. 그러면 아이에게는 약속이란 개념이 자리 잡지 못한다. 결국 부모의 말은 물론 다른 사람과의 약속도 진지하게 받아들이지 않게 된다.

함부로 약속하지 않기
:

우리는 어린 자녀에게 이런 거짓말을 자주 한다.
"할머니 말씀 잘 듣고 있으면 이번 주말에 동물원에 데리고 갈게!"

한 아이의 엄마도 아이를 할머니 집에 맡길 때면 '조건적 약속'을 하나씩 걸었다. 그래야 아이가 투정 부리지 않고 순순히 따를 테니까 말이다. 그래서 아이는 동물원에 대한 기대에 부풀어 할머니 말씀을 잘 들으려 애썼다. 하지만 정작 주말이 되면 엄마는 밀린 집안일 때문에 바쁘다며 아이의 약속을 뒷전으로 미룬다. 그렇게 몇 번 조건적 약속을 하다가 깨어지고 나면 아이의 실망은 커지고 가장 가까운 엄마에게 속았다는 배신감마저 들 수 있다. 이것은 고스란히 인간관계에 투영되기도 한다.

어린아이는 사회나 세상을 배우고 이해해가는 성장기에 있다. 분별력이나 판단력이 없는 아이가 만약 약속을 지키지 않는 부모와 오랫동안 함께 지내면 아이는 잘못된 인생관을 형성하게 된다. 타인 간의 대화, 신뢰, 유대감, 공유 등 전반적인 소통의 부분에서 상당한 부재를 느낀다. 이는 어릴 적부터 성실함과 신의를 배우지 못한 아이에게 지극히 당연한 일일 것이다.

말과 행동이 다른 부모의 가르침을 어떤 아이가 따르겠는가! 그런 부모는 아이 앞에서 권위가 사라진다. 부모는 반드시 자신의 말과 행동에 주의하고, 아이와의 약속을 성실하게 지키도록 노력해야 한다.

아이와 놀 땐
친구처럼

아이와 사이좋게 지내려면 그들이 좋아하는 방법으로 매일 말을 걸어야 한다.

아이는 왜 또래 아이들과는 금세 친해지면서 더 가까운 부모와 친해지는 것은 힘들까? 요즘 부모들은 아이와 친구가 되고 싶어 하지만 마음처럼 쉽지 않다고 토로한다. 아이의 눈에 어른은 그저 어른일 뿐이고 자신들의 세계와 연결되어 있지 않다고 느끼기 때문이다. 아이와 친해지려면 바로 그 연결고리가 필요한데 그것은 바로 '동심'이다.

평소 우리가 친구들과 대화하고 맞장구치며 기뻐하듯 아이의 이야기에도 맞장구만 쳐주면 된다. 아이의 관심거리에 관심을 갖고, 그들이 놀라거나 신기해하는 일에 똑같이 반응하면 그만이다. 즉, 아이의 입장에서 생각하고 그 나이에 맞는 심리상태를 알아야 비로소 마음을 주고받을 수 있다는 것이다.

눈높이를 맞추자

:

옛 설화에 이런 이야기가 있다. 한 어른이 길가에 쪼그리고 앉아서 열심히 개미를 관찰하고 있는 아이에게 "너 지금 뭐하니?"라고 물었다. 아이는 앳된 얼굴을 들고 우쭐거리며 대답했다.

"개미의 노래를 듣고 있어요."

어른은 크게 웃으며 개미가 어떻게 노래를 하느냐고 비아냥거렸다. 그러자 아이는 기분 나쁘다는 듯 퉁명스럽게 말했다.

"쪼그려 앉아보지도 않고서 개미가 노래할 줄 아는지 모르는지 어떻게 알아요?"

이 이야기는 눈높이 대화의 중요성을 잘 지적하고 있다. 어른이 아이가 무엇을 하고 무슨 생각을 하는지 아는 방법은 쪼그려 앉아 먼저 자신을 낮추는 것이다. 이 세상에는 어른들의 눈으로 보면 도저히 이해되지 않는 일들이 많다. 그만큼 부모가 의식적으로 역할을 바꾸어 아이의 눈으로 세상을 보고 이해하려는 노력이 필요하다.

사실 '쪼그려 앉는 것'은 간단한 동작에 불과하다. 하지만 자세만이 아닌 생각과 관념도 마찬가지로 '쪼그려 앉아야' 한다. 높은 곳에서 내려다보듯 대하는 태도에서 벗어나, 아이를 평등한 동료나 친구처럼 여겨야 한다. 그리고 부모가 자신과 함께 즐기고 발전해나간다는 것을 아이도 느끼도록 해주어야 한다. 아이의 유치한 말에도 진심으로 귀 기울여 미소를 보인다면 진정으로 아이의 세계로 들어갈 수 있다.

아이가 좋아하는 것 함께 공유하기
:

한 아이의 엄마는 아이의 취미를 공유하여 가까워진 경우이다. 그녀의 아들 샤오하이(小海)는 인터넷 게임에 빠져 공부를 게을리했다. 그 사실을 알게 된 엄마는 무작정 아들을 나무라기보다 게임을 먼저 배워야겠다고 마음먹었다. 그리고 아들이 인터넷 게임에 푹 빠져 지낸 이유를 알 수 있었다. 엄마는 아들에게 깊은 공감을 표하고, 정해진 시간에 마음껏 게임할 수 있도록 허락했다. 그리고 휴일에는 온 가족이 게임을 즐겼다. 그러다 보니 아들도 몰래 게임을 하기보다는 가족과 어울리는 시간을 더 좋아하게 됐다. 처음에 골칫덩어리로 생각했던 게임은 이제 가족의 친목을 도모하는 중요한 수단이 되었다. 덕분에 아들과 친구처럼 대화할 수 있었고, 아들의 게임 습관도 고칠 수 있었다.

이 가족의 사연처럼 아이와 사이좋게 지내려면 그들이 좋아하는 방법으로 매일 말을 걸어야 한다. 그저 이야기만 한다고 해서 친구가 되는 것도 아니다. 아이를 대할 때 '친구를 대하는 태도와 감정으로 교류하고 있는가?' 생각해보자. 아이의 장점과 발전을 알아주고, 감정이나 생각을 나누며 경청하고, 때론 아이의 의견을 구하면서 진정한 '어린 친구'가 되어야 한다. 아이의 시각으로 세상을 바라봐야만 비로소 그들의 생각과 행동을 이해할 수 있는 법이다.

물음표를 던져라

"이상하네. 밤 12시가 되면 마차나 옷 같은 게 전부 원래대로 되돌아가잖아요. 근데 유리구두는 왜 변하지 않았을까요?"

 평소 우리는 아이들을 교육할 때 '질문을 많이 해라!' '독창적인 해법을 찾아라!'라고 곧잘 이야기한다. 하지만 현실은 아이들이 그러한 생각을 하도록 전혀 배려해 주지 않는다. 입시경쟁에 내몰린 학생들은 '정해진 답'을 써야 하고, 고분고분 어른들의 말을 잘 듣는 '복종'을 강요받는다. 아이가 어렸을 때는 '무엇이든 스스로 생각하고 결정하라' 격려하지만 정작 그리해야 될 때에는 충분히 사고할 여유를 주지 않고 있다. 오히려 사고의 기회와 능력을 박탈하고 획일화시켜버리는 것이 지금 우리 시대의 평가 기준이다.

 더욱 안타까운 것은 아이를 이렇게 내모는 이유가 '그럴듯한 성과'를 얻기 위해서라는 것이다. 그러나 부모가 말하는 그럴듯한 성과는 결국 생각하는 데서 비롯된다는 사실은 간과되고 있다. 사회적으로 성공한 딸을 가진 아버지에게 친구가 그

노하우를 물었을 때, 그는 "늘 아이에게 마침표가 아닌 물음표를 던져주고 딸의 호기심을 자극시켰다네."라고 말했다. 그런 방법으로 어릴 때부터 질문도 잘하고 생각하기를 좋아하게 된 딸은, 어른이 되어서 당당히 박사학위를 땄으며 사업에서도 눈에 띄는 성과를 얻었다고 한다. 실제로 사고능력을 가진 아이는 대체로 지적인 호기심이 강해서, 학습능력과 창의성이 뛰어나고 평생학습능력도 우월하다. 즉, 부모들이 원하는 그럴듯한 성과의 핵심이 '생각과 질문'에서 나온다는 점이다.

생각은 호기심에서 비롯된다. 아이들은 원래 호기심이 많으며 천성적으로 질문하기를 좋아한다. 질문하는 것은 아이의 권리이다. 어른들의 틀에 박힌 세상을 보면서 아이들은 그들이 생각한 적 없고 선뜻 대답하지 못하는 질문들을 마구 던진다. 이런 것이 바로 호기심의 표현이다. 만약 이 같은 호기심을 억누른다면 아이의 창의성도 사라지고 평생 부정적인 영향만 끼칠 것이다.

아이의 두뇌를 깨우는 똑똑한 질문법
:

어떤 엄마는 항상 아이 옆에 붙어서 이런저런 이야기를 들려주었다. 하루는 엄마가 아이에게 영리한 토끼가 사악한 늑대를 이겼다는 내용의 옛날이야기를 들려주었었다. 한참 이야기를 듣던 아이는 고개를 갸우뚱거리며 엄마에게 물었다.

"그런데 엄마! 왜 토끼는 무조건 착하고 늑대는 나쁘다고 하는 거예요?"

순간 당황한 엄마는 말투와 표정이 싹 달라지면서 "그런 쓸데없는 건 왜 물어봐?"라고 화를 냈다. 그러자 아이는 울음을 터뜨렸다. 엄마는 더 이상 못 참겠다는 듯 꿀밤을 때리고 야단을 쳤다.

"왜 울어? 울게 뭐가 있다고 우니? 바보같이 우는 게 창피하지도 않아?"

아이는 엄마의 반응을 도무지 이해하지 못했다. 자기가 무엇을 잘못했는지 알 길이 없어 속으로 엄마를 원망했다. 그때부터 아이는 엄마와 이야기를 하지 않겠노라고 다짐했다. 그리고 옛날이야기를 듣는 것에도 완전히 흥미를 잃어버렸고, 머리와 마음속에는 온통 엄마에 대한 미움만 담아두고 있었다.

그 후 아이는 열세 살 무렵 폭행죄로 문제 청소년 선도 학교에 들어갔고, 현재 그곳 고등학교 2학년에 재학 중이다. 대학원까지 나온 그의 엄마는, 그때 자신이 아이에게 면박을 준 일이 아이의 질문할 권리와 호기심을 빼앗아갔다는 사실을 믿으려 하지 않았다.

이번에는 위의 사례와 반대되는 이야기이다. 한 엄마는 어느 날 아이에게 '신데렐라' 동화를 읽어주었다. 이야기를 다 듣고 난 아이가 엄마에게 물었다.

"이상하네. 밤 12시가 되면 마차나 옷 같은 게 전부 원래대로 되돌아가잖아요. 근데 유리구두는 왜 변하지 않았을까요?"

아이의 도전적인 질문을 듣고 엄마는 몹시 흐뭇해서 아이를 칭찬해 주었다. 그리고 아이에게 '자기 생각에 맞춰서 그 이야기를 색다르게 고쳐보는 것은 어떠냐'고 제안했다. 아이는 어머니의 말에 따라 자신만의 동화를 완성했다. 이때의 재미난 경험으로 아이는 종종 글을 쓰며 자기 생각을 논리적으로 풀어나갔다. 그 덕분에 각종 백일장에서도 우수한 성적을 거두었다.

아이가 이러한 재능을 발견한 것은 아이의 사소한 질문도 허투로 듣지 않은 어머니가 있었기 때문이다. 그리고 기회를 잘 포착해 꼬리에 꼬리를 물어 생각하는 방법을 유도한 덕분이었다.

위의 두 사례의 결과는 매우 다르지만 핵심은 하나다. 생각하는 법을 배우는 것은 아이의 성장에 매우 중요한 사실이다. 사람은 사고를 깨치는 순간 '진보'하고 '창조'하게 되어 있다. 미국의 위대한 과학자인 아인슈타인도 "지식을 배우려면 생각하고, 생각하며, 또 생각해야 한다."고 말했다. 의문도 가지지 않고 생각도 하지 않았다면 채륜은 제지술을 알아내지 못했고, 뉴턴은 만유인력의 법칙을 발견하지 못했으며, 에디슨도 전구, 전화, 축음기를 발명하지도 못했을 것이다. 즉, 사고는 창조력의 원천이며 창의성은 진보의 영혼이다.

우리의 인생은 더 넓고 깊은 사고를 필요로 한다. 부모들은 아이에게 생각할 수 있는 기회를 많이 주고 아이의 질문과 생각을 존중해주도록 하자. 비록 그것이 보잘것없고 어리석어 보이는 질문이라도 부모는 기뻐하며 아이가 더 많은 질문을 하도록 격려해야 한다.

아이의 실패에
유연하게 대처하라

"시험을 못 봐서 속상하겠구나. 괜찮아. 이제 겨우 1학년인데 뭘. 앞으로 잘하면 되지. 다음엔 더 노력하자."

아이에게 용기를 주고, 시련을 극복하는 법을 가르쳐 줄 수 있는 최적의 시기는 언제일까? 그것은 바로 '아이가 좌절하고 실패했을 때'이다. 실패는 자신의 오류를 점검하고 수긍하며, 또 다른 전략을 수립하여 재도전의 가치를 일깨워주는 소중한 자산이다. 실패를 통해 우리는 좀 더 성숙하고 완성도 높은 결과물을 만들어낸다. 그래서 미국 실리콘밸리에서는 이런 격언이 유명하다.

'빨리, 일찍, 자주 실패하라!'

그러나 수많은 부모는 이처럼 좋은 교육의 기회를 코 앞에서 놓치고 만다. 실패의 부정적인 인식 때문에 아이의 실패를 과정이 아닌 결과로 단정 지어버리는 것이다. 그래서 꾸지람과 원망, 모욕 등으로 아이에게 수치심을 안겨준다. 이때 아이들은 실패를 유연하게 받아들이지 못하고 희망을 잃어버리게 된다.

좌절을 통해 아이는 마음의 근력을 키운다

한 아이가 초등학교에 입학하여 학교라는 새로운 생활에 적응해가던 찰나였다. 학교의 정해진 규칙을 받아들이기에도 벅차던 때였는데 처음 시험까지 치러 많이 혼란스러워했다. 그렇게 첫 시험 성적표를 받아들고 집에 돌아온 날이었다.

"엄마, 제 성적표예요."

아이는 쭈뼛쭈뼛하며 성적표를 내밀었다.

"80점이 뭐니! 이제 겨우 1학년인데 이 정도밖에 못 받아? 다른 친구들은 거의 100점, 90점이라고!"

엄마는 눈을 부릅뜨며 큰소리로 아이를 야단쳤다. 옆에 있던 아빠도 한마디 거들었다.

"이렇게 간단한 문제도 틀리니? 이 바보야!"

아이는 속상해서 울음이 터져 나왔다. 사실 성적 때문에 이미 학교에서 선생님께 실컷 꾸중을 듣고 온 터였다. 그래도 아이는 집에 가면 엄마 아빠는 자신의 답답한 마음을 위로해줄 것이라 믿었다. 그런데 위로는커녕 오히려 더 야단만 맞아서 아이의 가슴에 깊은 상처를 남겼다.

부모에게조차도 이해받지 못하고 지지받지 못하면 아이는

깊은 절망감에 빠진다. 다음에 또 이런 일이 생기면 부모의 비난과 야단이 두려워 아이는 마음을 닫고 혼자 열등감만 키운다. 그러므로 부모는 아이의 잘못에 함부로 비난의 화살을 들이대지 말아야 한다. 대신 진지한 자세로 아이의 실패를 함께 고민하고 용기를 얻도록 응원해주어야 한다.

"시험을 못 봐서 속상하겠구나. 선생님이나 친구들이 놀릴까 봐 걱정되고 엄마에게 야단맞을까 봐 겁도 났지? 괜찮아. 이제 겨우 1학년인데 뭘. 앞으로 잘하면 되지. 다음엔 더 노력하자."

이렇게 달래며 아이에게 새로운 기회를 준다면 아이는 분명 재도전의 힘을 얻을 것이다. 아이는 자신을 믿고 응원해주는 사람이 부모, 단 한 사람뿐이더라도 실패를 감당할 힘이 생기기 때문이다.

따라서 좌절을 겪은 아이를 지도할 때는, 부모가 아이의 마음을 읽을 수 있어야 한다. 그런 다음에 같이 좌절을 극복하는 방법을 찾도록 하자. 아이가 실패를 받아들일 수 있도록 조언하고, 그 아픔을 좋은 경험이 되도록 격려해야 한다. 그러려면 무엇보다 부모 자신도 실패에 유연한 태도를 가지는 것이 중요하다. 실패는 단지 과정이고 도약을 위한 발판일 뿐이다. 그 점을 명심하고 아이가 좌절의 고통에서 벗어나도록 회복력을 길러주자. 실패 후 회복이 쉬워야 새롭게 도전할 힘이 생기고 목표의식도 뚜렷해지는 법이다.

어떤 상황 속에서도
희망을 놓지 않게 한다

"선생님이 너에게 잠재력이 있대! 그래서 조금만 더 분발하면 분명히 명문 고등학교에 입학할 수 있다고 하셨어."

한 아이의 엄마가 학교에 불려가서 담임선생님에게서 이런 말을 들었다.

"우리 반 학생이 모두 50명인데, 자녀분이 49등을 했습니다. 혹시 모르니 아이의 머리에 문제가 있는 건 아닌지 검사를 한 번 받아보세요."

집으로 돌아온 엄마는 눈물을 꾹 참고서 잔뜩 불안해하는 아이에게 말했다.

"선생님이 그러시는데, 네가 무척 영리하지만 조금 덜렁대는 편이래. 그래서 앞으로 조금만 집중하면 크게 발전할 수 있다더라!"

세월이 흘러 아이가 중학교에 들어간 후, 엄마는 또 학교에 불려가 담임선생님을 만났다.

| 아이의 마음을 움직이는 한마디 |

"자녀분의 이번 시험 성적이 형편없습니다. 계속 이렇게 나간다면 고등학교 시험에서도 전혀 가망성이 없을 거예요."

그날도 엄마는 집에 돌아와 아이에게 말했다.

"선생님이 너에게 잠재력이 있대! 그래서 조금만 더 분발하면 분명히 명문 고등학교에 입학할 수 있다고 하셨어."

몇 년 후에 아이는 정말로 명문 고등학교에 입학했다. 엄마는 아이의 입학통지서를 받아들고 확고하게 말했다.

"앞으로 사회에서 사람들이 너를 어떻게 보던지 간에 엄마 아빠는 항상 너를 응원할 거야!"

부모의 희망은 아이가 성공하기 위한 힘의 원천이다. 아이는 희망이 보이지 않으면 노력을 포기하는데 그럴수록 성공도 자연스럽게 멀어진다. 그렇기 때문에 부모는 아이가 어떠한 상황에 놓이거나 어떤 평가를 듣더라도 자신감을 심어주고 여전히 희망이 있음을 느끼게 해주어야 한다.

목표를 이끄는 희망 심어주기
:

아이에게 희망을 품게 해주는 것은 매우 간단하고 이해하기 쉬운 이치이다. 그것은 우리가 아이를 교육하는 과정에서 이미 체득한 방법이다. 가령, 아이가 걸음마를 배울 때 부모는 아이가 걸을 수 있는 거리만큼 앞에 서서 박수를 치며 아이를 격려한다. 때론 과자나 장난감처럼 일정한 보상을 앞에 놓아

두기도 한다. 그러면 아이는 부모의 응원에 힘입어 웃으며 목표에 도달하려 노력한다. 이 방법은 아이가 스트레스를 받지 않으면서 체력을 단련시키고 자신감도 키울 수 있게 해준다. 희망을 주는 것도 이와 다르지 않다.

일단 부모는 아이에게 합리적인 목표를 정해줘야 한다. 그런 다음 아이에게 필요한 조건과 적절한 도움을 주며, 아이가 목표치에 도달하려고 노력할 때 격려하면 된다. 이 같은 일을 끊임없이 되풀이하면서 아이의 희망의 불꽃이 꺼지지 않도록 끝까지 관심을 가져야 한다.

여기서 합리적이고 명확한 목표를 정하는 것은 부모나 아이 모두에게 대단히 중요하다. 달성하기 어려운 목표일 때 아이는 도달하기 힘든 현실 때문에 금방 자신감과 용기를 잃고 포기를 택하게 된다. 이는 교육의 목표와는 전혀 다른 결과이다. 그와 반대로 너무 쉽게 성취할 수 있는 목표는 아이의 진취성을 약하게 해서 이 역시 교육의 효과를 거둘 수 없다. 따라서 '지나치거나' 혹은 '미미한' 목표는 둘 다 경계해야 한다.

대신 부모와 아이가 상의하여 '적절한 정도'의 목표를 합의하는 것이 좋다. 일방적으로 부모만 좋거나 아니면 아이만 좋은 목표는 교육의 협력을 기대할 수 없다. 가장 중요한 것은 부모와 아이 사이에 좋은 상호작용을 일으키도록 재촉하는 목표이며, 아이가 희망을 품고 그 속에서 좋은 열매를 맺을 수 있게 해주는 것이다.

일의 우선순위를
알게 한다

무엇이든 '중요한 것과 덜 중요한 것'이 있고 '급한 것과 덜 급한 것'이 있다는 점을 아이가 알아야 한다.

 대개의 아이들은 성격이 급하고 감정을 억제하지 못한다. 그렇다 보니 무엇이든 원하는 것이 있으면 당장 부모에게 해달라고 억지를 부린다. 그리고 만약 요구한 것이 마음에 들지 않으면 떼를 써서 부모를 속수무책으로 만들어버리곤 한다. 실제로 이런 광경은 우리 주위에서 흔히 볼 수 있다. 가까운 백화점이나 마트에 가더라도 울면서 떼를 쓰는 아이의 모습이 종종 눈에 띈다. 그러면 이 난처한 상황을 어떻게 대처할지 몰라 부모는 서둘러 그 요구를 들어주겠노라며 아이를 어르고 달랜다.
 "알았어. 알았다고. 금방 해줄게."
 그렇게 얼렁뚱땅 상황을 넘겨버리고 나서는 "우리 아이는 참 을성이 없어서 큰일이에요."라고 불평한다. 하지만 여기서 부모가 모르는 사실이 있다. 참을성은 타고나는 것이 아니며 후천적으로 길러줄 필요가 있다는 것이다.

아이는 부모의 행동에 따라 반응한다
:

참을성이 없는 두 살배기의 아들을 둔 엄마가 있었다. 그녀는 일찌감치 아이가 기다리는 법을 배우도록 마음을 단단히 먹고 육아를 했다. 아이는 배고픔을 유독 참지 못해 엄마가 자신이 말하는 즉시 우유를 주지 않으면 요란하게 칭얼거렸다.
"우유, 우유, 우유!!"
하루는 엄마가 잠이 덜 깬 이른 아침부터 아들은 시끄럽게 떠들어대기 시작했다. 아들의 다급한 재촉에 엄마는 옷을 입고 아이를 달랬다.
"그래. 알았어. 울지 마. 엄마가 곧 타올게."
엄마는 서둘러 분유를 탔지만 만져보니 아직 덜 식어 뜨거운 상태였다. 그녀는 아들에게 말했다.
"아가, 분유가 아직 뜨거워. 조금만 식혔다가 먹자!"
그러나 아들은 엄마 말을 듣지 않고 더 크게 울었다. 그러자 엄마는 아들을 거들떠보지 않고 자기 할 일을 하기 시작했다. 우유를 외치며 소리 지르던 아들은 엄마의 냉담한 반응에 서서히 잘못을 인지했다. 얼마 뒤 아이는 더 이상 울지 않고 자기 침대에서 조용히 놀았다.

이처럼 아이의 반응은 상대적이다. 부모가 어떻게 행동하느냐에 따라 태도를 달리한다. 따라서 아이의 요구에 대해 시간을 갖고 천천히 들어주면 아이는 참을성을 기를 수 있다. 하지만 반대로 아이의 떼에 못 이겨 바로 욕구를 충족시켜주면 또 다른 나쁜 행동을 취하게 된다. 가령, 더 비싸고 큰 물건을 사달라고 요구한다든가, 금방 싫증을 느끼고 내팽개쳐두는 것과 같은 행동이다. 이는 아이의 머릿속에 '쉽게 얻어지니 쉽게 버릴 수 있다'라는 관념을 심어줬기 때문이다.

한 심리학자의 연구에 따르면, '욕망의 만족도와 기대심리는 정비례'를 이룬다고 한다. 기대가 높을수록 욕망의 만족도도 강렬해서 우리는 더 큰 것을 끊임없이 기대하게 된다는 것이다. 즉, 욕망은 한순간 채워졌다고 해서 사라지는 것이 아니라는 의미이다. 그러므로 부모는 아이의 모든 요구에 일일이 응답할 필요는 없다. 그들에게 요구의 선을 명확하게 그으면서 만족감과 참을성을 익히게 해야 한다.

예컨대 쇼핑하러 갔다면 어떤 물건은 무엇 때문에 지금 사야 하며, 또 어떤 물건은 지금 굳이 살 필요가 없음을 아이에게 설명해주자. 일요일에 출근해야 한다면, 아이에게 공원에 놀러 가는 일은 다음으로 미뤄야 한다고 말해주자. 무엇이든 '중요한 것과 덜 중요한 것'이 있고 '급한 것과 덜 급한 것'이 있다는 점을 아이가 알아야 한다. 그런 간접적인 기다림은 아이의 자아 통제 능력과 물건을 아끼는 습관을 기르게 해준다. 우리는 아이가 자신의 요구가 항상 제일 앞서야 한다고 생각하게 해서는 안 된다. 아이에게 충분히 기다리는 법을 가르치면서 부모 역시 참을성과 인내심을 갖도록 하자.

생각과 감정을
정리할 시간을 준다

"10분만 하는 거야!", "이것만 사는 거야!"처럼 조건을 붙이면 아이는 의외로 부모의 말을 쉽게 받아들인다.

 어느 날 한참 재미있게 만화를 보고 있는 샤오후이(小惠)에게 아빠가 다가와 말했다.
 "만화책 좀 그만 봐! 너도 이제 곧 1학년이 될 텐데 공부는 언제 하려고 그래? 얼른 방에 가서 공부해!"
 아빠의 말에 샤오후이는 기분이 나빴다. 하지만 아무런 반항도 하지 않고 툴툴거리며 자기 방으로 들어갔다. 그리고는 책상에 앉아 책을 펼쳐 놓은 채 멍하니 필기도구만 만지작거렸다. 사실 그동안 샤오후이는 이런 식으로 엄마 아빠의 눈가림을 하는 경우가 많았다. 겉으로는 부모의 말을 거역하지 않는 아이처럼 보였지만, 실제로는 반항적인 행동으로 부모를 속인 것이다.
 아이들은 부모와 의견대립이 생길 때는 꾀를 부려서 부모를 속이기도 한다. 그러니 부모는 아이들에게 독단적인 판단으로 함부로 밀어붙여서는 안 된다. 대신 아이가 하고 싶은 것에 어느 정도 자율성을 허용한 뒤 완충의 시간을 갖고 이야기하는 것이 좋다.

아이에게 의견을 묻기보다 받아들일 시간을 준다
:

위의 사례와 같은 상황에서 루(陸) 부인은 일종의 완충 시간을 이용하여 아이와의 문제를 현명하게 해결했다. 평소 루 부인의 아이는 저녁을 먹고 나면 텔레비전 앞을 떠나지 않았다. 그럴 때면 루 부인은 조급한 마음에 아이에게 숙제를 하라고 시켰다. 일요일이 되면 루 부인의 아이는 더 많은 시간을 텔레비전 앞에서 보냈다. 어떤 때는 놀이방에서 실컷 놀기도 했다.

루 부인은 아이의 놀이시간이 너무 길다고 느껴질 때면 아이가 당장 해야 할 일을 지적했다. 하지만 몇 번이고 잔소리해도 아이의 반응은 영 신통치 않았다. 이때 루 부인은 방식을 바꿔 아이에게 다음과 같이 이야기했다.

"시계를 보렴. 이제 5분 남았다! 이번 판만 하고 그만 하는 거야."

그러면 아이는 엄마의 재촉에 이렇게 반응했다.

"한 판만 더 하고 진짜로 그만 할게요."

"좋아. 딱 한 판만 더 하는 거야. 분명히 약속했다!"

루 부인은 아이에게 어느 정도의 자유와 제약을 함께 주었다. 그러면 아이는 자신이 해야 할 일들이 무엇인지 명확히 인지하고 엄마와의 약속을 지켰다.

아이들은 루 부인의 사례처럼 이야기하면 정말로 그 말을 따르게 된다. "10분만 하는 거야!", "이것만 사는 거야!"처럼 조건을 붙이면 아이는 의외로 부모의 말을 쉽게 받아들인다. 이는 아이가 스스로 제어하도록 일종의 완충 시간을 주었기 때문이다. 물론 한창 재미있을 때 하던 일을 그만두는 것은 무척 어려운 일이지만 이렇게 완충할 시간을 주면 아이도 생각과 감정을 정리하여 기분 좋게 일을 마무리할 수 있다.

그러므로 아이가 부모의 지시를 잘 듣도록 하게 하려면, 반드시 아이에게 마음의 준비를 할 수 있는 완충 시간을 줘야 한다.

소선택권과
결정권을 넘긴다

아이는 생각하는 과정에서 하루하루 성장해나간다. 그러므로 접시 몇 개를 깨뜨리거나 카펫을 더럽히는 것쯤의 대가를 치르더라도 이러한 지도 방법을 따르는 것이 더 큰 투자가 된다.

'스스로 생각하고 결정하는 것'은 아이의 자주 의식을 길러주는 방법 중 하나다. 부모가 관심을 가지고 주의를 기울인다면 일상생활에서 아이의 자립심을 길러줄 기회는 널려있다.

 일곱 살 딸을 둔 레이(雷) 부인은 딸이 세 살이 된 후부터 자잘한 집안일을 함께 돕도록 시켰다고 한다. 요리할 때도 딸이 할 수 있는 일을 골라 도움을 청하기도 했다. 예를 들면, 감자나 양파의 껍질을 벗겨달라고 부탁을 하거나 썩은 콩을 골라내는 등의 단순한 일이 그것이었다. 청소할 때면 딸은 엄마 뒤를 쫄래쫄래 따라다니며 같이 걸레질을 했다. 그래서인지 딸은 청소를 할 때 먼저 높은 곳부터 닦고 마지막에 바닥을 청소해야 된다는 기본적인 일의 상식들을 터득할 수 있었다.

특히, 레이 부인의 교육이 더욱 빛을 발하는 곳은 마트에서 물건을 살 때였다. 부인은 딸에게 사전에 오늘 무엇을 사고, 어떤 음식을 만들 것인지 살짝 이야기 해두었다. 그런 후에 마트에서 물건을 사면 딸의 의견을 물어보고, 사야 할 물건 한두 가지 정도는 딸이 직접 고를 수 있게 허락해주었다. 딸이 결과물에 대해 구체적으로 생각하고 결정하는 과정을 알게 하기 위해서였다. 그렇게 하면 딸은 자기가 사야할 것이 무엇인지 정확하게 파악했다.

딸도 엄마의 방식을 놀이처럼 즐거워했다. 그래서인지 아이는 어느 순간부터 자기 스스로 판단하고 결정하는 일이 습관화되어 버렸다. 딸은 이제 매일 내일 입을 옷과 필요한 학용품 등은 미리 알아서 준비했다. 또 같은 반 친구의 생일 선물도 직접 고민하여 골랐다. 부인은 딸의 결정이 비교적 합리적이라면 별 말 없이 격려와 지지를 보냈다. 그 덕분에 아이는 아직 어린나이인데도 불구하고 자신의 일 대부분은 혼자 해결하려고 노력하고 있다.

자기 결정력이 높은 아이가 변화도 빠르다
:

레이 부인의 딸이 이처럼 자기 일에 책임감을 갖게 된 것은 평소 아이 스스로 결정하고 실천하도록 부모가 권위를 양보한 까닭이다. 일반적인 부모들은 어린아이가 혼자 일을 해결하는 것이 불안해서 아이를 통솔하려 한다. 그래서 물건을 사거나 외출을 하는 것은 물론이고, 아주 작은 일도 대신 처리해준다. 하지만 레이 부인은 오히려 그것을 과감히 아이에게 맡기는 용기를 보여줬다. 아이가 충분히 해낼 수 있는 일이라면 절대로 어른이 먼저 나서서 대신해주지 않았고, 직접 생각한 뒤 자기 결정대로 하도록 했다. 만약 아이가 쉽게 결정을 내리지 못하는 경우에는 참모 입장에서 아이에게 마땅한 도리를 설명해주었다. 그런 다음 최종 선택과 결정은 아이 스스로 하도록 한 것이다.

물론 어린아이가 스스로 생각하고 직접 '결정'에 참여하게 하는 것은 시간이 오래 걸린다. 부모가 그 시간을 기다리지 못할 때도 있고, 어떤 때는 아이의 도움이 오히려 방해가 되기도 한다. 하지만 아이는 생각하는 과정을 통하여 하루하루 성장한다는 것을 기억하자.

가정형편에 따른
차별을 만들지 않는다

"엄마 아빠도 열심히 일하고 있지만 그 친구의 부모가 조금 더 바쁘게 일하고 있어서 그럴 거야. 우리도 열심히 노력해야겠다!"

빈부 격차는 어느 사회나 존재한다. 그것은 자본주의 사회에서 매우 당연한 현상이다. 그러나 빈부 격차로 인한 차별이 우리 사회에서 존재해서는 안 된다. 특히 아이들에게 빈부에 따른 계층이 형성되도록 놔두어서는 절대 안 될 노릇이다.

아이는 태어날 때 가난함과 부유함을 선택할 수 없다. 그렇기에 빈부로 인해 형성되는 관념들을 아이들에게 전가해서는 안 되는 것이다. 만약 어떤 연유로 아이가 빈부 의식을 갖게 됐다면, 가난한 아이는 열등감이 더욱 심해지고 부유한 아이는 맹목적인 우월감이 높아져 자신이 항상 '남들보다 위에 있고 뛰어나다'고 여길 수 있다.

빈부에 대해 명확한 개념을 심어준다
:

 가정환경의 빈부 차이는 학생의 성장에 상당한 영향을 미친다. 주변 친구들은 자가용으로 등교하는데 자기는 혼자 걸어 와야 한다거나, 새 물건을 자랑하는 친구를 부럽게 바라봐야 하는 아이의 심정은 어떻겠는가! 질투, 동경, 좌절감, 패배감 등의 불편한 감정에 휩싸이기 쉽고, 결국 자기연민에 빠지게 된다. 그러다 상황이 점점 악화되면 아이는 대상을 넓혀 현실 사회에 대한 분노로 폭발하고, 불특정 다수에 대해 적개심을 갖기도 한다. 그렇기 때문에 사전에 가정과 학교에서 빈부에 대한 명확한 이해를 아이에게 심어주는 것이 좋다.

 빈곤한 사람은 그들의 능력이 부족하거나 노력이 충분하지 못해서 생겨난 것이 아니다. 그 까닭에는 어느 정도 사회에서 존재하는 기회의 불균형이 조성되었기 때문이다. 즉, 잘못된 편견과 선입견, 오해, 무지 등의 낮은 사회의식에 따른 구조변화가 불가피하게 소득 차이를 만들어낸 이유이기도 하다. 따라서 빈곤은 누군가의 잘못이 아니며, 차별의 대상이 되어서는 안 된다.

차별하지 않는 시선으로 마주하기
:

 미국으로 가족과 함께 이민 온 천(陳) 할머니는 손자가 다니는 학교에 깊은 감명을 받은 적이 있었다. 폭설로 도로가 막힌 상황에도 손자의 학교는 휴교령을 내리지 않았다. 그 이유가 궁금한 할머니는 학교 측에 전화를 걸어 물었다.

"등하교하기에는 다소 힘들겠지만 아이가 학교에 오면 하루 종일 따뜻하게 지낼 수 있어요. 그뿐만 아니라 학교에서 무료로 제공하는 영양 만점 도시락도 먹을 수 있답니다."

할머니는 그것이 그리 중요해 보이지 않았다. 오히려 집에서 쉬면서 더 맛있는 음식을 먹을 수 있기 때문이다. 그래서 그녀는 다음과 같이 말했다.

"그냥 무료로 제공하는 도시락을 먹어야 되는 아이들만 학교에 가도록 하는 게 낫지 않나요?"

그러자 학교 측은 강경한 태도로 이렇게 대답했다.

"은혜를 베푸는 최고의 경지는 마땅히 인간의 존엄성을 보호하는 데 있어야 합니다. 가난한 학생들을 도와주겠다는 목적만 가지고 그들의 자존심을 함부로 짓밟을 수는 없습니다."

이 말은 우리에게 커다란 울림을 준다. 가정과 학교의 교육 이념은 모든 아이를 평등하게 바라보는 데서 시작되어야 한다.

아이에게 빈부 격차에 대해 올바른 개념을 심어주려면, 부모가 우선 평정심을 갖고 이를 바라봐야 한다. 가령, 같은 동급생의 집이 엄청난 부자라는 말을 들었다고 한다면 "그 집은 좋겠다. 나도 떵떵거리며 살고 싶네."식의 부러움을 토로한다거나 "그거 다 물려받은 재산이 많아서야"라는 말로 폄하시켜서는 안 된다. 이같이 부정적인 반응은 아이가 '편견과 선입견'을 가질 수 있기 때문이다. 이 부분에 대해 이야기 할 때 "엄마 아빠도 열심히 일하고 있지만 그 친구의 부모가 조금 더 바쁘게 일하고 있어서 그럴 거야. 우리도 열심히 노력해야겠다!"라고 말해주면 좋다. 그러면 아이는 좌절감을 느끼기보다 열심히 노력하면 부를 얻을 수 있다는 긍정적인 태도를 갖게 된다.

더불어 아이가 가정형편을 올바르게 인식하는 계기도 마련해보는 것이 좋다. 이러한 의식을 바탕으로 자기발전을 꾀하게 만드는 것이 현명한 지도력이다.

어른의 역할을 맡게 한다

아이에게 적당한 역할만 부여하면 아이는 얼마든지 그 역할을 성실히 수행해 나갈 것이다.

아이들은 부모가 '자리'를 내어주는 만큼 자란다. 아이에게 새로운 자리를 찾아주고, 그 자리에 맞는 역할을 주면 뜻밖에 그들의 성장을 엿볼 수 있다.

한번은 어떤 어머니가 찾아와 아이가 실제 자신의 나이보다 더 어린아이처럼 행동한다고 고민을 토로한 적이 있었다. 아이의 나이는 일곱 살이었는데 마치 네다섯 살 아이처럼 행동도 굼뜨고 물건을 늘어놓고 치우지도 않으며, 말도 어눌하게 하는 것 같았다. 어머니는 아이의 문제에 대해 별다른 해법을 찾지 못했다. 그런 그녀에게 나는 아이디어를 하나 제시해주었고 곧바로 실천에 옮기도록 했다.

그녀는 자신의 동생에게 전화를 걸어 딸을 하루 맡아주겠노라고 이야기했다. 여동생은 언니의 제안을 수락했고, 며칠 뒤 사촌 여동생이 아이의 집을 찾아왔다.

"동생은 너보다 세 살이나 어려. 그러니 네가 윗사람으로서 잘 보살펴야 해! 이제 엄마는 집안일을 해야겠다."

아이에게 동생을 보살피게 한 어머니는 그들의 모습을 몰래 지켜보았다. 그랬더니 아이는 나름 어른처럼 행동하며 동생이 어질러 놓은 물건을 직접 정리하기도 했다. 그뿐만 아니라 평소 어눌하게 하던 말투도 전혀 보이지 않았다. 밥을 먹을 때에도 아이는 동생의 밥을 챙겨주며 언니 노릇을 톡톡히 해냈다.

"이것 봐. 언니 정말 빨리 먹지! 너도 얼른 먹어. 그래야 언니랑 더 빨리 놀지."

이처럼 아이에게 적당한 역할만 부여하면 아이는 얼마든지 그 역할을 성실히 수행해 나갈 것이다. 역할부여란 아이의 무한한 잠재력을 깨우는 도구이기 때문이다.

아이도 누군가를 지도할 수 있게 상황을 꾸며준다
:

또 다른 어머니는 역할부여를 통해 아이의 나쁜 버릇을 고쳤다. 그녀의 딸은 자주 깜박하는 버릇이 있었다. 그래서 종종 준비물을 잊고 간 날이 많았는데 그날도 음악 수업에 쓰일 악보를 놓고 가버린 것이다. 어머니는 이를 알고도 따로 챙겨주지 않았다. 이번에야말로 딸의 나쁜 버릇을 고치기로 마음먹었기 때문이다.

얼마 후, 학교에서 돌아온 딸은 준비물을 제대로 챙겨주지 않은 엄마를 원망했다. 하지만 엄마는 딸을 타박하기보다 차분한 어조로 말했다.

"네가 엄마를 탓하는 것도 충분히 이해한단다. 네 말에도 일리가 있어. 앞으로는 우리 모두 조심하자!"

평소 같으면 "네 준비물은 네가 챙겨야지!"라고 훈계했을 엄마가 반성하니 딸은 왠지 부끄러운 생각이 들었다. 그날 이후 딸은 미안한 마음에 자기가 먼저 물건을 챙기기 시작했다. 엄마는 그저 묵묵히 지켜만 보았다. 간혹 딸이 미리 준비하지 않으면 그 사실을 일러주기만 했다. 그렇게 사전에 준비물을 챙기는 습관이 생기다 보니 이제 딸은 물건을 깜박하는 일이 사라져버렸다. 어머니는 이 경험을 통해 '아이가 자신의 역할이 무엇인지 아는 것이' 얼마나 중요한지를 깨달았다고 한다.

아이들은 항상 자신이 누군가의 '지도를 받는 사람'이라고 생각한다. 하지만 이를 반대로 생각하게끔 하면 우유부단하고 소극적인 아이의 성격도 고칠 수 있다. 즉, 아이 자신이 누군가를 '지도할 수도 있는 사람'으로 느끼도록 만드는 것이다. 예컨대 위 사례의 어머니처럼 부모가 조금만 아이의 말을 수긍하고 따르면, 아이는 자신이 부모와 같은 지위의 역할을 수행하고 있다고 인식하게 된다. 그러면 아이는 좀 더 어른스럽게 자신의 행동과 태도, 생각을 바꿔나간다. 이는 아이도 어른과 같은 역할을 하고 싶어 하는 심리를 이용한 것이다.

아이가 좋아하는 책을 고른다

부모가 아이의 생각을 인정하고 존중해준다는 느낌을 받게 해 주면 교육의 기대효과는 더욱더 높다.

'책을 많이 읽는 아이'는 모든 부모의 바람이다. 어릴 적 기른 독서습관과 그로 인해 습득한 다양한 지식은 그 어떤 매체로도 대신할 수 없는 값진 재산이다. 이를 부모가 모를 일 없다. 그러나 누구보다 독서의 중요성을 잘 아는 부모도 아이에게 독서습관을 길러주는 것이 결코 쉬운 일이 아니다. 그것은 하루아침에 이루어지지 않기 때문이다.

그렇다면 과연 내 아이에게 독서습관을 갖게 하려면 어떻게 해야 할까?

아이가 관심 있는 책으로 시작하고 함께 즐긴다
:

많은 부모는 아이가 무엇을 공부하면 유용하고, 무슨 책을 읽으면 도움이 되는지를 묻는다. 그러면 나는 한결같이 대답한다. "하늘 아래 '유용'하지 않은 책은 없다"라고.

정말 무용지물인 책도 어떤 때는 크게 쓰일 때도 있다. 또, 역사 총서는 아이의 시야와 포부를 크게 넓혀주기도 한다. 결국, 책은 무엇이라도 옳고 언젠가 쓰임이 있기 마련이다. 따라서 아이의 '눈높이에 맞는 책'이라면 어떤 것이라도 읽게 하는 것이 좋다.

단, 경계해야 할 일은 지나치게 학습 위주의 도서나 부모위주의 도서를 권하는 데 있다. 대다수 부모가 아이에게 책을 사줄 때 대부분 학습 참고 자료들을 사주는 경우가 많다. 그런데 그것은 아이들에게 '책을 보는 것은 무척 지루하고 답답한 일'이라는 느낌이 들게 하는 것이다.

또, 어떤 부모는 책을 읽는 것이 아이에게 좋은 일이라고 생각하면서도 정작 아이가 어떤 분야에 흥미를 느끼고 있는지는 소홀히 한다. 그 결과 전혀 관심 없는 분야의 책을 아이에게 사주며 읽으라고 권한다. 하지만 그렇게 하면 아이는 부모가 선택한 책에 전혀 읽는 재미를 느끼지 못한다. 이것 역시 아이의 독서 흥미를 떨어뜨리는 요인이 된다.

이와 반대의 경우도 있다. 아이가 흥미를 느끼고 좋아하는 책을 골라 와도 부모가 그 책을 거부하는 예이다. 그 책이 아이에게 별로 도움이 되지 않을 거라고 판단한 까닭이다. 그러면 아이는 독서 의욕을 상실하고 책을 별로 좋아하지 않게 된다. 그러므로 책을 고르는 것은 전적으로 아이의 판단에 맡겨야 한다.

  독서습관은 아이의 관심을 끄는 책으로 시작하여 서서히 흥미를 느끼도록 하는 것이 방법이다. 책에 대한 흥미는 독서 과정에서 제일 중요한 요소이다. 부모는 아이에게 **책에서 무한한 즐거움과 지식을 얻을 수 있다는 사실을 알게 해야 한다.** 그런 다음 아이와 책 읽는 경험을 함께하며 흥미를 유발시켜야 한다.

  아이와 함께 책을 읽는 것은 매우 중요한 포인트다. 부모와 같이 공감대를 느끼며 같은 행동을 한다는 것에 아이는 커다란 의미를 둔다. 이때 부모가 아이의 생각을 인정하고 존중해준다는 느낌을 받게 해주면 교육의 기대효과는 더욱더 높다. 가령, 책의 줄거리에 대해 아이와 토론하며 아이의 생각을 경청해보는 시간을 갖는 것이다. 이러한 경험들은 부모자식 간의 거리를 좁혀줄 뿐만 아니라 타인과 소통하는 방식을 깨닫게 해주기도 한다.

  이러한 단계를 차근히 밟아 가면 아이는 거부감 없이 독서습관을 가질 수 있다. 아이가 독서에 재미를 느낀다면 부모의 도움 없이도 책을 찾기 마련이다. 그때까지 부모는 성실하게 아이를 지도할 수 있어야 한다.

아이에게도
혼자만의 장소가 필요하다

"쉿! 여기는 우리만의 비밀 이야기를 하는 곳이야. 언제든 엄마에게 비밀을 말할 수 있어."

오늘 샤오샤오(小小)에게는 무척 억울한 일이 있었다. 샤오샤오가 유치원에 있는 꽃을 꺾었다며 선생님께 야단을 맞았기 때문이다. 하지만 사실은 전혀 그렇지 않았다. 그 꽃은 샤오샤오가 고의로 꺾은 것이 아니라 그냥 땅에 떨어진 것을 주운 것뿐이었다. 아이는 억울한 마음에 집에 돌아와서 엄마에게 퉁명스럽게 말했다.

"엄마, 내일 유치원에 안 갈래요."

엄마가 "왜?"라고 이유를 묻자, 아이는 고개를 숙이며 기어들어 가는 목소리로 말했다.

"그냥 가고 싶지 않아요."

아이의 시무룩한 표정을 보자 엄마는 단번에 무슨 일이 있었다는 것을 짐작할 수 있었다. 그날 밤, 엄마는 잠잘 준비를 하는 아이를 조용히 침실로 불러서 두 팔로 껴안으며 속삭였다.

"쉿! 여기는 우리만의 비밀 이야기를 하는 곳이야. 언제든 엄마에게 비밀을 말할 수 있어. 왜 유치원에 가고 싶지 않은지도 말이야. 엄마는 비밀도 지켜주고 너도 도울 거야."

그러자 아이는 유치원에서 억울하고 속상했던 일을 엄마에게 털어놓았다. 엄마가 현명하게 아이의 속마음을 털어놓을 수 있는 '비밀의 장소'를 마련해주자 아이는 한결 가벼운 마음으로 잠이 들 수 있었다.

다양하게 감정을 해소하는 방법 찾아주기
:

샤오샤오 같이 어린아이들도 어른처럼 마음속에 쌓인 감정을 털어낼 곳이 필요하다. 아이들에게 그러한 최적의 장소는 아무래도 잠자기 전 침대 머리맡이 아닐까 싶다. 그곳은 익숙하고 포근하며 조용해서 아이에게 아늑함을 느끼게 해준다. 그런 따스한 분위기에서 아이는 마음속에 숨기고 있는 비밀을 꺼내놓기 쉽다. 화나거나 마음 아픈 일, 창피하거나 두려운 일도 숨김없이 '표출'할 수 있게 된다.

부모는 이러한 장소를 잘 활용해 아이 옆에서 그저 들어주는 '경청자'가 되어 주면 그만이다. 누군가 '내 이야기를 들어준다'라는 행위만으로도 아이에게는 치유와 용기를 줄 수 있기 때문이다.

| 아이의 마음을 움직이는 한마디 |

만약 아이에게 감정을 분출할 곳은 마련해주지 않고 시종일관 사기만 진작시킨다면, 아이는 불만을 해소하지 못해 감정적 문제를 일으킬 수도 있다. 아이들의 마음은 누구보다 예민하고 약해서 한순간 폭발할 수 있기 때문이다. 그러므로 평소 아이의 감정을 묻고 표현하도록 격려하는 것이 중요하다.

그 밖에도 건전한 방식의 감정 해소법을 찾도록 도와주는 것도 필요하다. 단순히 이야기만 들어줄 것이 아니라 행동으로도 화를 풀 수 있게 다양한 제안을 해주어야 한다. 평소 즐기는 운동을 한다거나 재미있는 연극이나 영화를 보여주고, 좋아하는 가수의 노래를 듣는 것도 좋은 방법이 될 수 있다. 이러한 노력이 아이의 마음을 건강하게 지키고 강인하게 단련시켜주는 힘이 되어준다.

더 많은 도전의 기회를 준다

"저렇게 몇 번이고 '실패'하면서 도전하다 보면 언젠간 아이 스스로 문을 열 수 있을 거야."

아이의 행동오류는 대개 두 가지로 나눌 수 있다. 하나는 어른이 반드시 제때 바로잡아줘야 하는 잘못으로, 도덕적 규범에 어긋난 경우이다. 가령, 쓰레기를 함부로 버린다거나 청결에 신경 쓰지 않는 행동, 자신보다 힘없는 사람을 놀리고 무시하는 행동 등이 그것이다. 이러한 잘못은 그냥 내버려 두면 인격 형성에 악영향을 주기 때문에 반드시 지도가 필요하다.

하지만 반대로 굳이 별다른 지도를 하지 않아도 되는 잘못이 있다. 그것은 아이 스스로 충분히 바로 잡을 수 있는 것으로써, 주로 생활에 적응해 나가는 과정에서 하는 잘못들이다. 하나의 예를 들어보겠다.

한 소녀는 선생님의 집을 방문했다가 선생님의 귀여운 아이를 보게 되었다. 아직 세 살도 되지 않은 이 아이는 열쇠로 침실 문을 열어보려고 안간힘을 쓰고 있었다. 하지만 아이가 어려서 몇 번이나 시도해도 문은 좀처럼 열 수 없었다. 결국 보다 못한 소녀는 아이를 도와주려고 다가갔다. 그러자 선생님이 소녀를 말리며 말했다.

"저렇게 몇 번이고 '실패'하면서 도전하다 보면 언젠간 아이 스스로 문을 열 수 있을 거야. 그렇게 터득한 방법은 절대로 잊어버리지 않아."

그제야 소녀는 선생님의 의도를 파악할 수 있었다. 아이는 이후로도 몇 번을 달그락거리다가 한참 후에야 원하는 바를 이룰 수 있었다.

이처럼 아이가 생활 속에서 하게 되는 실수는 선생님과 같이 내버려 두는 것이 좋다. 끊임없이 '잘못을 저지르는' 일은 사실 끊임없이 자신의 행동을 수정하고 더 나은 방법을 찾는 과정이라 할 수 있다. 만약 그런 기회를 주지 않고 쉽게 문을 열도록 도와준다면, '문을 여는' 방법을 터득해서 얻는 기쁨을 아이에게서 빼앗아버리는 것이다.

부딪치고 실수하며 배워가는 사고력
:

이와 유사한 또 하나의 사례가 있다. 어느 날 웨이(魏) 씨의 딸은 뚝배기가 원래 잘 깨지는 것인지 아닌지가 무척 궁금해했다. 딸은 호기심에 뚝배기를 이리저리 만져보았다. 그러다 그만 웨이 씨 앞에서 뚝배기를 떨어뜨려 깨버리고 만 것이다.

웨이 씨는 딸에게 자신이 깬 뚝배기를 치우게 하면서 '도자기와 같은 재질은 쉽게 깨진다'는 상식을 딸에게 확실히 각인시켜주었다.

그 후 웨이 씨의 딸은 도자기에서 좀 더 생각의 폭을 넓혀 유리잔, 거울, 병, 안경 등도 도자기처럼 잘 깨진다는 사실을 깨달았다. 그런 재질의 물건은 조심스럽게 사용해야 한다는 것도 터득하여 이후로는 좀처럼 물건을 깨뜨리지 않았다.

아이들은 이러한 시행착오를 거치며 지속해서 발전하고 있다. 그런 아이의 성장에 독립적이고 자주적인 활동은 크나큰 도움이 된다. 이처럼 아이에게 '도전-실패-개선'의 기회를 많이 줘서 아이가 이 과정에서 올바른 사고와 행동을 섭렵하도록 충분한 시간을 주자.

야단보다 잘못된
이유를 설명하라

누구라도 잘못을 인정하는 데는 용기가 필요하다. 아이가 얼른 잘못을 인정하지 않으려는 것은 아마도 결과를 책임지기가 두려워서일 것이다.

 자신을 최고라고 여기는 한 아이가 있었다. 그 아이는 자신감이 지나쳐 소위 '왕자병'같이 행동했다. 밖에서 놀다가 옆집 여동생을 밀어서 넘어뜨리는가 하면 자기보다 큰 형을 발로 차서 울게 만드는 일이 다반사였다. 엄마는 늘 아이가 저지른 잘못을 수습하기에 바빴다. 하지만 아이는 단 한 번도 미안한 기색이 없었으며 "미안하다'는 형식적인 사과의 말조차 하지 않았다.
 한번은 아빠가 아이를 데리고 삼촌 집에 놀러 간 적이 있었다. 처음에 아이는 사촌 여동생과 소꿉장난을 하면서 재미있게 놀고 있었다. 그러나 얼마 지나지 않아 두 아이는 누가 경찰 역할을 하는지를 두고 다투게 되었고, 급기야 아이가 사촌

여동생을 밀어버리는 일이 벌어지고 말았다. 화가 난 여동생은 울면서 아이의 아빠에게 고자질했다.

"오빠가 날 밀쳤어요!"

아빠는 아이를 불러 놓고 얼른 여동생에게 사과하라고 소리쳤다. 하지만 고집이 센 아이는 입을 꾹 닫고 아무 말도 하지 않았다. 참다못한 아빠가 손을 들어 때리려고 하자 그제야 아이는 마지못해 "그래, 미안하다, 미안해!" 하고 돌아섰다. 자신의 잘못을 전혀 모르고 무성의한 태도로 말하는 아이를 보면서 아빠는 안타깝고 화도 났다. 그는 자기 아들을 어떻게 교육시켜야 할지 심각한 고민에 빠졌고 이에 대한 상담을 요청했다.

간혹 어떤 부모는 잘못에 대해 심하게 야단을 치며 때리는 등의 폭력적인 방법을 쓰는데, 그것은 아이의 자존심에 상처를 입히는 행위로 절대 피해야 한다. 이러한 폭력적 대응은 잘못을 깨닫고 수정하기보다는 도리어 반항심을 불러일으키고 앞으로 잘못을 하면 무슨 핑계라도 대서 일단 야단만 맞지 않으려고 회피할 것이다. 그러므로 부모는 야단보다는 인내심을 가지고 아이에게 '무엇을' '왜' 잘못했는지 명확히 설명하고 행동을 수정할 수 있도록 가르쳐주어야 한다.

훈계는 잘못을 어떻게 고쳐가야 하는지에 초점을 맞춘다

:

누구라도 잘못을 인정하는 데는 용기가 필요하다. 아이가 얼른 잘못을 인정하지 않으려는 것은 아마도 결과를 책임지기가 두려워서일 것이다. 부모가 아이의 이러한 마음을 잘 이해하고 있어야 한다. 부모는 아이에게 사람은 누구나 실수하는데 그것을 '바로잡으면' 좋은 어린이라는 말을 해주어서 아이가 무턱대고 두려워하지 않도록 해준다.

아이가 어느 정도 부모의 말을 받아들일 준비가 되면 제때 잘못에 대해 지적하고 고치도록 이야기한다. 잘못은 모두 만회할 수 있는 것은 아니지만 스스로 바로잡으려고 노력하면 충분히 용서받을 수 있음을 알게 해주자.

만약 자신이 잘못한 사실은 알지만 잘 고쳐지지 않아 계속 똑같은 잘못을 반복하는 아이가 있다면, 부모는 아이가 형식적인 수긍과 사과를 하고 있지는 않은지 살펴야 한다. 이 때는 경고를 하는 방식으로 몇 번의 경고가 누적되면 실질적인 벌을 주어 잘못을 바로잡도록 해야 한다. 이때의 벌은 신체적 체벌이 아니라 아이가 좋아하는 것을 일시적으로 금지하는 등의 행동에 제약을 주는 것이 좋다. 무엇보다 부모가 지도할 때 조심해야 할 것은, 아이의 잘못에만 집중하지 말고 아이의 '잘못을 어떻게 고쳐나갈 것인지'에 집중하려는 태도가 필요하다.

실수와 잘못을 인정하는
용기를 심어준다

대부분의 부모는 아이가 어떤 일을 '훌륭하게' 해냈을 때만 칭찬을 하는데, 사실 자기 잘못을 솔직하게 인정하는 것이야말로 좀처럼 갖추기 힘든 인품이다.

어떤 아이는 평소 어른들에게 똑똑하다는 칭찬을 종종 들어왔다. 아이 역시 이 같은 칭찬을 자주 듣기 위해 매사 의욕적으로 무언가 하길 좋아했다. 하루는 아이의 외할머니가 자신이 심은 완두콩 싹이 너무 더디게 자라 속상해하고 있었다.
"너희들은 어째서 잘 자라지 않니?"
그러자 옆에서 그 모습을 지켜보던 아이가 말했다.
"외할머니, 이 콩들을 저에게 주세요. 제가 그것들을 빨리 자라게 해볼게요!"
외할머니는 아이가 똑똑해서 당연히 좋은 방법을 알 거라고 생각했다. 그래서 아이에게 콩을 내어주며 "주기는 주는데, 이걸로 장난치면 안 된다."라고 신신당부를 해두었다. 아이는 콩이 담긴 그릇을 끌어안으며 씩씩하게 대답했다.

"걱정하지 마세요, 외할머니."

며칠이 지난 뒤 외할머니는 자신의 콩이 얼마나 자랐는지 궁금했다. 그녀는 아이를 불러 싹들이 잘 자라고 있는지를 물어보았다. 그러자 아이는 난감한 듯 고개를 숙였고 한참을 머뭇거리다가 이렇게 중얼거렸다.

"외할머니, 죄송해요. 그게 다 죽어버렸어요. 가서 좀 보세요."

깜짝 놀란 외할머니가 서둘러 아이의 방으로 갔다. 진짜 아이의 말처럼 싹들이 모두 난로 위에서 말라있었다.

"대체 뭘 어떻게 한 거니?"

외할머니는 약간 화가 나서 물었다.

"전 그냥 그것들을 조금 따뜻하게 해주면 더 빨리 자랄 수 있을 것이라고 생각했어요. 그래서 라디에이터 위에 올려놓았는데 이렇게 되어버렸어요."

"이것 좀 봐라. 여긴 손을 못 댈 정도로 뜨거운 곳이잖니. 물을 뿌려줄 생각은 안 해봤어? 이건 마치 뜨거운 불에 콩을 볶는 거나 다름없어!"

외할머니는 아이를 나무라기 시작했다. 이때 외할아버지도 방에 들어와 죽은 싹들을 보고는 아이에게 큰 소리로 말했다.

"이놈아! 콩을 따뜻하게 해줘야겠다는 생각만 하고 물을 줘야 한다는 사실은 깜박한 거니? 네 책에 그런 말은 없었어? 식물이 잘 자라려면 반드시 햇빛과 공기와 물이 있어야 한다고 말이야. 이 세 가지 중에 어느 하나라도 부족하면 안 돼!"

아이는 할아버지의 꾸중에 주눅이 들었지만 대답만큼은 또박또박 빠지지 않고 했다.

"네, 책에 그렇게 쓰여 있었어요. 그래서 하마터면 물을 주고 그것들을 전자레인지에 넣을 뻔했어요!"

이 우스꽝스러운 이야기는 아이의 사유체계를 여실히 보여준다. 아이들의 사유는 종종 일방적이다. 그래서 어떤 문제를 두고 생각할 때 오직 하나만 알고 다른 것은 잘 살피지 못할 때가 많다. 이때 부모가 주의 깊게 살피면서 아이가 자칫 일으킬 수도 있는 '실수'를 제때 바로잡도록 도와주는 것이 필요하다.

잘못을 인정할 때 더 크게 칭찬한다
:

구체적인 사례들을 통해 아이 스스로 잘못을 인정하는 법을 배우게 격려해야 된다. 아이는 그 과정을 통해 자신의 문제점을 발견하고 분석하는 법도 익히며, 동시에 문제해결 방법을 찾는다. 그래서 부모들의 명확한 가르침이 없이도 아이들은 자연스럽게 깨우치고 배워나가게 되는 것이다. 그것이 바로 자주적인 교육의 핵심 포인트다.

그렇다면 우리는 어떻게 아이가 자신의 잘못을 인정하도록 도울 수 있을까?

부모는 우선 아이가 용기 있게 자신의 잘못을 인정할 때 칭찬을 더 많이 해주어야 한다. 대부분의 부모는 아이가 어떤 일을 '훌륭하게' 해냈을 때만 칭찬을 하는데, 사실 자기 잘못을 솔직하게 인정하는 것이야말로 좀처럼 갖추기 힘든 인품이다.

칭찬이 끝나면 아이가 잘못의 원인을 찾아낼 수 있도록 도와줘야 한다. 그 후, 아이와 함께 해결방법을 모색하는 것도 중요하다. 그러므로 아이가 잘못을 인정하는 과정에서 큰 성취감을 얻도록 지도해주는 요령이 필요하다.

최고의 지도는
부모의 모범이다

"아빠, 저 좀 보세요. 아빠 발자국을 똑같이 밟고 있어요!"

'부모는 아이의 첫 번째 스승이다.'는 말은 익히 들어왔을 것이다. 여러 가지 가르침이 있겠지만 가장 좋은 지도는 역시 부모가 아이에게 '모범'이 되는 것이다. 부모의 좋은 행동은 아이의 좋은 행동으로 이어지고 나쁜 행동 역시 아이에게 더 쉽게 전달된다. 그러므로 부모는 매 순간 아이를 정의의 심판관처럼 의식하며 행동해야 한다.

그러나 우리는 매번 모범의 중요성을 강조하지만 정작 이를 실천하는 부모는 흔치 않다. 실제로 자신의 영향력을 인식하지 못한 까닭이다. 그런 부모에게는 하루만 가만히 아이를 지켜보라고 말한다. 그러면 부모의 영향력이 얼마나 큰지 분명히 확인할 수 있다. 왜냐하면 아이가 하루 종일 부모의 곁을 맴돌며 행동을 흉내 내려고 애쓰는 모습을 흔히 볼 수 있기 때문이다. 모방 동작은 아이의 행동양식에 오랫동안 남는다.

부모의 현재 모습이 내 아이의 미래가 된다

:

라오왕(老王)은 매일 일을 나가기 전에 시내 술집에 들러서 술을 한 잔 마시는 버릇이 있었다. 그는 그것이 나쁜 습관인 줄 알지만 다른 사람에게 폐를 끼치거나 영향을 주지 않으니 괜찮을 것이라 생각했다. 그래서 어느 눈이 많이 내린 겨울날에도 여느 때와 마찬가지로 술집으로 향했다.

그런데 그는 얼마 가지 않아 이상한 느낌을 받았다. 누군가 자신을 뒤따르는 것 같은 꺼림칙한 생각이 들어 소름이 바짝 돋았다. 라오왕은 순간 겁이 났지만 이 조용한 감시자를 확인하기 위해 재빨리 몸을 돌려 뒤를 돌아봤다. 그의 뒤에는 다름 아닌 자신의 어린 아들이 눈길을 따르고 있었다. 아들은 쌓인 눈 위에 찍혀진 아빠의 발자국을 따라 신나게 뛰어오면서 소리를 질렀다.

"아빠, 저 좀 보세요. 아빠 발자국을 똑같이 밟고 있어요!"

그 순간 라오왕은 아들의 말을 듣고 생각했다.

'만약 내가 이 길로 술집에 간다면 아들도 내 발자국을 밟고 따라오겠지? 그러면 나중에 나처럼 날마다 술집을 들락거릴지도 몰라.'

그날 이후로 그는 다시는 술집을 가지 않았다.

이 이야기의 교훈은 부모가 자신의 행동거지에 신중을 기해야 한다는 것이다. 지금 '조용한 감시자'인 내 아이가 당신의 발자국을 밟고, 당신의 뒤를 바짝 따라올 것이기 때문이다.

아이가 부모를 모방하는 것은 태생적 기질이다. 아이는 늘 무의식적으로 부모의 행위를 흉내 내려 하는데, 좋은 행동뿐만 아니라 나쁜 행동까지 배우려 해서 문제가 된다. 만약 아이가 부모의 나쁜 행동을 따라 할 때 야단치고 바로잡으려 든다면 아이는 이렇게 반문할 수도 있다.

"엄마 아빠도 그렇게 하시면서 왜 저만 하지 말라고 하세요?"

그 말은 정곡을 찌르는 물음이다. 아이 앞에서 애써 부인하려 들어도 스스로는 결코 부인하지 못하기 때문이다. 그러므로 부모는 말로 설득하는 것이 아니라, 자신이 본보기가 되어 몸소 보여주고, 아이가 '스스로 깨닫도록 인도하는 안내자'여야 한다.

우리가 타인을 우호적으로 대하면 아이도 그대로 배운다. 반면에 우리 마음이 이기적이면 아이도 이기적인 마음을 가질 수밖에 없다. 또한 부모의 웃는 얼굴을 본 적이 없고 다정한 손길을 느껴본 적이 없는 아이라면, 그 역시 커서 타인은 물론 부모까지 냉정하게 대하기 쉽다. 그러므로 어떻게 하면 자신이 '아이에게 좋은 모범이 될 수 있을지' 고심해야 한다.

아이의 마음을 움직이는 한마디

개정판2쇄 2024년 10월 25일
지은이 첸스진, 첸리 l **옮긴이** 김진아 l **발행인** 이기선 l **발행처** 제이플러스
주소 경기도 고양시 덕양구 향동로 217 KA1312
영업부 02-332-8320 l **편집부** 02-3142-2520
홈페이지 www.jplus114.com
등록번호 제 10-1680호 l **등록일자** 1998년 12월 9일

ISBN 979-11-5601-132-3

* 파본은 구입하신 서점이나 본사에서 바꾸어 드립니다.
* 책에 대한 의견, 출판 희망 도서가 있으시면 홈페이지에 글을 남겨 주세요.